Mariusz Szczygieł

PROJEKT: PRAWDA

Mariusz Szczygieł

Projekt: prawda

———————

zawiera powieść

Stanisława Stanucha
Portret z pamięci

Dowody na Istnienie

WARSZAWA 2016

Dla Kazimierza Leonarda Springera – na dzień dobry

Żyje się landrynkami gotowych odpowiedzi na wszystko,
rozrzucanych wśród ogłupiałego tłumu.

Andrzej Bobkowski
Szkice piórkiem, 10 stycznia 1943

Kłącza

1

Wsiadłem do taksówki. Jeszcze nie wiedziałem, że wszystko jest morderstwem.

Ulice Pragi były zakorkowane, więc na tylnym siedzeniu spokojnie kartkowałem letni dodatek literacki. Wszystkie opowiadania i fragmenty powieści ilustrowane były obrazami jednego tylko malarza.

Filipa Černego (WWW.FILIPCERNY.CZ).

Moją uwagę zwrócił obraz z pokojem, na którym widać biurko z lampą i dwa okna, ale rozmyte, rozpylone, uciekające z pamięci. Na trójwymiarowe tło rzucono linie – sprawiały wrażenie azjatyckich znaków, a układały się we framugi okien. Pociągająca w tej ilustracji była lekkość. Taka, że chciałbym wejść do środka. Zatelefonowałem od razu (*evviva* WWW!) do malarza. Podobno nie należy entuzjazmować się dziełem, które chcemy kupić, ponieważ to natychmiast podnosi jego cenę, ale mój związek z obrazem był już przesądzony.

Nazajutrz pojechałem do atelier.

– Chodzi mi o wnętrze pokoju, które było w gazecie – powiedziałem w progu.

– Chętnie pokażę – odparł Filip Černý i zamiast pokoju wytaszczył gigantyczne płótno z fragmentem nagiego kobiecego ciała w pozycji ginekologicznej. Z białej pościeli w niebieskie paski patrzy na nas owłosione łono. Na stoliku obok paruje kawa. Tyle że nie widzimy głowy kobiety, niknie gdzieś w odmętach pościeli albo nie ma jej w ogóle. Pomyślałem, że to chyba obraz niedokończony. Jakby malarz w połowie tułowia nagle stracił zainteresowanie damą, którą miał stworzyć. A jak już je stracił, to zaczął rozlewać po tym obrazie krwistoczerwoną farbę, a może i rzucał nią w płótno.

– Zatytułowałem ten obraz *Morderstwo* – wyjaśnił. – Może ten pan kupi?

– Wolałbym jednak pokój – powiedziałem.

– A nie sądzi pan, że wszystko jest morderstwem? – spytał.

– Przecież każda relacja jest początkiem morderstwa. Morderstwo jest wpisane w początek wszystkiego, co piękne.

– Być może – stwierdziłem. – Rzeczywiście wiele związków od pierwszego dnia jest tylko rejestracją wzajemnych krzywd i urazów. Poza tym jesień za chwilę zamorduje lato, żółć zamorduje pełną życia zieleń... – zacząłem fantazjować.

– Bo te morderstwa mogą mieć bardzo różne formy... – dodał.

– Wiem – powiedziałem. – Nie muszą być przecież morderstwami w afekcie, jedno morderstwo może trwać wręcz przez całe życie.

Skinął głową.

– A to *Morderstwo* nawet taniej sprzedam. Muszę się pozbyć tej kobiety z mojego życia.

– Obrazu?

– Tej kobiety we wszystkich jej postaciach.

Niestety, chciałem kupić pokój, który był w czasopiśmie.

Zaczął mnie wprowadzać dalej, między swoje pogodne płótna: powierzchnie wód stojących, widoki w lusterkach wstecznych... Wyjaśnił, że tła maluje pędzlem powietrznym, który rozpyla farbę pod ciśnieniem, zaś szczegóły są malowane pędzlem z włosia. Poprosił, żebym sobie wybrał coś z lusterek lub wód.

Ja na to, że tylko pokój.

– Chyba go nie mam... – zastanowił się na głos. – Nie, nie mam – dodał zdecydowanie.

Wróciłem do tematu morderstwa:

– Moja koleżanka mawia, że zarówno w morderstwie, jak i w pocałunku najlepsza jest chwila tuż przed. A po wszystkim nie wiadomo, co zrobić z ciałem.

Zaśmiał się.

Po dwóch godzinach mówiliśmy już sobie po imieniu.

– Proszę, sprzedaj mi ten pokój...

– Nie chciałem go nigdy sprzedawać, bo to mój ulubiony obraz. Jest najbardziej osobisty. To jest nasz pokój, brat i ja mieliśmy wtedy po dwanaście lat. Z bratem nie jestem w dobrych stosunkach, to jedyne, co mi z tamtego czasu pozostało.

– Obiecuję, że to będzie też mój ulubiony obraz. Wypożyczę ci go na każdą wystawę. Podaj cenę.

Podał.

– Zapłacę półtora raza więcej i nie protestuj.

– Jezusie, to ja zapłacę alimenty! – powiedział ucieszony i weszliśmy w głąb drugiego pomieszczenia, gdzie ukryte pod wieloma płótnami tkwiło to moje.

Kupno obrazu jest dla mnie początkiem intymnego aktu. Artysta poświęca na wypełnianie kawałka materiału swój czas, swoje myśli, swoje uczucia. Nagle ten fragment własnego życia w postaci obrazu oddaje komuś obcemu. I tak dzięki temu mamy u siebie czyjeś życie. I ono jest tylko dla nas. Nie jest to możliwe przy kupnie książki, nie jest możliwe przy kupnie płyty. Powieść może przeczytać każdy, każdy może posłuchać symfonii, zwielokrotnionej w milionach egzemplarzy. A obraz – jeśli tak zdecyduję – jest wyłącznie mój. Mogę go oglądać sam. Gdybym tylko chciał pokochać coś, w czym nie kochają się wszyscy, współczesne malarstwo jest do tego idealne. Można zawłaszczyć zupełnie nowe, niereprodukowane obrazy. Dlatego też bycie właścicielem zamalowanego płótna jest dla niektórych wyjątkowo podniecające.

Każdy, kto odwiedzał mnie w Warszawie, trafiał na obraz Filipa Černego w gabinecie. Prawie każdy zauważał, że obraz pokoju jego dzieciństwa jest niemal odzwierciedleniem pokoju, w którym pracuję. Wyglądał jak jego dobry duch, w spokojnych, rozmytych popielach, szarościach i bielach.

Do czasu.

– Przecież w ten pokój wrastają kwiaty zła – stwierdziła znajoma, spoglądając na płótno nad kanapą.

W byciu człowiekiem najpiękniejsze jest poznanie innego człowieka, którego oczami możemy spojrzeć na to, co widzimy od dawna. Jego oczy patrzą dla nas. Dostrzegają rzeczy, których nie mogły dostrzec nasze. Ktoś znajduje nowe znaczenia tego, co zaliczyliśmy już do oczywistości. Prezent równie dobry jak obraz.

– Sielanka rozsadzana przez kłącza śmierci – sprecyzowała.

– Do tej pory tego nie zauważyłem. Jak to możliwe? – Byłem pod wrażeniem tego odkrycia.

– Od początku – podkreśliła – nie widzę tu żadnego pogodnego obrazka.

2

W *Roku magicznego myślenia* amerykańska autorka Joan Didion opisuje rok po nagłej śmierci męża. „Siadasz do kolacji i życie, jakie znasz, się kończy. Pozostaje kwestia żalu nad sobą" – tak zaczyna swoją książkę. Pisze – o ile dobrze pamiętam, bo nie chcę czytać jej drugi raz – że potem ten, kto zostaje przy życiu, szuka zapowiedzi. Poszukujemy w pamięci znaków, które zapowiadały to, co się wydarzy. Złudzenie? Że gdybyśmy je odczytali, zapobiegniemy najgorszemu?

Jednak wydaje mi się, że rola wyznaczona znakom jest ustalona raz na zawsze.

Znaki są na potem.

Wszystko jest morderstwem.

Sielanka rozsadzana przez kłącza śmierci.

„Weź tę płytę. Jeden artysta nagrał moje bicie serca. Będziesz miał, jak mnie już nie będzie".

„Napisz książkę pod tytułem *Nie ma*. A na okładce nie powinno być nic. Nawet nazwiska autora. Pusty biały papier. O tym, jak żyć z »nie ma«. Idealny temat dla ciebie".

I prezent, ostatni, na Boże Narodzenie: *Martwe dusze*.

Znaki są na potem.

Gdzie Indziej

Zdecydowałem się jechać do Azji.

Nie da się uciec od siebie samego, ale człowiek zawsze się łudzi, że Gdzie Indziej jego ja nagle się przeobrazi. Pod wpływem nowego miejsca ulegnie częściowej chociaż przemianie, która sprawi, że ja będzie mnie dokuczliwe. Oczywiście wiemy, że to złudzenie. Zmiana scenografii. Wszystko złe, co nas spotkało – umościło się w nas i nie zbierze ot, tak swoich manatków. Tu czy tam betoniarki tak samo będą lały beton do twojego brzucha. Na widok wspomnień – na które nigdy nie podziała klawisz *delete* – oddech zatrzyma ci się nagle, tak samo w Europie, jak i w Azji.

No, ale zdecydowałem się jechać do Azji.

– Po co tam jechać? – spytał pełen bezradności i smutku mój tata, który uważa, że w żadnej sytuacji donikąd nie należy jechać.

Jednak żeby nie mówić mu o moim ja i nie pogłębiać jego smutku, odparłem:

– Może tam dowiem się czegoś, czego nie wiem?

Dojechaliśmy z J. do trójkąta między dwiema rzekami – Mekongiem i wpadającą do niego Nam Khan. Tam na skarpie leży Luang Prabang, czyli Królewskie Miasto Buddy Rozpraszającego Lęk. Dawna stolica Kraju Miliona Słoni pod Białym Parasolem, a potem Laosu.

Rankiem w Luang Prabang jest zimno jak w górach, trzeba zakładać sweter. Od południa niebo potrafi zesłać termiczne tortury. Ciało może się opalić nawet przez ubranie.

W samolocie przeczytałem, żebym po przybyciu do Laosu nastawił się na inny bieg czasu: „W tej czarownej krainie trzeba zwolnić i dostosować się do jej niespiesznego rytmu". Muszę pamiętać – zaznaczał bedeker – że Laotańczyków cechuje ogromna delikatność w stosunkach międzyludzkich. Osoba agresywna bądź wybuchowa budzi zdziwienie i niechęć.

Takiego miejsca mi teraz trzeba – pomyślałem.

„Wraz z eskalacją działań wojennych i narastaniem wojennego konfliktu indochińskiego – czytałem dalej w rozdziale *Historia Laosu* – Stany Zjednoczone rozpoczęły kampanię tajnych bombardowań baz komunistów i Szlaku Ho Szi Mina we wschodnim Laosie. W latach 1964–1973 Amerykanie zrzucili na ten mały kraj więcej bomb, niż spadło na całą Europę w trakcie drugiej wojny światowej. Szacuje się, że naloty przeprowadzano średnio co osiem minut przez dziewięć lat"[*].

Miłą rozrywką w Luang Prabang okazało się wyjście na nocny targ. Nocny, bo w dzień nasze ugotowane mózgi nie byłyby w stanie docenić żadnych form i kolorów. Od zmierzchu

---

[*] Oba cytaty: Armbrecht Janson, *Azja Południowo-Wschodnia*, przeł. Ewa Błaszczyk, Pascal, Bielsko-Biała 2008, s. 232–233.

między dwiema rzekami ciągną się dywany pełne chust, torebek, biżuterii. Każda z tych rzeczy to pole walki: amarantowy bije się z fuksjowym, szafranowy z tycjanowym i tak dalej. Z tego nadmiaru w połowie drogi przez bazar znika umiejętność skupienia.

Jednak w pewnym miejscu znaleźliśmy coś, co natychmiast przywróciło mi czujność. Na dywanie leżały przedmioty w kolorze srebrzystego metalu. Pośród szaleństwa kształtów i barw ten towar był jak dźwięk skrzypiec na autostradzie. Stanęliśmy przed najprostszymi w świecie łyżkami do zupy, pałeczkami do ryżu, bransoletkami w kształcie zwykłych kółek i breloczkami do kluczy.

Napis obok wyjaśniał, że są to przedmioty z aluminium.

Kraj jest zasobny w ten surowiec, ponieważ na Laos spadło 2 miliony 700 tysięcy ton bomb. Średnio pół tony na jednego mieszkańca.

„Dobry Tajemniczy Człowiek nauczył nas przerabiać resztki po bombach i wrakach samolotów w przedmioty codziennego użytku. To, co nas zabijało, teraz nas żywi" – głosił dalej ów napis.

Dwanaście ubogich rodzin w okolicach Luang Prabang żyje z wyrobu przedmiotów po bombach. Jest to ich jedyne źródło utrzymania.

Nie kupiłem ani łyżki, ani pałeczek – trudno byłoby jeść czymś, co zabiło człowieka. Kupiłem breloczek do kluczy w kształcie gołębia. I bransoletki dla J.W., bo jest fanatyczką recyklingu.

I przywiozłem z Laosu myśl, tato. Naucz się pozyskać śmierć do życia.

Niezgoda na nieobecność

Krystyna Janda nie zamyka książki, która jest otwarta tam, gdzie on skończył czytać. Jedna z jej znajomych, opuszczona przez męża dla innej kobiety, powiedziała: wolałabym, żeby umarł. Ty masz dużo lepiej. Mężczyzna, którego kochałaś, który ciebie kochał, nie żyje i masz wspaniałe wspomnienia. To czyni cię szczęśliwą. A ja mam ruinę, poczucie zdrady, brudu, niepewność wszystkiego, chwiejność czasu, świata, bolesną samotność. Twoja samotność jest harmonijna, moja nienawistna.

Krystyna Cierniak-Morgenstern trzy lata temu wyprasowała jego koszule. Było to rok po śmierci. I nadal wiszą. Otwiera szafę, myśli: a niech sobie jeszcze będą. Niektóre jego ubrania wybiera dla przyjaciół. Wydaje jej się, że mąż jest zadowolony. O, właśnie wczoraj ubrała ich wspólnego przyjaciela. Ale sweterki, które lubił, nadal leżą. Nie odda jeszcze.

Leszek Sankowski zajął się tym, co ona kochała robić. Zadbał o dokończenie jej książki *Smoleńsk*, zajął się autoryzacją rozmów, których ona nie zdążyła zautoryzować, stworzył kapitułę Nagrody imienia Teresy Torańskiej. Mówi: „Pomagam żonie w pośmiertnym życiu".

Zuzanna Janin zaczęła szukać zaginionego obrazu, który matka namalowała, jeszcze zanim Zuzanna się urodziła. Za jej życia nie rozumiały się, obie – silne osobowości. Zuzanna zmieniła nazwisko, zaczęła karierę rzeźbiarki, ale nie zdradzała, czyją jest córką. Obie miały poczucie, że się nawzajem zawiodły. Nie zostały nawet artystycznymi przyjaciółkami. Jednak po śmierci córka pojechała do São Paulo, bo właśnie tam w latach sześćdziesiątych obraz Marii Anto zaginął. Szukanie tego obrazu było ważne, po śmierci matki nawet jeszcze bardziej. To my kształtujemy tych, których nie ma, mówi córka. Jeżeli nie stworzymy pamięci o nich, choćby idąc na grób, to jakby tych ludzi nie było.

Alicja Kapuścińska nie znosi słowa „wdowa", zawsze mówi o sobie: jestem żoną Ryszarda. Rano wstaje cichutko, żeby go nie obudzić.

Paula Sawicka i jej mąż Mirek mają duże mieszkanie. Wprowadził się do nich i mieszkał aż do śmierci. Napisała z nim słynną książkę *I była miłość w getcie*. Nagle, mówi Sawicka, okazało się, że jesteśmy rodziną. Z wyboru, bez zobowiązań, bez poświęceń. Tak jak się przyszło, można było odejść. Zostawało się z przyjaźni, z miłości, a te nie znoszą poświęcania się. Nie ma poczucia, że więzy krwi muszą być silniejsze od przyjaźni, tego nauczyła się od niego. Dziś mieszkanie jest za duże, Pauli i Mirka nie stać na nie, oboje są już emerytami. Ale ponieważ żył z nimi Marek Edelman, mieszkania się nie pozbywają. Marek jest przez to obecny, mówi Paula. A nie jest łatwo dbać o czyjąś obecność.

Remigiusz Grzela przeprowadził dziesięć rozmów: *Obecność. Rozmowy*, Drzewo Babel, Warszawa 2015. Z nich zaczerpnąłem powyższe przykłady niezgody na nieobecność. Całą jego książkę umiałbym streścić jednym zdaniem. Nie moim. Przyswoiłem je, kiedy byłem bardzo młody. Gabriel Marcel, filozof, który wierzył w metafizyczną skuteczność miłości, napisał: „Kochać znaczy powiedzieć drugiemu: ty nie umrzesz". Z setek, a może tysięcy książek, które przeczytałem w życiu, zapamiętałem wszystkiego może z pięć zdań. I to jest jedno z nich. Dziwne.

Opowiadając w gazecie o pracy nad tą książką, autor rozmów dodał, że on nie usuwa ze swojej komórki numeru telefonu kogoś, kto odszedł.

Nie usunąłem.

Dawkowanie światła

Dwie identyczne lampki nocne na dwóch parapetach dają nie tylko światło, dają siebie. Całe, z kloszami, zrobione są ze szczotkowanego metalu, więc ich kształty też emitują blask. Kiedy za oknami powoli zapada zmierzch, są jak dwa srebrne zjawiska na fioletowiejącym tle. Dają wrażenie intymności, ale jednak jakoś uroczystej. Lampki nie są duże, więc ich promienie kończą się metr od okna.

Kanapa na środku pokoju, pokryta białym płótnem żaglowym, jest rozłożysta. Po jednej stronie ma przylegające do siebie dwie poduszki obleczone w biały welur.

Wielki obraz na ścianie (małe obrazy nie mają sensu – nie działają na system nerwowy; wyobraźmy sobie małe Bacony i wielkie Bacony – czyli łyk wina i butelkę wina), a więc wielki obraz na ścianie przedstawia dachy wieżowców po zmierzchu i ulice bez jednego człowieka. Dachy są krwistoczerwone, a puste ulice – grafitowe. Nasz wzrok wisi nad tymi dachami i ulicami. Na obraz pada smuga światła z sufitu. Światło można regulować, dlatego to spojrzenie Batmana lub samobójcy przed odlotem może być w pokoju bardziej lub mniej obecne. Teraz jest mniej.

Więc pracują tylko te trzy źródła dyskretnego światła.

Światosław Richter gra preludia i fugi Bacha. Gra już trzeci dzień. Tłumaczka moich książek na czeski Helena Stachová napisała mi wczoraj, że według niej nie był największym pianistą dwudziestego wieku. Ma rację: takie sądy są zawsze subiektywne. Ona wtedy wolała innego radzieckiego pianistę, Emila Gilelsa. Kiedy pojechała na leczenie do Trenczyńskich Cieplic, miała przyjemność słuchać Richtera, bo występował tam z czymś w rodzaju próby generalnej przed koncertem w Pradze. Ostatnio zakazał nawet jakiegokolwiek światła w sali, poza jedną lampeczką na pulpicie z nutami. Chmurzył się, kiedy go spotkała na ulicy. Gdy tylko zobaczył, że ona się do niego uśmiecha, przeszedł na drugą stronę. Najwidoczniej dawkował światło, sobie i światu.

Potem Miles Davis na *Kind of Blue* i *Ascenseur pour l'échafaud* z cienką smugą dźwięków przypasowuje się do smugi światła na obrazie. Słuchając Davisa, nie mogę nigdy pozbyć się myślowego natręctwa: Armstrong wypuszczał trąbką powietrze, Davis je wsysa.

Wino czerwone, *rich and spicy on the nose, layered with berry fruit flavours on the palate.*

Tak, tło za srebrnymi lampkami raczej jagodowieje.

Haruki Murakami opowiada o mężczyźnie młodszym ode mnie, który z niewiadomych przyczyn przestaje być aktywny. Schodzi na dno wyschniętej studni, bo chce się tam czegoś dowiedzieć o sobie. Piąta w moim życiu książka Japończyka i piąty raz nigdy nie umiem przewidzieć, co czyha u niego za rogiem. Nieoczywistość u Murakamiego przykuwa do białej kanapy. W mojej oczywistości czasowników dokonanych (raz na zawsze). Bo jeszcze nigdy tak nie żyłem: wiem dokładnie, co się ze mną stanie. Jutro będę żył lub nie i ani jednej z tych możliwości się nie obawiam.

Niespodzianki Murakamiego śledzę na podświetlanej wersji Kindle'a, stąd w pokoju ma prawo panować półmrok.

Lampki, dachy wieżowców Adama Patrzyka, Richter, Davis, biały welur, jagody na podniebieniu, Murakami – to jest szczęście.

Zamiast innego szczęścia oczywiście.

Dzielę ludzkość

Też umiem pocieszyć przyjaciółkę w opuszczeniu. Powiedziałem Julii:

– Wszyscy jesteśmy dla siebie tylko etapami.

Polubiła to zdanie, powiesiła je nawet nad biurkiem. Ja zaś zyskałem w repertuarze jakąś poważniejszą sentencję.

Wczoraj przysłała mi zdjęcie kolażu, który chciałaby kupić sobie na ścianę. Jest mały, ale ma naklejoną celną myśl. Kompozycja fotograficzno-graficzna wzbogacona została o zdanie:

„Odejdziemy tak, jakeśmy naprawdę żyli: osobno. Zawsze między potwornie wielkim światem i potwornie wielkim niebem, samotni".

Podpisane: Jarosław Iwaszkiewicz.

Niedawno Los odebrał mi moje razem, od dwóch miesięcy mam więc nową pewność: tak, odejdę osobno. Ściskającą żołądek i stuprocentową pewność czasownika dokonanego. Napisałem więc J. z troską w tle (bo przecież nie musi tapetować mieszkania bolesnymi myślami): „Czy na pewno chcesz z tą prawdą obcować na co dzień?".

„Tak" – odpisała.

„Obcuję przecież z twoim: wszyscy jesteśmy dla siebie tylko etapami" – dodała zaraz w następnym SMS-ie.

„Moje zdanie, w przeciwieństwie do zdania Iwaszkiewicza, nie mówi o tym, że te etapy są etapami samotności. Za moim chyba czai się przypuszczenie: przynajmniej na danym etapie nie byliśmy sami!" – wystukałem.

Odpisała zaraz: „Bardziej podoba mi się, jak ty je rozumiesz, ale niestety, patrząc na twoje smutne zdanie, widzę »tylko«, a nie »etapami«".

„Ach, jo! – napisałem (tak mawiają Czesi i Krecik, gdy dociera do nich jakaś świeża prawda). Rzeczywiście »tylko« ma w sobie samotność, ma!".

„No właśnie. I widzisz: oto pojawił się kolejny podział między ludźmi – podsumowała. – Jedni widzą »etapami« i mają pociechę. Drudzy widzą »tylko« i już na zaś, nawet będąc na etapie, boją się samotności. A zdanie jest jedno".

Kolejny podział... Bo mam kilka innych. Ludzkość można dzielić według różnych systemów.

Podział hotelowy.

Jedni wracają z nocnego baru do pokoju w hotelu głośno, stukają butami, śmieją się, jest im obojętne, czy budzą sąsiadów. Drudzy – wracają po cichutku, na palcach, nie zapalają światła na korytarzu, byle tylko nie zdenerwować sąsiadów. Ci powinni szczególnie uważać, ponieważ jak idą po ciemku, mogą się potknąć na schodach, spaść, złamać nos i narobić jeszcze więcej hałasu niż grupa pierwsza.

Podział światowy.

Jedni mówią: świat do mnie nie pasuje. Drudzy: ja nie pasuję do świata. To ważna klasyfikacja, ponieważ stawiamy się albo w centrum, albo na obrzeżach. Ilustruje nasze ego. A jak podpowiada w swojej kontrowersyjnej, lecz inspirującej książce *Księga ego. Wolność od iluzji* myślowy uwodziciel Osho – silnie rozbudowane ego to rodzaj choroby. Zrozumiałem, że świat upada właśnie z powodu nadymających się ego.

Podział Teńci i Heńci.

To dwie kobiety, które kiedyś poznałem. Pisały do siebie listy co tydzień przez pięćdziesiąt dwa lata. W ich listach znalazłem dwa zdania – o dwóch podejściach do życia.

12 kwietnia 2004 roku Teńcia napisała: „Droga Heńciu, rozejrzyj się, jaka piękna wiosna".

15 kwietnia Heńcia odpisała: „Rozejrzałam się, no i co z tego, Teńciu? Przecież zaraz znowu będzie jesień".

Gdyby ktoś chciał wiedzieć, to ja: wracam na paluszkach, nie pasuję do świata i mimo że nie mam już swojego razem, bardzo chcę być Teńcią.

Dwie minuty

Znów szedł moją ulicą w przeciwną stronę niż ja. To także jego ulica. Mijamy się, wygląda na to, że on idzie do jednego parku, ja do drugiego.

W czarnym kapeluszu na głowie albo burej czapce z daszkiem, takiej, jaką kiedyś nosili furmani. W czarnym płaszczu, choć powinienem napisać w płaszczyku (to lepiej oddaje jego wygląd, gdyż jest drobny i niski). Z czarnym parasolem.

Nigdy go nie zagaduję, nie zaczepiam, bo uważam, że takich ludzi nie powinno się zatrzymywać. Obciążanie ich naszym pragnieniem, żeby stanęli jak my, w jednym miejscu i chwilę trwali bez ruchu, to bardzo przyziemna potrzeba. Przyziemna jak my sami.

A jeśli jego głowa akurat rodzi myśli, które wymagają pomocy, i akuszerka w jego mózgu musi natychmiast otworzyć im wyjście? W momencie gdy on zatrzyma się na ulicy, żeby zrobić przyjemność naszej trywialnej osobowości, zatrzyma się i ta świeża myśl. Wystawiła już nóżki, rączki, ale główka ugrzęzła jej w środku. Udusi się i nie przeżyje! Bo jakiś gruboskórny gość, blondyn o twarzy na chwilę przed wylewem, chciał sobie na ulicy złapać motyla i potrzymać go w dłoni.

Tego ranka ostre, zimne i natrętne kwietniowe słońce najwidoczniej kazało nam wyjść z domów dokładnie o tej samej porze. Mieliśmy minąć się idealnie w połowie ulicy, ale zatrzymał się. Spojrzał na mnie pod światło, zmrużył oczy, jakby nastawiał teleskop swojego mózgu, i powiedział:

– Aaa, to pan.

Walczyłem ze sobą najwyżej sekundę. Powiedzieć: kłaniam się, miłego dnia i pójść dalej w stronę mojego parku czy nie?

Jednak przez dwie minuty mieć kogoś takiego tylko dla siebie! Coś bardzo ponętnego...

Zdecydowałem mieć go dla siebie.

– Panie Tomaszu – spytałem – czy ci nowojorscy muzycy, którzy nagrywali z panem płytę *Wisława*, znali w ogóle wiersze Szymborskiej?

Porządek ułożony przez człowieka w dźwięku, który nie istnieje w przyrodzie (ani porządek nie istnieje, ani dźwięk). Tak definiował kiedyś muzykę. I ten porządek fal dźwiękowych na jego płycie *Wisława* znam prawie na pamięć.

No, ale dlaczego – zastanawiam się – ta muzyka tak przylega do mnie, wnika i przykleja się do wewnętrznych ścian komórek? Kiedyś powiedział jednemu facetowi[*], że nawet błahe przemyślenia filozoficzne mogą człowieka zniszczyć. Jest się częścią ludzkiej maszynerii, która idzie do przodu. Ale po co? Wielka siła zwyklactwa i przeciętności polega na tym, że człowiek nie zastanawia się nad tym, tylko płodzi lub rodzi

---

[*] Rafałowi Księżykowi w książce *Desperado. Tomasz Stańko – autobiografia*, Wydawnictwo Literackie, Kraków 2010.

dzieci. Muzyka na to też nie odpowiada. Bo ona nie potrzebuje pytań ani słów, ani konkluzji. Ona też obchodzi się bez stawiania tych Wielkich Pytań Bez Odpowiedzi, ale za to wprawia w stan mistyczny i głęboki. Jedno jest pewne, mówił, że muzyka jest oddalona od przeciętności.

Jedno jest też pewne – tego już nie powiedział – że muzyka nie pozwoli człowieka zniszczyć. Bo przylega, wnika i okleja od środka.

– Panie Mariuszu – odparł na naszej ulicy. – Muzycy nie musieli znać jej poezji. To nie jest płyta inspirowana twórczością Szymborskiej, tylko dedykowana Szymborskiej. A mimo to jedna moja znajoma mówi, że utwory idealnie odpowiadają poszczególnym wierszom, co mnie dziwi.

– Dziwi?

– Bo ja gram depresyjnie, ciemno, a Szymborska była pogodna i jasna.

– No wie pan, ja też jestem pogodny i jasny, a pana ciemnej muzyki słucham chciwie. Ale... – zastanowiłem się. – Może jest tak, że ja usilnie chcę być jasny, a właśnie na pana oddelegowałem swoją ciemność? Moja ciemność chwyta się pana dźwięków, pożywi nimi, pożywi i już mną nie musi. Pan mi chyba załatwia przykre sprawy, panie Tomaszu.

– Pan pozwoli, panie Mariuszu, że z tym ciężarem pana ciemności na własnych plecach oddalę się.

– A pan pozwoli, że napiszę o tej teorii.

– To proszę przekazać czytelnikom, że Stańko się z nią stuprocentowo zgadza.

Tonę...

Wyłączyłem płytę z muzyką, w której można się tylko chlapać. Nie zaleje cię całego, raczej zanurzysz stopy.

Dzięki Bogu, istnieje też muzyka, w której można utonąć. A nawet się rozpłynąć. Trochę jak Antoni Burns w sali kinowej.

Antoni Burns od zarania swojego życia był człowiekiem zdradzającym instynktowną chęć włączenia się w sprawy, które go całkowicie pochłaniały. Wszystko wokół absorbowało go i pociągało, lecz wciąż nie czuł się bezpieczny. Bezpieczny czuł się jedynie w kinie. Lubił siadać w ostatnich rzędach, gdzie ciemność wchłaniała go delikatnie, aż stawał się jakby drobiną pokarmu rozpuszczającą się w czyichś wielkich gorących ustach.

Antoniego Burnsa, którego kości roztarł w końcu na pył wielki czarnoskóry masażysta w lekkich bawełnianych szortach, wymyślił Tennessee Williams w opowiadaniu *Pożądanie i czarnoskóry masażysta*. Jest to w tym momencie najlepsze opowiadanie, jakie przeczytałem w życiu. Ale też wypiłem pół butelki najlepszego (w tym momencie) czerwonego wina.

Więc istnieje taka muzyka, której właśnie słucham, a która z winem sprawia, że czuję, jakbym rozpuszczał się w czyichś ustach. To *Drugi koncert fortepianowy* Brahmsa w wykonaniu Światosława Richtera i Chicago Symphony Orchestra. Ale może to też być soundtrack do *Nagiego lunchu* Shore'a & Colemana w wykonaniu London Philharmonic Orchestra. Wreszcie utwory Philipa Glassa grane przez Bruce'a Brubakera.

Tonąć w tej muzyce to najlepsze, co można zrobić.

Tonę, ale słyszę... Prezydent (Komorowski) powiedział, że nigdy nie byliśmy tak blisko wojny jak teraz. Tonę, ale czytam... Reporter Wojciech Tochman wrócił z rozpadłego na atomy Nepalu, wcześniej wrócił z kambodżańskiej wsi, gdzie prawie wszyscy zakazili się HIV, jeszcze wcześniej z... Podziwiam go.

Każdy jego tekst jest dla mnie czymś, co stawia mnie do pionu. Wiem, że muszę wyleźć z wody. I ociekając na brzegu od dźwięków, w pozycji na baczność, myślę sobie, że moje zachowanie jest chyba nieadekwatne do momentu epoki i zwyczajnie żenujące. Nie lękam się wojny. Nie mam też odruchu ratowania ludzkich istnień, które są poza moim zasięgiem.

Kolejny tekst i kolejna książka Wojtka o kolejnych nędzarzach świata, o ludziach zdławionych przez siły, na które nie mają żadnego wpływu, wynika z jego konsekwencji. Porównywalnej z konsekwencją Moneta, który trzydzieści lat malował te same nenufary, a jeszcze lepiej: z konsekwencją Opałki, który całe życie liczył, a liczby wypisywał na płótnach aż do nieskończoności, czyli do własnej śmierci. Nawet jeśli napisze (Tochman) pod koniec najpoważniejszego felietonu: „*Sorry* za patos", czuję, że robi to wbrew sobie. Rzeczywiście, to artystyczne ustępstwo. Najwidoczniej chce, aby czytelnik wiedział, że i on wie, że może przesadza, ale inaczej nie może.

Jednak nie przesadza! Tak jak Antoniego Burnsa, jego też całkowicie coś pochłania (co nas przeważnie nie pochłania) i nie ma dlań nic ważniejszego.

A w świecie musi być miejsce dla konsekwencji.

Zwłaszcza w chwili, gdy jakiś inny facet woli bezwstydnie pisać, że słucha Światosława Richtera i czyta Tennessee Williamsa.

Pisać.

A pisać tylko po to, by coś uwiecznić, jakąś miłość, jakieś uniesienie? Jakąś stratę?

Albo gorzej – uwiecznić liść na drzewie, a nie trzęsienie ziemi? Albo swoje własne trzęsienie ziemi, którego nikt inny nie poczuł tak jak my?

Być może – zastanawiał się Bruno, człowiek, którego z kolei wymyślił Ernesto Sábato – pisanie jest potrzebne takim ludziom jak on, Bruno, niezdolnym do aktów bohaterstwa? Przecież taki Che Guevara, czy inny silny gość, wcale nie musiał pisać.

Bruno pomyślał przez chwilę, że jest to być może ucieczka bezsilnych.

Wiem, jaka jest prawda

A więc ucieczka bezsilnych?

Czasem uciekający musi się jednak czymś posilić. Pisanie żywi się pisaniem. Tak jak wsiąkamy po śmierci w ziemię, tworząc jej organiczną skorupę, z której pożywienie czerpią potem inne organizmy, tak cudze zdania wsiąkają w nasze.

Wpadła mi do ręki książka z podkreślonymi słowami i zdaniami. O wiele starsza niż ja, bo z 1959 roku.

Lubię znaleźć obok śmietnika lub w czytelni książkę, w której ktoś zostawił swój ślad. Ołówkowy lub długopisowy. Od dawna marzę, żeby znaleźć księgozbiór po nieznanym mi człowieku, gdzie każda ważna książka miałaby ślady lektury: podkreślone fragmenty lub pojedyncze słowa. Czytając tylko zdania, które zafrapowały właściciela książki, chciałbym zrekonstruować jego osobowość. Gdybym był Parandowskim, mógłbym napisać w jego stylu: Przeczytana książka może być wystawą umysłowości czytelnika.

(Jan Parandowski nigdy tak nie napisał, jednak zapamiętane strzępki jego zdań wsiąkły już we mnie i zaczął się proces rozkładu większych całości z jego dzieła w drobinki, które wnikają, a za jakiś czas całkowicie się rozpuszczą. Jak ciało człowieka, które potrzebuje od pięciu do dziesięciu lat, żeby wniknąć w ziemię na zawsze).

Na tę powieść trafiłem w bibliotece Domu Literatury na Krakowskim Przedmieściu w Warszawie – najpiękniejszej bibliotece (mojego) świata. Zajrzyjcie tam i przekonajcie się, jakim to przywiędłe miejsce może być uzdrowiskiem. Meble, które tam stoją, mogą być meblami z lat pięćdziesiątych, ale i z lat dwudziestych minionego wieku. Zakurzone popiersia pisarzy wieńczą regały, na których opierają się o siebie niedotykane od dziesięcioleci tomy. Pożółkły raj.

Bohaterem znalezionej zwietrzałej powieści jest mężczyzna. Mówi, że już na porodówce ludzie „mogli spokojnie przyzwyczajać się do mojej agonii". Jako dorosły przesiaduje od świtu w parku. Tkwiący poza życiem, niezależny od swoich czasów, wyznaje: „mówiłem, aby nic nie powiedzieć, napisałem, aby nic nie napisać".

Tkwi i ma czas.

(Zupełnie jak ja w bezczasie – pomyślałem. – Minuta trwa mu tyle, co dzień, a tydzień może trwać godzinę).

To powinowactwo między nami sprawiło, że zacząłem czytać książkę z przyjemnością, a więc bardzo powoli. Odkładałem ją po każdych dwóch stronach na kolana i cieszyłem się, że mam ją pod ręką jak jakiś xanax.

Bohatera powieści nie zauważają barmani w knajpach, nie zauważają go, nawet kiedy robi awantury. Czeka. Nieważne, kto i z czym się u niego zjawi, „ważne, aby ktokolwiek przyszedł i rozbroił, rozładował mnie z tego oczekiwania". Świat zadaje mu ciosy, ale „muszę pracować dla jego triumfu nade mną". Jakiś nienazwany kompleks przygniata bohatera do parkowej ławki. „Prawdę mówiąc, dopiero gdy jestem sam, prostuję się na całą długość".

Wszystkie podkreślenia w książce należały do nieznanego czytelnika.

Mógł czytać *Portret z pamięci* Stanisława Stanucha przed moim urodzeniem. Mógł być licealistą, kiedy umarł Stalin, i z ulgą czytać tę książkę, która nie musiała już służyć walce ludu pracującego miast i wsi. Bohater – jak w *Upadku* Camusa – snuł monolog wewnętrzny. Przeprowadzał autopsychoanalizę, a pisarz, który go stworzył, nie zmuszał się do nadawania swojej opowieści żadnej akcji. To, co fascynowało w niej czytelników końca lat pięćdziesiątych, najlepiej wyraził wybitny krytyk: „Monolog ten snuje jednostka, której kształt psychiczny ulega rozmyciu, a kwalifikacje moralne pozostają niejasne".

Kształt psychiczny ulega rozmyciu...

Odnalazłem recenzje debiutanckiej powieści dwudziestoośmioletniego wtedy autora: zachwyt. Od tej pory miał o nią potykać się każdy historyk literatury. Bo trudno nie potknąć się o polskiego Camusa, Becketta, Sartre'a czy Prousta. (Jak Boga kocham, te właśnie nazwiska wymieniano przy Stanuchu, mam wycinki!). Niestety, nie słyszałem potem o nikim, kto się o tę książkę potknął. Coś ją skazało na zapomnienie. Wszystko, co pisarz potem napisał, było oceniane jako niedorównujące wielkiemu debiutowi. Niektóre opowiadania miały być nawet irytujące. Mijały lata i on sam zaczął pisać recenzje książek, potem książki o literaturze, a także układać antologie.

Został edytorem i biografem Andrzeja Bursy. Wiadomo od Czechowa, że kiedy człowiek krytykuje cudze utwory, czuje się jak generał. Dlatego uważam, że Stanisław Stanuch zajął się krytyką literacką, ponieważ chodziło mu o przejęcie władzy. Teraz on wytykał błędy innym, a nawet całej epoce.

Jednak pisał *Portret* przed trzydziestką i na razie miał władzę tylko nad swoim bohaterem.

Znalazłem w *Portrecie z pamięci* myśl.

Jedną, jedyną myśl, która sprawiła, że wstałem z kanapy, zacząłem chodzić po pokoju, łapać się za czoło, wyszedłem na chwilę na jeden balkon, potem na drugi. („A na co ci dwa balkony – pytała przyjaciółka, kiedy kupiłem to mieszkanie – jeśli nie możesz być na obu naraz?". Zosiu, a jednak się przydały!). Wróciłem, usiadłem na krześle przy biurku, nabrałem powietrza, głośno wypuściłem, wstałem, wyszedłem na chwilę na jeden balkon, potem na drugi, wróciłem, usiadłem...

„Kiedy uspokoiłem się wreszcie, przyszło mi do głowy, że każdy rozsądny człowiek powinien dążyć do prawdy, starać się odkryć w swoim życiu jedną, bodaj najmniejszą prawdę. W przeciwnym razie życie jego wydawać się może zmarnowane. A ja po co dotąd żyłem? Czy miałem swoją bodaj najmniejszą prawdę? Pozwoliłem się opanować tym myślom jak zgubnemu nałogowi".

Ten fragment nie był podkreślony, ale gdyby książka należała do mnie, użyłbym czarnego cienkopisu.

Więc ja także pozwoliłem opanować się powyższym myślom. Do tego stopnia, że zapałałem chęcią pytania obcych ludzi o ich prawdę. Czy udało im się coś ustalić? Uzgodnić cokolwiek z samym sobą?

Pisarz Stanisław Stanuch z Nowej Huty – dziesięć lat po swojej śmierci – rzucił mi koło ratunkowe. Narzucił rygor. Pozwolił rzadziej trafiać do bezczasu.

Jestem mu za to wdzięczny, mimo że nie ma on samych dobrych kart w życiorysie. Stał po innej stronie politycznej, niż myślę, że ja bym stał, gdybym był w jego epoce dorosły. Potomek piłsudczyka legionisty, który postawił na PRL. Kiedy miał pięćdziesiąt lat, walczył z opozycją, dezawuował Solidarność. Jednak jeśli ktoś ci rzuca koło ratunkowe, nie pytasz, czy jest grzesznikiem.

Dla mnie ma na razie dwadzieścia osiem lat, wpisuje na pierwszej stronie swojej książki motto z Różewicza: „mówią o mnie że żyję", i zaczyna opowiadać: „Wiem, jak się to zaczęło. Pod klinikę zajechał samochód...".

Powieść *Portret z pamięci* była dla mnie inspiracją do stworzenia miniatur z własnego lub cudzego życia.

Czytelnik nie musi jej czytać, ale może. (Może ją nawet – jak wymyśliła moja przyjaciółka i tłumaczka polskiej literatury na czeski Helena Stachová – z książki wydrzeć).

Stanisław Stanuch
Portret z pamięci

mówią o mnie że żyję

Tadeusz Różewicz

PROLOG

1 Wiem, jak się to zaczęło. Pod klinikę zajechał samochód i wysiedli z niego trzej panowie z pakunkiem owiniętym w biały papier. Wyszła do nich zmęczona pielęgniarka.

– Wszystko w najlepszym porządku – powiedziała, odbierając kwiaty. – Urodził się syn.

Potrafiła nawet zdobyć się na uśmiech. Panowie odetchnęli z ulgą i wyszli do samochodu: odtąd mogli już spokojnie przyzwyczajać się do mojej agonii. A ja tymczasem w najlepsze krzyczałem, usiłowałem otworzyć oko, marszczyłem czoło, robiłem głupie miny.

Tak się to zaczęło.

Można pomyśleć, że to było wczoraj lub bardzo dawno. To nie ma większego znaczenia.

Akcję, oczywiście, można by umiejscowić w czasie dwóch dni, gdyż tyle mniej więcej trwała istotna treść sporu pomiędzy zaufaniem a jego odmową; pomiędzy życiem – jakże trudno nam obejść się bez patosu – a odmową życia. Moglibyśmy także wprowadzić szereg osób, które pośrednio lub bezpośrednio brały w nim udział, miały taki lub inny wpływ na przebieg owego sporu. Ale byłoby to już co innego, niż zamierzamy, trzeba by akcenty rozkładać na czym innym, silić się na obiektywizm i tym podobne abstrakcje. To takie nużące. Po co wikłać i niepotrzebnie powiększać objętość tego, co ma być powiedziane? Zapamiętajmy tylko, że „akcja" toczy się gdzieś między dniem zwątpienia a dniem dzisiejszym.

Właściwie można by także o tym wszystkim opowiedzieć w dwóch, trzech zdaniach w gronie przyjaciół, przy wódce lub czarnej kawie, gdyby nie świadomość, że w życiu liczą się nie tyle fakty, co konsekwencje faktów, i dopiero owe konsekwencje określają naprawdę. Być może pewne światło rzuci nieposiadające pozornie bezpośredniego związku – postanowienie. Mianowicie porzuciłem wszelką myśl o „posadzie" i „karierze" – tak charakterystyczną dla ludzi w moim wieku. Mimo ukończonych studiów i pewnych nawet zdolności zarabiam tylko tyle, aby nie umrzeć z głodu. Czasem wydaje mi się: umieram. Nie mam pieniędzy. Nie mam co jeść. A jednak nie pozwolę się sprowokować, nie nabiorą mnie na „karierę". Poza tym od pewnego czasu czuję wstręt, a nawet nienawiść do takich słów jak: „siła", „racja", „konieczność" – i jeszcze kilku innych, którymi służę na żądanie. Ma to pewne znaczenie. Niezbyt jednak wielkie. Nie popadajmy, broń Boże, w przesadę.

Widzimy już, że nie ma tu nic frapującego, wstrząsającego lub – co gorsza – zapierającego dech. „Przeczytałem od deski do deski, nie mogąc się oderwać". Co? Nie łudźmy się. Wspominam o tym przez lojalność. Ci, którzy spodziewają się zaspokoić ciekawość lub wzruszenie albo spodziewają się sensacji, niech lepiej zajmą się czym innym. Po co mają przeżyć rozczarowanie?

2 Leżę w moim pokoju i usiłuję sięgnąć po zegarek, aby przekonać się, która godzina. Wiem, jest to zajęcie równie jałowe, jak całe moje dotychczasowe życie. Mimo to pragnę tego jeszcze dokonać. Jednakże wyciągnięcie ręki o kilkanaście centymetrów w bok to wysiłek zbyt wielki. Opadam z powrotem na łóżko. Czuję na całym ciele pot i długo muszę leżeć bez ruchu, aby odpocząć.

Niedawno czytałem w gazecie, że czas jest pojęciem względnym i to, co nazywamy godziną, minutą, sekundą – to fikcja, która narodziła się w czyjejś głowie. Pomyślmy. O ileż bylibyśmy szczęśliwsi – szczególnie ludzie mojego pokroju – nie znając godzin, minut, czasu. Po co to komu potrzebne? Ile haniebnych czynów nie istniałoby, gdyż nikt nie byłby w stanie wykryć ich, określić, nazwać. Czy przez to działoby się gorzej na świecie? Istniałyby tylko pojęcia „zawsze" lub „teraz". Nawet moja pozycja stałaby się wówczas znośniejsza.

Oczywiście, próbując ponownie schwycić zegarek, nie myślę o tych wszystkich idiotyzmach. Po prostu latają mi szczęki ze strachu, gdyż zostałem sam. Podczas niedawnej rozmowy nie zdołałem wybełkotać, że stan mój jest bardzo ciężki. Jak zawsze nie myślałem zupełnie o sobie i dopiero teraz, gdy znowu usiłuję dosięgnąć zegarka leżącego obok na krześle, aby obliczyć, ile czasu zostało mi jeszcze do śmierci – przychodzi mi do głowy, że mogłem przecież poprosić o pomoc.

Mój Boże, ile to razy powtarzałem: „Żeby tak można było już zdechnąć". Chciałem skoczyć z okna (z powodu zdania wypowiedzianego przez kobietę), zastrzelić się (w tym celu ukradłem nawet znajomemu oficerowi pistolet, który leży gdzieś między szpargałami), a nawet chciałem raz „tak sobie" wbić nóż w ciało. Nic jednak z tego w końcu nie wychodziło. Nie mogę nawet umrzeć. Aby bowiem móc umrzeć, trzeba spełnić pewne warunki. Mieć za sobą bodaj jeden czyn, jeden rys charakteru – piękny. „Zrobiłem wszystko, co w moich możliwościach, a teraz chlup głową w dół z mostu". To niezbędne. Trzeba przecież myśleć o tych, co zostaną, aby, nim wrzucą naszego trupa do dołu, mogli jeszcze zaspokoić swoją satysfakcję frazesami w rodzaju: „Tak młodo mu się zmarło", „Taki piękny człowiek i odszedł". Leżąc teraz i czując pot, który spływa po mnie, myślę, jak potwornym muszę być człowiekiem, skoro nawet śmierć ucieka ode mnie. Pomyślcie: nie tylko nie mogę umrzeć, lecz w dodatku – aby było już całkiem idiotycznie – szczękam zębami ze strachu przed śmiercią.

Gdyby tylko dało się uniknąć powiedzenia tego, co za chwilę muszę powiedzieć. Ostatecznie przecież jestem człowiekiem. A dla człowieka nie ma na świecie nic gorszego niż konieczność powiedzenia prawdy. A jednak jestem w lepszej sytuacji od innych: nie mam wyboru. Muszę powiedzieć całą prawdę i nic mnie od tego nie powstrzyma. Nie tylko dlatego, że tak nakazała mi pewna osoba. Nie. Przede wszystkim wynika to niejako z mojej naturalnej sytuacji. Otóż – jeżeli tak można powiedzieć – przez samą formę istnienia skazany jestem na mówienie prawdy lub milczenie. To drugie zaś nie jest takie proste, bo przemilczać prawdę mogę tylko wówczas, gdy znajduję się w jakimś towarzystwie, gdy wpływam w ów nurt frazesów i komunałów. Ale kto chciałby się zadawać ze mną, kto chciałby mnie odwiedzać, w dodatku gdy jestem chory i ledwie mogę ruszyć ręką? Co prawda przed chwilą wyszła stąd pewna osoba, czuję nawet, że jeszcze stoi w ciemnym korytarzu i szuka rękami klamki, ale cel jej odwiedzin nie miał żadnego związku ze mną. Spełniałem jedynie rolę przedmiotu lub rzeczy. Podczas całej rozmowy czułem się za przeproszeniem jak rękawiczka, którą mniemy w ręce, gdy coś nas zdenerwuje, albo jak kapelusz, który obracają w palcach bohaterowie naszych powieści. Tak więc wizyta i rozmowa, które mam poza sobą, napełniły mnie jeszcze większą goryczą.

Dokąd sięgam pamięcią, zawsze w życiu musiałem robić nie tylko „dobrze" lub „źle", ale każdorazowo musiałem jeszcze wysilać się na dodatkowy „+" albo „–", aby kompensować w cudzych oczach swoje prawo do tego, co inni otrzymują za darmo. Kiedy za jakiś postępek miałem usłyszeć ocenę „dobry", musiał on być znakomity. Wciąż odliczano mi kilka punktów. Jest to niejako podatek za luksus wkupienia się między „normalnych" ludzi. To jednak chyba najbardziej wyczerpuje. Wysiłek dojścia do celu jest bowiem niczym w porównaniu z wysiłkiem, na jaki trzeba się zdobyć (i oporem, jaki stawia wówczas otoczenie), gdy doszliśmy dokądś, a tam mówią nam, że cel znajduje się o pięć kilometrów dalej.

To, co u innych jest naturalne, u mnie należy do obowiązków. Uchybienie im grozi natychmiastowym wyrzuceniem poza społeczność. W rzeczywistości nie należę ani do wyrzuconych, ani do uprzywilejowanych. Ustawicznie jestem w polu pilnej obserwacji i uderzenia z obu stron są jednakowo bolesne.

Co więc innego mogę mówić jak prawdę? Widzę uśmiechy. Zapytam jaśniej: czy człowiek o mojej sylwetce, moim sposobie chodzenia i mojej twarzy mógłby kłamać? Otóż jest to po prostu niemożliwe. Kłamstwo zawsze jest piękne, a ja – oszczędzając samego siebie i mówiąc bardzo oględnie – do takich się nie zaliczam. Mimo to najchętniej dopisałbym z miejsca: „Ale mam ładne oczy" lub: „Mój głos jest olśniewający" albo: „Moja mądrość należy do cech powszechnie znanych", wreszcie: „Jestem dobrym człowiekiem". Rzecz w tym, że nic podobnego nie może złagodzić tragicznej prawdy tego zdania i ani mi w głowie mówić cokolwiek innego, niż jest w istocie. Zaraz pierwszy lepszy chłystek miałby prawo powiedzieć: kłamiesz. Gdyby chodziło o kogo innego, nie zwróciłby nawet uwagi, w moim jednak przypadku nie potrafi sobie odmówić tej przyjemności. Zauważmy. Cechy skądinąd u normalnych ludzi pozytywne – jak ładne oczy, olśniewający głos, mądrość lub dobroć – w moim przypadku posiadają jakby mniejszą wartość. Opatrzone są zawsze maleńkim choćby znakiem minus.

Skazany więc zostałem niejako przez naturę na dźwiganie prawdy. Przywykłem. Nie odczuwam nawet na tym punkcie żadnych zadrażnień. Słowa żadnych i nigdy należy oczywiście traktować metaforycznie i tylko w przypadku tego jednego zdania. Po pierwsze dlatego, że wydawały mi się one niezbędne ze względów stylistycznych, po drugie, gdyż muszę sobie pozwalać na drobne kłamstwa, którymi jak rodzynkami posypuję ciasto moich wyznań. Powiedziałem wszakże, iż nie ma na świecie nic gorszego dla człowieka od konieczności mówienia prawdy. Potrzebne mi są więc owe kłamstwa, abym bodaj przez chwilę mógł sądzić, że jestem taki jak inni. To duża ulga dla człowieka mojego pokroju. Muszę przyznać, że rozsiewam je skrupulatnie i z pewnym nawet z góry powziętym planem, łudząc się, że a nuż ktoś weźmie je za kłamstwa „normalnych" ludzi i obwieści wielkimi prawdami?

Nic podobnego nie zdarzyło mi się jeszcze w życiu. Ale kto wie? Czekam.

3 Gdybym bodaj potrafił się zabić. To jest również niemożliwe. Musiałbym zaprzeczyć samemu sobie. Widziałem w życiu dostateczną ilość śmierci, aby się z nią oswoić. A jednak zawsze określałem ją jednym słowem: bezsensowna. Może to zabrzmi banalnie, a nawet denerwująco, ale bezsensowność śmierci zawsze kojarzy mi się ze słowem „matka". Słabo pamiętam rysy twarzy i sylwetkę tego człowieka. Czuję jednak jej dłoń, kiedy ściskała moją małą rękę. Może chciała mnie przy sobie zatrzymać, a może miało to oznaczać, że powinienem pamiętać? Nie wiem. Pamiętam to małe miasteczko, chociaż gdyby nie późniejsze informacje, nie potrafiłbym wytłumaczyć, gdzie ono leży. Może go już nie ma? W każdym razie na pytanie dotyczące miejsca urodzenia z reguły odpowiadam: nigdy tam nie byłem. Wywołuje to głupawe uśmiechy. Być może dzięki temu zyskałem opinię człowieka dowcipnego. Tak więc miasteczko, w którym się urodziłem, było niewielkie. Jednak nie tak małe, aby nie można go było zrównać z ziemią. Tyle pamiętam.

Przez środek przechodziła droga przecinająca rynek, przy którym stały dwa piętrowe budynki. W jednym mieściły się posterunek policji i władze miejskie, drugi należał do właściciela sklepu. Miasteczko było brudne, a droga źle utrzymana. Gdy przygrzewało słońce, grzebały w niej kury, wzniecając tumany kurzu.

Potem staliśmy przed budynkiem policji na zatłoczonym rynku, a z tyłu, gdy odwróciło się głowę, można było zobaczyć samochody. Tłum milczał, słuchając czyjegoś przemówienia. Tłumoki i walizki pozwolono na ten czas złożyć na ziemi. Koło mnie stała jakaś kobieta. Pewnie to była matka, ta kobieta, skoro tak mocno ściskała moją małą dłoń, że do dzisiaj pamiętam. Ale odjechaliśmy i tak osobno. Nigdy więcej jej nie zobaczyłem. Natomiast niedługo potem zobaczyłem śmierć.

Wsadzono nas do wagonów. Teraz przypominam sobie, że człowiek, który przemawiał do nas przed budynkiem policji, był oficerem i miał minę niesłychanie pewną siebie. Usiłował nas przekonać, że tam, gdzie jedziemy, będziemy czuli się o wiele lepiej niż w dotychczasowym miejscu zamieszkania. Nie zaprzątał sobie głowy odpowiedzią na pytanie dlaczego. Omijał je starannie, nie bez kunsztu, jakby nie istniało zupełnie lub było samo przez się zrozumiałe. Potem przez zakratowane okienko zobaczyłem go raz jeszcze, jak przebiegał wzdłuż pociągu, wydając ostatnie rozkazy.

Droga była długa i monotonna. Na jakiejś małej stacyjce otworzono drzwi i mogliśmy spacerować wzdłuż pociągu. Do miasta nie puszczano. Zresztą nie było czasu. Zmieniano tylko lokomotywę i mieliśmy „za kilka minut ruszyć dalej". W pierwszym wagonie jechało wojsko. Usiadłem na szynach, obserwując z zainteresowaniem otwarte drzwi, w których mył się rozebrany do pasa oficer. Miednicę trzymał wysoko nad głową stojący na zewnątrz żołnierz. W pewnym momencie zauważyłem zbliżającą się lokomotywę. Kiedy parowóz dotknął pierwszego wagonu, cały pociąg jęknął i szarpnął gwałtownie. Drzwi, w których stał oficer, zatrzasnęły się nagle i usłyszałem głośny chlupot. Żołnierz stał jeszcze przez chwilę, rozglądając się bezradnie, po czym położył delikatnie miednicę na ziemi i klnąc w najwymyślniejszy sposób, zaczął gwałtownie wycierać rękawami twarz. W miednicy leżała odcięta głowa oficera. Ze wszystkich stron zaczęli zbiegać się wojskowi, trzymając w pogotowiu karabiny z postawionymi bagnetami. Wkrótce wywleczono z parowozu przestraszoną obsługę i groźnie rozkrzyczana grupa zniknęła w biurze zawiadowcy stacji. Staliśmy jeszcze długo, nim wszystko się uspokoiło. Wydawało się, że z nas wszystkich ten oficer właśnie był najdalszy od śmierci. A jednak go zdmuchnęła. Gdyby nie choroba, może byłbym coś wymyślił, doszedł do jakichś wniosków. Gdy jednak zapędzono nas już z powrotem do wagonów, ogarnęły mnie bezwład i coraz mocniejsza gorączka. Tyle pamiętam.

Od tego czasu datuje się moja nienawiść do pamięci. Po co nam ten cały magazyn doświadczeń i przypadków, skoro i tak każda nowa sytuacja nas zaskakuje? Jesteśmy wobec niej nadzy. Doprawdy nie jestem złym człowiekiem. Nie lepszym od innych, ale i nie gorszym ani bardziej zaciętym. Pamięć też mam nie większą niż przeciętni przechodnie, których mijam na ulicy. Mimo to, gdybym był satrapą, kazałbym ludzi strzelać bez sądu za wykazanie się chociaż odrobiną pamięci. W naszym wieku nie powinno się już żyć z pamięcią, gromadzenie doświadczeń to najgorszy dynamit. Tak, stałbym się bezlitosny dla pamięci. To ona doprowadziła mnie do stanu, w jakim się znajduję. Dzięki niej, żyjąc, nigdy nie potrafiłem być pewnym, zupełnie pewnym.

Gdybyśmy potrafili mierzyć pamięć za pomocą zegarów, tak jak oblicza się zużycie gazu, elektryczności lub wody – okazałoby się, że ilość jednostek na pewno nie różni mnie od normalnych przechodniów. Ale pamięci nie mierzy się, podobnie jak uczucia. Można ją porównywać, chociaż to sposób równie zawodny. Z czym bowiem porównać moją pamięć? Jest ona wyłącznie moja. Nie kupiłem jej od nikogo, nie dostałem

9

w prezencie. Sama się napełniła. Nie pozwolę jej więc zaglądać
w zęby. Obojętne, czy jest „słuszna", czy nie, czy jej natężenie
spowodowały moje ułomności, czy wady tego świata. Istnieje.
A więc nie podlega dyskusji.

4 Czasem wydaje mi się, że płynę. Może to być pociąg, autobus, chłopski wózek. Wciąż jestem sam, a przecież ustawicznie myślę o ludziach. Staram się odtworzyć ich słowa:
„Powinieneś tam koniecznie pojechać. Przeżyliśmy tam najpiękniejsze chwile życia". Kupuję bilet lub daję chłopu do
ręki pieniądze. Gdy zbliżam się do tego wymarzonego miejsca,
czuję, że serce zaczyna mi bić żywiej. Przeżywam chwilę pod-
niecenia i nadziei. Patrzę szeroko otwartymi oczami w ten jedyny punkt i w miarę zbliżania się czuję, jak narasta we mnie
rozczarowanie. Zatapiam się w pustce. Owszem, powtarzam:
„Ładnie tu, cudownie" – ale naprawdę nie czuję nic. Nie mam
odwagi przyznać, że miejsce to jest istotnie cudowne jedynie
w przypadku, gdy nie patrzy na nie człowiek samotny. Stwierdzam więc, że mam głupią i wstrętną twarz, idiotyczne oczy
i chód niedołęgi. Ogarnia mnie nienawiść. Jakby żal do siebie
i nienawiść.

Gdyby ktoś mnie odwiedził – myślę. – Obojętne kto. – Czekam. W takich chwilach wciąż się czeka, odruchowo, abs-
trakcyjnie, bez podkładania nawet konkretnej osoby, wbrew
sobie, na złość wszystkim się czeka. Patrzy się na drzwi, leży
się w łóżku, patrzy się przez okno, obserwuje pokój. W istocie
jednak nie robi się tego wszystkiego, tylko się czeka. Mówi się
do siebie: teraz nie wezmę książki do ręki, zaraz otworzą się
drzwi, ktoś wejdzie, coś mi wręczą. Nie warto. Przeczytam sobie

później. Mam czas. Nieważne, kto i z czym się zjawi. Ważne, aby ktokolwiek przyszedł, aby rozbroił, rozładował mnie z tego oczekiwania.

Jestem chory, wstydzę się do tego przyznać, ale wciąż czekam, udaję, że zajmuję się czymkolwiek, ale naprawdę czekam tylko na wejście, na kilka chwil rozmowy. Czekałem rano, w południe, wieczorem, kiedy się obudziłem, też czekałem. Może już odpocząłem? Spróbuję się podnieść. Jeszcze raz sięgnę po zegarek. Czekam. I nikt nie nadchodzi.

PORTRET I

Postanowiłem się upić. Dlatego w barze tym siedzę już trzecią dobę i nie mam zamiaru wyjść stąd wcześniej, aż naprawdę się upiję. Pewnie nasi nudziarze i pedanci zacierają ręce. Znów będą się mnie czepiali: „Zmyślasz, nikt jeszcze nie siedział trzy doby w jednym barze...".

Ach, jakże chętnie podjęliby ten temat. Wiem, będą mi za chwilę tłumaczyli rozwlekle i nudno, kiedy to u nas naprawdę otwiera się i zamyka bary. Jakie okoliczności historyczne, obyczajowe i społeczne sprawiły, że jest tak, a nie inaczej. Wszystko to wiem dokładnie bez niczyjej pomocy. Nie zależy mi zupełnie na opinii pedantów i nudziarzy. Zresztą, niech im będzie. Zmieniałem, oczywiście, bary. Ale czy to ma jakiekolwiek znaczenie? Czy to doprawdy należy do istoty? Przeciwnie, potwierdza nawet wszystko, co dotąd mówiłem. Byłem tu i tam: wszędzie. I wszędzie to samo.

Przyznać muszę, że wcale nie miałem ochoty do picia. Przeciwnie. Byłem w jak najlepszym humorze. Szedłem ulicą zadowolony, słońce świeciło, co wystarczy niemal zupełnie, aby mieć dobry humor. Tym bardziej że nie było to zwyczajne

12

56

sobie słońce. Żadne zamglone, ledwie-ledwie kapiące promie-
niami, wyglądające nieśmiało zza chmur po to chyba tylko,
by ludzie mogli uwierzyć, że dzień nie jest znów taki ponury.
O, nie. To nie było słońce „z łaski", „na odczepne", „dla zasady"
albo „żebyś nie myślał, że jestem bez serca". Nie, proszę mi
wierzyć. Nie było to żadne z tych słońc, ale najprawdziwsze,
w jakim kochamy się wszyscy na wiosnę, po deszczu, szczególnie gdy jesteśmy młodzi lub – ostatecznie – starsi, ale wtedy
już konieczny jest tak zwany dobry dzień.

A więc kiedy tak szedłem przez miasto, nagle przyszło mi
do głowy, czyby też nie wpaść na kieliszek. Trzeba przyznać:
broniłem się długo, mijając bar za barem. Wreszcie słyszałem
w sobie tylko ten jeden głos: „Wpadnij, wpadnij, co ci zależy?".
Czy w mojej uległości jest coś złego? Tak przecież uczono mnie
od dzieciństwa, tak postępowali mój dziadek, ojciec, brat, ku-
zyni; krótko mówiąc – cała rodzina. Ale to jeszcze nie koniec.
Tak postępują wszyscy. Od dyrektora do sprzątaczki. Wciąż to
samo. „Jesteś w dobrym humorze? Wstąpmy na kieliszek". Dlaczego więc w moim przypadku mamy mówić o złym postępku?
Oczywiście, nigdy za mało okazji do wypowiadania głupich
morałów. Założę się, że mówiono by co najmniej dwie godziny
o wrodzonych skłonnościach do zła, szczególnie podatnej naturze lub o wyjątkowo słabym charakterze. Tymczasem ani
słowa w tym prawdy. Po prostu idąc, wstąpiłem na kieliszek.
Sądziłem, że mi to dobrze zrobi. Najzwyczajniej miałem ochotę.
Myślałem, że kieliszek wódki, nawet najpodlejszej, będzie mi
wyjątkowo smakował. Sprawi mi przyjemność. I wstąpiłem.

Zaledwie przepchnąłem się przez tłumek, otaczający od
rana do nocy bar, i znalazłem sobie miejsce – co należy jednak

rozumieć w sensie metaforycznym – zauważyłem, że barman mnie lekceważy. O, wcale nie dla zasady. Początkowo traktował mnie jak wszystkich obecnych. Spoglądał nawet życzliwie w moim kierunku. Gdy jednak – pragnąc utrwalić jego sympatię – powiedziałem uprzejmie: „Spieszę się bardzo, czy nie byłby pan uprzejmy podać mi kieliszek wyborowej. Płacę..." – zaczął mną pomiatać. Najpierw spojrzał na mnie z niechęcią. Oczywiście, wtedy był jeszcze czas, aby się zrehabilitować. Trzeba było chwycić go za kołnierz i huknąć: „Łajdaku, od godziny ryczę już w twoje parszywe ucho, abyś podał mi kieliszek wódki!". Ach, gdybym jeszcze uderzył go w mordę. Wtedy z miejsca zyskałbym wdzięczność i poklask. Uznano by mnie powszechnie za szanowanego bywalca i człowieka honoru. Zaraz siedziałbym na odpowiednim miejscu.

Ale ja postawiłem na łagodność, na przyjaźń człowieka do człowieka, na ludzkie traktowanie każdego, bez względu na stopień służbowy, pochodzenie i wpływy. Pomyślałem wówczas, że barman to przecież taki sam ciężko pracujący człowiek jak ja, jak – za przeproszeniem – każdy z nas. Tak, na pewno o tym sobie wówczas pomyślałem. I dostałem dobrą naukę. Usprawiedliwia mnie jednak wyjątkowo dobry humor, który towarzyszył mi w owym dniu. Co gorsza, miałem szczerą ochotę w nastroju tym wytrwać przynajmniej do południa, a nawet, kryjąc się z tym przed samym sobą, marzyłem o wytrwaniu do wieczora. Miałem złą chwilę. Łagodność, jak wszelkie zło, niełatwo daje się oddalić. Wynika to stąd, że jestem upartym maksymalistą. Tak, oczywiście, wiem, że to nie popłaca, że nie ma gorszego gatunku ludzi niż maksymaliści. Mimo to jednak ponowiłem prośbę.

Zdumienie kazało barmanowi przerwać zajęcie, któremu oddawał się nie tylko z wprawą, lecz także widocznym brakiem pasji. Można by powiedzieć, że jest apatyczny, gdyby nie grymas gniewu, którym powitał moją łagodność. Nasze spojrzenia spotkały się i jego dłoń zawisła w połowie drogi. Byłbym stchórzył, ale jego gniew pozwolił mi pozostać nieugiętym. Oddałem mu więc z nawiązką, szepcząc niemal słowa prośby. Wówczas zaczął umykać przed moim wzrokiem. Przechylony w przeciwną stronę, obsługiwał ze specjalną gorliwością amatorów piwa, przymilnie uśmiechał się do entuzjastów kwaterek; wszystkim niemal wyjmował z ust pragnienia, których nigdy nie mieli. Byle tylko mieć pretekst. Przestąpiłem więc z nogi na nogę i zapytałem: „Dlaczego tutaj lekceważy się człowieka?". Ale zbyto mnie milczeniem. Widząc, że stojący obok mężczyzna spojrzał na mnie badawczo, zapytałem: „Pan coś powiedział?". Tamten jednak odłożył jedynie teczkę na bok i odsunął się ode mnie pół kroku, ukazując natychmiast swoje plecy. W gronie piwoszów rozległ się śmiech, chociaż od dłuższej chwili nikt nie powiedział słowa i nie dostrzegłem nawet jednego człowieka, który byłby zdolny do powiedzenia najnędzniejszego dowcipu. Mimo to ponowiłem pytanie, tym razem głośniej, co odniosło ten sam skutek, co poprzednio.

Rozejrzałem się w poszukiwaniu kelnera. Wśród tych ludzi można przecież znaleźć czasem kogoś gotowego do podania nam ręki. Wszyscy jednak gdzieś znikli. Zauważyłem natomiast, że dzień nie jest już tak słoneczny, jak sądziłem, i pewnie tamto nadzwyczajne słońce było moim wymysłem. Pomyślałem także, że zapewne większość zdarzeń, które dotąd uważałem za wspaniałe i godne podziwu – była w istocie niesłychanie ponura i wstrętna. Doszedłem wreszcie do wniosku, który brzmiał mniej więcej tak: „A więc wszystko, o czym myślałem dotąd i co robiłem, to mój czysty wymysł?". Nie było jednak czasu na odpowiedzi. Uwagę moją przykuł już inny fakt. Zauważyłem, że przechodnie przemykający za szybą wystawową jakby podnosili kołnierze. Zdziwił mnie ich pośpiech. Ostatecznie przecież niemożliwe, aby pogoda mogła się popsuć tak nagle. Upewniłem się jednak dzięki temu, że słońce, o którym myślałem, idąc przez miasto, było ordynarnym kłamstwem. Po chwili doszedłem nawet tak daleko, że sam przed sobą przeczyłem istnieniu słońca. Bo też, prawdę mówiąc, kto nam zaręczy, czy ono kiedykolwiek istniało, czy naprawdę jest gorące? A może jest to tylko czarna, zimna kula, którą rozgrzewamy i pobudzamy do życia naszymi pragnieniami? Mniejsza z tym. Dość że postanowiłem doczekać przy tym barze pomyślniejszej pogody, a przy okazji chciałem tego łotra nauczyć rozumu, pokazać mu, kim jestem naprawdę i kim postanowił pomiatać. Byłem pewien, że nie braknie mi cierpliwości, tym bardziej że wychodzenie na pluchę wprawia mnie w fatalny humor i z zasady odmawiam wtedy pomocy wszystkim potrzebującym, nawet jeśli chodzi o błahostki. Szczególnie gdy chodzi o błahostki.

Przestałem go nawet nagabywać. Wyciągnąłem jedynie należność za kieliszek i czekałem, opierając się bokiem o kontuar. Nie szukałem towarzystwa. Nigdy nie szukam towarzystwa. Prawdę mówiąc, dopiero gdy jestem sam, prostuję się na całą długość; twarz moja nabiera naturalnych rysów, jakich nie widzi nikt poza mną, jakie znam tylko ja. Musiałem już chyba dochodzić do tego stanu, nastała bowiem godzina, gdy zaduch lokalu wydaje się miłym ciepłem, rozbraja nas niejako; gdy każdy z tłumu otaczającego bar staje się z wolna sobą. Między ludźmi wyrasta mur, który nie jest niczym innym, jak indywidualną reakcją na alkohol. Oczywiście, rozmowy toczą się jeszcze, ale myśli biegną już własnymi torami. Było mi chyba dobrze.

Wtedy poczułem na ramieniu czyjąś dłoń i w tym samym momencie mój nos znalazł się w środku chmury wyziewów, które powstają przez działanie alkoholem na zepsute zęby. Wiedziałem, że to ów jegomość, który na mój widok odsunął się z niechęcią i odrazą. Nie odwróciłem jednak głowy. Zaczął mną potrząsać. „Panie, posłuchaj pan, panie..." – szeptał. Nie odwróciłem głowy. Do wściekłości doprowadzają mnie gapie. Nienawidzę ich. Cóż ich to obchodzi? Taki potrafi się rozpłakać, gdy trzeba, ale na następny dzień nie pamięta nawet, że skarżył się na samotność. Szczerzy zęby i jest szczęśliwy. O czym mógłbym z nim rozmawiać? Zwierzyć się, że ten cham nie chce mnie obsłużyć? Nie, nigdy. Nigdy nie przeszłoby mi to przez gardło. Prędzej bym się udławił. Słuchać jego idiotycznego bełkotu? Powtarzać przez całą noc: „Wiesz, bracie..?". Nigdy. Zacisnąłem zęby i, nie zważając na jego potrząsania, stałem, wpatrując się obojętnie w szybę wystawową. Z ogólnego szumu wyłowiłem czyjś okrzyk podziwu: „Patrzcie, gość zasnął na stojąco!".

Wcale nie zasnąłem. Bałem się tylko, aby mnie nie złamali swoim uporem. Nie chcę litości. Nie znoszę tych głupich uśmieszków, tego kiwania głowami. O, nie nabiorą mnie na zwierzenia. Mam je dla samego siebie. Oczywiście, mógłbym opowiedzieć wiele ciekawych zdarzeń z mojego życia, ale co kogo obchodzi, jaką miałem przeszłość? Czy ktokolwiek potrafi zrozumieć, będzie wiedział, o co chodzi? Czy połapie się w tym

wszystkim, jeśli nie podam mu dłoni, nie wyjaśnię tak dokładnie, że samemu zbrzydnie mi wszystko do reszty? Czuję, że się
zaplątałem i jestem zgubiony.

Człowiek, broniąc się przed samotnością, musi bodaj sam
do siebie zagadać, sam przed sobą się oskarżyć i samemu sobie
dać rozgrzeszenie. Nie mając żadnego życia obecnie, wciąż na-
wracam do wspomnień, szukam w nich jakiegokolwiek sensu,
umacniam ich życie w sobie, aby zapełniły pustkę teraźniejszości. Wlokę je z tak bezsensownym uporem, z jakim ciężko
ranny wlecze za sobą zmiażdżoną, objętą gangreną nogę.

W ten sposób trafiłem na tamten dzień. Może dla kontra-
stu, gdyż naprawdę był słoneczny? A może dlatego, że poczułem wtedy po raz pierwszy w życiu, że stoję sam, a nic mnie nie
otacza; wzrok nie ma się na czym oprzeć, nie ma ludzi, nie ma
krajobrazów, nie ma pod stopami ziemi – podobnie jak w owej
chwili przy barze?

Tak, tamten dzień był wyjątkowo słoneczny. Pamiętam go
doskonale, jakbym jego ciężar i niepewność przeżywał dzisiaj.
Czasem wydaje mi się, że czuję nawet na policzkach ów chłód,
który nie wywołuje w nas jednak niepokoju, gdyż wiemy, że
trwanie jego jest chwilowe i wstające słońce niedługo już da
nam znać o sobie.

*Biegłem na poranną mszę, wymijając starannie grupki kole-
gów. Bałem się, aby nie zauważyli na mojej twarzy niepewności.
Nie miałem zupełnie ochoty do rozmowy, zbyt byłem pochłonięty tym jednym pytaniem, na które w żaden sposób nie potrafiłem zdecydowanie odpowiedzieć. Czułem, że za godziny, które
nastąpią, odpowiadać będę sam, po raz pierwszy sam, i nikt nie*

może mi nic pomóc. Lęk i tęsknota za rozwiązaniem, jakiekolwiek by ono było, wprawiły mnie w drżenie. Msza uspokoiła nieco moje nerwy. Nie przyłączyłem się jednak do żadnej z grup udających się do gimnazjum; długo krążyłem ulicami miasta, nim odważyłem się wejść do budynku szkoły. Na takie chwile jednak nie spóźniamy się nigdy.

Spokojny już zbliżyłem się do katedry, powtarzając bezgłośnie: „Nic się nie stanie... Nic się nie stanie...". Z bezczelnym uśmiechem wysłuchałem krótkiego przemówienia. Doprawdy nie wiem, skąd się to wzięło, ale w ostatniej chwili wierzyłem jeszcze, że jakaś siła działająca poza mną odwróci to, co powinno nadejść za chwilę. Śledząc ruchy warg profesorki, wmawiałem sobie, że pojawią się na nich te słowa łagodności: „Mimo to jednak... rada pedagogiczna... po raz ostatni...".

Potem trzy rzędy ławek oddaliły się w pustkę, twarze klasy wyglądały, jakby odbito je nagle we wklęsłym zwierciadle. Koledzy z sąsiednich ławek, powodowani zawodową ciekawością, nachylili się, aby obejrzeć moje noty. Wtedy złożyłem gwałtownie papier, bez pośpiechu schowałem do kieszeni i siadając na swoim miejscu, krzyknąłem nagle prosto w nachylone twarze: „Nic się nie stało!".

Szybko zapomniano o mnie. Wkrótce też jedynym świadkiem stała się profesorka. Poskładała dokumenty i podeszła do mojej ławki: „Myślałam, że będziesz się przynajmniej wstydził...". Dlaczego roześmiałem się jej wtedy prosto w twarz?

Wracając do domu, z trudem wydobywałem się z napierającej na mnie pustki. Usiłowałem myśleć o spotkaniach nad rzeką i zabawach, na których od jutra nie będzie już spoczywał ciężar opuszczonych lekcji. Zaczynał się ból głowy.

Po wiadomym popołudniu i wieczorze wyszedłem nagle z pokoju, w którym spędziłem kilka godzin z rodziną, rozważając sprawy, których biegu nie dało się przecież odwrócić. Wyszukałem w ogrodzie odpowiednie miejsce i położyłem się w trawie. Znalazłem się nagle sam wobec gwiazd. Wprost nad moją głową wisiała Wielka Niedźwiedzica. Wiem, że jest to gwiazdozbiór banalny, oklepany, ale owego wieczoru odkryłem go dla siebie. Doznałem wówczas uczucia, które przeżyłem raz jeszcze w wiele lat później, gdy zaaferowany pracą nad jakimś artykułem czy opowiadaniem, nie zauważyłem, kiedy i jak moje dwa zegary zaczęły wskazywać różne godziny. I nagle w środku nocy poczułem się bezbronny. Nie potrafiłem ustalić, która z godzin jest bardziej wiarygodna; trzecia nad ranem, jak informował budzik, czy jedenasta wieczorem, jak usiłował przekonywać drugi. Znalazłem się pod działaniem dwóch czasów, czyli przestał on niejako dla mnie istnieć.

Podobnie owego wieczoru, leżąc na trawie, uświadomiłem sobie nagle smutną istotę mojego „ja". Nawet nieco naiwnie sformułowałem, że odtąd moje życie będzie mieszkaniem pod Wielką Niedźwiedzicą. Proszę mi wierzyć, nie kłopotałem się wówczas o szczegóły. Musiało to trwać długo, bo zauważyłem, że Wielki Wóz przekręcił się w swojej pozycji. Usłyszałem głos ojca. Chciałem być sam. Zacząłem nasłuchiwać i śledzić jego ruchy. Potykając się w ciemnościach, szedł przed siebie, wywołując moje imię. W głosie jego odczułem rosnący niepokój. Chciałem być sam.

Chciałem być sam. Ukryty w trawie prowadziłem wielki dialog z ojcem. Wprawdzie on tylko hałasował, wywołując coraz głośniej moje imię, ale moje odpowiedzi, wypowiadane szeptem, jakże były wspaniałe. Ach, chciałem być sam. Opowiadałem ojcu o bezsensie życia. I co najważniejsze: byłem najzupełniej pewny swojej słuszności. Jak nigdy dotąd. Spuściłem nieco z tonu, gdy odwróciwszy głowę, zauważyłem w oświetlonych drzwiach ganku matkę. Nie wiem, dlaczego jej widok uświadomił mi, że musi już być późna pora. Naturalna człowiecza skłonność do kompromisów zaczęła zwyciężać. Myśli same układały się w ów ciąg frazesów: „I tak nic nie zmieni moich postanowień... Takie ustępstwo o niczym nie świadczy, przecież teraz już wiem, gdzie jest prawda...!". Wyobraźcie sobie, że znalazło się tam również to głupie zdanie: „Przeciw klęskom trzeba stanąć z podniesioną głową...". Rzeczywiście. Podniosłem się z trawy i pochyliwszy głowę, zacząłem zbliżać się w kierunku domu, chociaż wiedziałem doskonale, że odtąd nigdy już nie potrafię ukrywać się w trawie i skoro tylko minie niepokój, gdy na powrót zasiądziemy z rodziną do stołu, znowu staniemy się moralistami. Cofnięcie było już jednak niemożliwe. Zostałem zauważony.

Zasypiałem z myślą, że oto pozwoliłem wciągnąć się biegowi spraw, które, rozwijając się coraz dalej, uczynią mnie bezbronnym i nigdy już nie potrafię wrócić do siebie dawnego. Inaczej mówiąc, zacząłem tę milczącą walkę ze światem i chociaż od początku zdawałem sobie sprawę, że ma on dość siły, by mnie zabić – muszę mu się opierać; oddawać ciosy nawet wtedy, gdy zostanę już powalony na ziemię. Muszę pracować dla jego triumfu nade mną. Trzeba się z tym pogodzić. Innego wyjścia nie ma.

Trudno zaprzeczyć, że o tej porze byłem już trochę pod działaniem alkoholu. Oczywiście ani jeden kieliszek nie pochodził z rąk barmana. Swoje lekceważenie dla mnie manifestował zupełnie otwarcie. Od czasu do czasu wymienialiśmy wprawdzie nienawistne spojrzenia, lecz nie padło ani jedno słowo. Postanowiłem sobie, że najwyższy czas nauczyć go rozumu. Przygotowywałem się do tego sumiennie chyba od godziny. Widziałem go powalonego na ziemię jednym uderzeniem pięści, skamlącego o litość. Zapewniam, zasługiwał na to. Czekałem tylko na odpowiedni moment. Musi przecież się zbliżyć, podając komuś kufel. Wtedy zmiażdżę mu twarz.

Wtem starszy mężczyzna z teczką odwrócił się w moim kierunku. Zobaczyłem jego idiotyczne wąsy tuż przy moim nosie. Powiedział: „But mnie uwiera, czy nie zechciałby pan?...". Spojrzałem na jego wykrzywioną nogę. Na twarz powróciła mi łagodność. Odezwała się naturalna gotowość niesienia pomocy. Wykonałem gest, po którym nieuchronnie musi nastąpić schylenie ku ziemi. W tym momencie mężczyzna uderzył kilka razy o podłogę i z wyrazem ulgi powiedział: „Już". Poweselał naprawdę. Poczułem się niemal jego nogą, która odpoczywa teraz, uwolniona od przykrego uwierania. Nie było mowy o zbiciu po mordzie barmana. Dziwiłem się, jak mogła mi w ogóle przyjść do głowy podobnie idiotyczna myśl. „Znany z łagodności i dobroci obywatel wywołał po pijanemu awanturę". Co? Dobiegł mnie znowu śmiech wśród piwoszów i zrozumiałem, że tym razem zostałem świadomie upokorzony. To oni, stojący przy barze, trzymali stronę tamtego łajdaka. Zostałem uderzony w twarz, nim zdołałem wykonać jakikolwiek ruch. Nie zwracano więcej uwagi na mnie. Zobaczyłem mur pleców. Byłem przecież unieszkodliwiony.

Co ja tu robię? Dlaczego stoję przy kontuarze, w lokalu, gdzie pomiata się człowiekiem, gdzie spiskuje się przeciw niemu? Dlaczego nie wyjdę stąd, gdzie moja osoba odgrywa

22

jedynie rolę przedmiotu? Przypomniałem sobie pośpiech, z jakim wbiegłem tutaj przed południem. Jakże wydawałem się zadowolony, że właśnie znalazłem ten bar. Ludzie siedzący na sali i otaczający kontuar wydawali mi się uosobieniem dobroci. Ach, czy przypadkiem nie zauważyłem kogoś, kto prześladuje mnie od pewnego czasu, czy nie uciekłem przed nim i ta najgorsza z knajp wydała mi się świetnym schronieniem? Zawsze, ilekroć go spotykam, zmuszony jestem do ucieczki. Być może ulegam mistyfikacji, ale wydaje mi się, że pierwsze, co od niego usłyszę, będzie pytanie, czy potwierdzam jego nową rację; pytanie, na które nie potrafiłem odpowiedzieć wtedy i dzisiaj także nie potrafię. Bez tego zaś nie mamy sobie nic więcej do powiedzenia. Kiedy żyjemy z kimś blisko, trzeba bodaj raz odpowiedzieć mu na pytanie, które w danej chwili jest dla niego najważniejsze. Może ono nigdy nie zostać zadane, ale zawsze trzeba być gotowym. Owego dnia uświadomiłem sobie ten swój słaby punkt, a także bezsens podtrzymywania nadal na siłę tej znajomości. Jestem konsekwentny. Ile to dni już upłynęło?

Przeczuwałem, że to się źle skończy. Dlaczego zadał to pytanie, dlaczego zaczął opowieść, która kończy się źle? Widzę go jeszcze wyraźnie. Stoi na chodniku zwrócony do mnie twarzą i kończy z potężnym patosem: „...i wiesz, pewnego dnia doszedłem do wniosku, że możemy się z tego wydostać. I ty, i ja. Trzeba tylko przestać wciąż myśleć o przewróceniu świata do góry nogami...". A potem nagle zadał to zdumiewające pytanie: „Co o tym sądzisz?".

Nie odpowiedziałem mu. Nie chciałem przecież wracać do tamtych lat, które dzisiaj – szczególnie w rozmowie – są trudne lub wręcz niemożliwe do wyjaśnienia. Nie chciałem mówić, że jest to jedna z wielu historii tak trudnych, że aż banalnych. Milczałem, gdy ruszyliśmy naprzód, by podejść ku miastu. Milczałem, gdy staliśmy pod bramą domu i gdy przez chwilę czułem na sobie ciężar wyczekującego spojrzenia. Milczałem, chociaż było oczywiste, że pytanie, które zadał, wydawało mu się najważniejsze. Może dlatego, że – czułem to – bardziej byłoby potrzebne, abym najpierw otrzymać mógł odpowiedź na pewne pytania, których nigdy nie zadawałem? A może z innych jeszcze powodów? Zapewniam, odtąd wkładam wiele wysiłku, abyśmy nigdy nie stanęli twarzą w twarz, aby nie widzieć tych oczu, które domagają się czegoś, co nie leży w naszej mocy lub nam nie odpowiada. Wiem, ach, oczywiście wiem, że każdy z nas bywa opętany przez jakieś jedno pytanie, które wydaje mu się najważniejsze. Słusznie też należy mu się odpowiedź. Ale kto, na miłość boską, kto to zrobi, kto się tego podejmie?

Miałem ochotę usłyszeć po tej opowieści czyjś śmiech. Odmówiono mi więc i tego? Dobrze. Czasem śmiech wydaje się nam bardziej potrzebny od jedzenia i spania. Ciekawe, na kogo trafiłem? Czy przypadkiem nie przydarzył mi się ktoś z owych bezczelnych ludzi, którzy natychmiast po usłyszeniu opowieści muszą do niej dorabiać jakąś „myśl"? Niechże więc będzie łaskaw zapamiętać sobie raz na zawsze, że wszystko, co powiedziałem, mówiłem, aby nic nie powiedzieć; napisałem, aby nic nie napisać. Oto moja prawda. Moje wyznanie. Jeżeli nie zadowoli go to oświadczenie, a nie wszedł jeszcze na drogę sądową z rozsądkiem, na pewno zachowa dla mnie wdzięczność.

Dowiedział się bowiem jednej z prawd najważniejszych. Czy krzyczymy kiedykolwiek, aby przekazać drugiemu człowiekowi to, co nudziarze i pedanci nazywają „myślą"? Nigdy. Przede wszystkim chcemy, aby nas ktoś wysłuchał. Poza tym staramy się przekazać to, co w nas siedzi, z czym jest nam niewygodnie – to prawda. Ale przecież z naszych ust wydobywa się jedynie bełkot przykry i niezrozumiały dla otoczenia. Zanim powiemy pierwsze zdanie, słuchacze już śpią znudzeni. Nie, nie ma mowy o żadnej „myśli". Ruszałem ustami z przyzwyczajenia. Plotłem trzy po trzy.

Niechże każdy, komu dopisuje jeszcze rozsądek, powie o tym swoim najbliższym: „Rozmawiałem z człowiekiem, który jest sam". Niech o tym powie: „Z człowiekiem smutnym lub zrozpaczonym, a może nieszczęśliwym?". Niech mówi: „Z człowiekiem krzyczącym z dna wyschniętej studni". Niech doda jeszcze od siebie: „On zdawał sobie doskonale sprawę, że nic nie przychodzi nam trudniej niż cierpliwe wysłuchanie bliźniego do końca. Dlatego wiele zabiegał, aby mówić ciekawie. Na pewno też wszystko, jak zawsze, spartaczył, ale miał szczerą wolę. Czyżby dobre chęci nie liczyły się u nas? Mówił, bo pragnął gorąco zwrócić uwagę na swój smutny stan...". Niechże o tym mówi. Może także wygłosić jeden z tych nudnych aforyzmów, które wymyślamy na poczekaniu: „Jeżeli ktoś pije na umór, to widocznie chciał znaleźć na tym świecie wolność bez obowiązków, miłość, która syciłaby jedynie jego egoizm, albo nie powiodła mu się jakaś dwuznaczna transakcja – co ostatecznie na jedno wychodzi". Może nawet po tym wszystkim dodać jeszcze: „Wyobraźcie sobie, wymyśliłem ten aforyzm, siedząc dzisiaj w kawiarni". Nie obrażę się. Nie mam nawet prawa się obrażać.

Zresztą skończmy już z tym barem. Nie byłem w żadnym barze, nie miałem dobrego humoru i nie wstępowałem na kieliszek. Łgałem. Tak, wszystko to zełgałem najbezczelniej. Oczywiście miałem ku temu pewne powody, aby tak łgać, ale to już inna sprawa. Dla porządku przypomnę więc tylko wszystkie moje kłamstwa. Nie byłem w żadnym barze, a uwaga o trzech dobach jest kłamstwem nad kłamstwami. Skąd bym wziął na przykład pieniądze? Jeżeli sięgnę teraz ręką do kieszeni, wyjmę z niej tyle monet, aby objechać tramwajem miasto dookoła. Nigdy też nie zostałem w klasie na następny rok. Przeciwnie, zawsze należałem do tępych lizusów, którzy pierwsi podnoszą palce do góry, by wyrobić o sobie dobre mniemanie. Nikt nie zadawał mi pytania, czy lepiej jest burzyć świat, czy też zostawić go spokojnie swojemu losowi. Tym bardziej nie domagał się ode mnie odpowiedzi. Zapewniam, zwróciłby się z tym do każdego. Nigdy do mnie. Wszystko to jest więc wyssane z palca. Jedna tylko kwestia w tym wszystkim jest naprawdę ciekawa: dlaczego łgając, łgałem na ten właśnie, a nie na inny temat? Dlaczego nie opowiedziałem na przykład o tamtej niedzieli sprzed tygodnia? Ciekawe, dlaczego dotąd nie opowiedziałem o tym?

Tydzień temu zjawiłem się u mojego znajomego. Nie byłem u niego chyba ze dwa lata. Nie miałem co z sobą zrobić, więc zaszedłem do niego.

– Może wyjechalibyśmy za miasto? – powiadam. – Czuję się zmęczony.

– Widziałeś, jakie buty sobie kupiłem? – odpowiedział. I już chciał mnie wciągnąć w rozmowę o butach, ale przypomniał sobie, że mamy wyjść.

Poszedł się myć. Po chwili wystawił namydloną twarz:

– Jaka dzisiaj pogoda?

Odpowiedziałem mu, a on zadawał wciąż nowe pytania, opowiadał o swoich kłopotach z krawcem, chlupotał wodą, postękiwał, wydawał okrzyki, prychał; po czym ze słowami: „To wszystko beznadziejne, człowiekowi nie chce się żyć" – wyszedł z łazienki wygolony, umyty, w nowiutkim ubraniu, pachnący, świeży. Zdziwiło mnie, że taki strój wydał mu się odpowiedni na wycieczkę za miasto, ale nic nie powiedziałem. Wyszliśmy. Ulice wydawały mi się teraz jasne, przestronne, a świat najpiękniejszym ze światów. Opowiadałem mu, gdzie pojechałbym najchętniej, a on słuchał z uśmiechem, obserwując przechodzących ludzi. Wtem zatrzymał się:

– No, to wpadnij do mnie kiedyś – powiedział. – Pogadamy. – I zniknął w jednej z bram.

Stałem jeszcze chwilę zdumiony. Wreszcie ruszyłem wolnym krokiem w stronę kawiarni, w której co niedzielę wysiaduję wiele godzin.

Znajduje się ona w środku miasta. W takim punkcie, gdzie jest spokojnie. W ciepłe dni prócz ciszy czeka tutaj na gości trochę chłodu. Ale nikt nie przychodzi. Wszyscy, korzystając z pogody, uciekają za miasto. Przychodzę tylko ja i jakaś brzydka dziewczyna; pijąc kawę, wpatruje się uporczywie w pusty wieszak zamontowany we wnęce obok kontuaru. Sprawiało mi zawsze przyjemność, że w upalne niedziele jest jeszcze ktoś, z kim nikt nie chce wyjechać za miasto i kto musi chodzić od lokalu do lokalu. Ale jest to przyjemność z gatunku tych, przed którymi najchętniej uciekamy.

Nie miałem zupełnie ochoty wpatrywać się w dziewczynę. Odwróciłem się tak, aby w polu widzenia pozostał tylko pies właścicielki. Leżał spokojnie na przednich łapach i wywaliwszy język, ciężko dyszał. Kawiarnia była pusta, mógł więc pozwolić sobie na apatię, w jaką wpędzają go panujące upały. Kiedy tak leżał, nikt nie domyśliłby się, że posiada on w sobie dziwną siłę, która w pewnych momentach staje się tak wielka, że nawet on sam nie potrafi nad nią zapanować. Kiedy zaczyna się ona z niego wyzwalać, robi doprawdy wiele wysiłków, aby się jej pozbyć, zrzucić ją z siebie i nie mieć z nią nic więcej do czynienia. Zachowuje się wtedy zupełnie tak, jakby zjawił się w nim ktoś drugi, obcy. I pewnie dlatego zdarzają mu się przed tym momenty apatycznych zamyśleń, jak tydzień temu.

Rzuciłem psu ciastko. Pochylił głowę z widomym wysiłkiem, liznął raz, drugi, po czym, udając jedzenie, zaczął głośno kłapać paszczą i oblizywać się. Odwróciłem głowę zniechęcony. Nie znoszę tego straszliwego kłapania. Zaraz dostaję gęsiej skórki. Po chwili znowu spojrzałem w tamtym kierunku. Pies przechylił łeb w bok i patrzył na mnie z miną człowieka, który rozważa w sobie, czy ma wyjść, czy też odsunąć nagle z hałasem krzesło i usiąść obok kogoś przy stoliku. Istotnie wstał, podszedł do mnie, położył mi łeb na kolanach i zaczął cicho, w rytmicznych odstępach skuczeć. Machinalnie pogładziłem go po głowie. Miał mokrą sierść. Przypomniał mi się natychmiast tamten dzień, od którego wszyscy stali bywalcy kawiarni żyją w ciągłej obawie, aby nie powtórzył się znów przy pełnej sali.

Tamtego dnia wszystko zdawało się biec normalnie. Pies chodził między stolikami markotny, jakby zamyślony, z lekko opuszczoną głową. Robił wrażenie, jakby za nic nie chciał pozostać sam ze sobą. Czasem przysiadał na krótko, opierał głowę na czyimś kolanie i zaczynał w rytmicznych odstępach czasu *żałośnie skuczeć. Może denerwowało to kogoś? Trudno dzisiaj ustalić. Najpewniej jednak nie zwracano większej uwagi, bo przecież kto chciałby przerywać ciekawą rozmowę i rozmyślać o psie? Rzecz była o tyle niepokojąca, że drzwi na ulicę były otwarte i jeżeli miał ochotę, mógł wybiec bez specjalnych przeszkód. Zawsze wybiegał, kiedy tylko miał ochotę. Spotykało się go w mieście. Poznawał stałych bywalców. Podchodził nawet do nich, machał ogonem i wspierając się na przednich łapach, pochylał łeb do przodu, jakby chciał przypomnieć o obowiązku odwiedzenia kawiarni swojej pani, lub podskakiwał do góry, jakby miał ochotę szepnąć dyskretnie do ucha: „Pańskie konto jest u nas zawsze otwarte". Po czym najspokojniej biegł sobie dalej. Tego jednak dnia stał się dokuczliwy przez upór i nachalność, z jaką akcentował swoje istnienie.*

Wkrótce wszyscy zmuszeni byli podnieść ze zdziwieniem wzrok w kierunku dużej szafy, oddzielającej wąski lokalik od małej, prowizorycznej kuchenki. Szafa wraz ze stojącym na niej radiem i ułożonymi na półkach flaszkami wina i tacami ciastek zaczęła dygotać. Po chwili zatrzęsła się jeszcze potężniej i rozległo się dudnienie, jakby ktoś tam obecny bał się, pragnął gwałtownie dostać się z powrotem między ludzi i walił pięściami w dyktę zagradzającą mu drogę. Słychać było jakieś charczenie czy bełkot. Było to tym dziwniejsze, że zarówno usługujące dziewczęta, jak i właścicielka były na sali. Wszyscy nagle umilkli i właścicielka w tym milczeniu, na oczach całej sali, przeszła za przepierzenie. Jednak obecność jej nic tam nie zmieniła. Dalej słychać było szamotanie się i nie padło ani jedno słowo. Tylko dykta jakiś czas dudniła, a potem nastąpiła jeszcze większa cisza. Przerywało ją tylko rytmicznie czyjeś ciężkie wzdychanie lub głęboki oddech. Po jakimś czasie właścicielka ukazała się z powrotem i zabrała do pracy jak gdyby nigdy nic. Ponieważ nie uważała za wskazane nic wyjaśnić, tylko znowu zaczęła zapisywać coś w swoich papierach, przyjmować z uśmiechem zamówienia – tak pozostało. Powróciły normalne rozmowy przy stolikach, pito kawę, jedzono ciastka – jakby w ogóle nie było tamtego dudnienia, tamtego zamieszania i tamtej ciszy. Potem również, aby nie robić jej przykrości, wszyscy udawali, że nie dostrzegają choroby psa. Nikt nie odważył się nawet głośno powiedzieć, że powinno się go uśpić.

Szybko zapłaciłem za kawę, zdjąłem z kolan głowę psa i wyszedłem na ulicę.

W taki dzień jak tamten, gdy słońce świeci tak jaskrawo, gdy oczy ślepną od blasku – nie mogę pozbyć się dokuczliwej myśli, że wciąż jeszcze żyje, a raczej wciąż jeszcze stoi obok mnie ów potwór, który był postrachem mojego dzieciństwa. Był ode mnie starszy o kilka lat, a ja miałem ich cztery albo pięć. Nie pamiętam. Czekał na wszystkich schodach. Czeka. Gdziekolwiek się ruszyłem, on stał wiernie. Stoi. Zapędzał mnie na półpiętro. Zapędza. Pamiętam te wszystkie podesty. Przyciskał mnie całym ciężarem ciała do ściany, usta kneblował dłonią. A potem jego długie palce zaczynały szybką, żmudną pracę na moich policzkach. Początkowo próbowałem się wyrwać, uciec – dziś jeszcze się wyrywam; idąc ulicą, uskakuję nagle, chociaż nikogo nie ma w pobliżu. Szybko jednak przekonałem się, że on jest silniejszy. Czułem jego mięśnie wgniatające mnie w ścianę, czułem na szyi jego szybki oddech i te oczy, które widziałem. Gdy tak szczypał mnie, a szczypał zawsze, starałem się

– gdy zrozumiałem już, że nie potrafię się mu wyrwać – uwolnić przynajmniej jedno ucho spod szorstkiego rękawa. I słuchałem, ach, jakże słuchałem, czy nie skrzypną gdzieś w pobliżu drzwi albo czy ktoś, otrzepując buty, nie zacznie wspinać się po schodach. Odskakiwał wtedy gwałtownie. Odskakuje. A ja biegłem – biegnę w dół aż do tych pytań ojca lub matki: „Co ty masz zawsze takie czerwone policzki?". „Zgrzałem się" – odpowiadałem machinalnie. Odpowiadam. Wiedziałem, wiem, że on czeka znów na tych schodach lub na tamtych. Przyczaja się i ukrywa, abym nie spostrzegł go wcześniej, nim zdoła mnie dopaść, abym nie zaczął uciekać z obłędem w oczach.

Był jednak wierny i cierpliwy. Umiał tropić jak nikt moje roztargnienie, chwile nieuwagi lub naiwność. Myślałem, że mnie nienawidzi. Przez to szczypanie. Tymczasem dzisiaj wiem, że był jedynym prawdziwym przyjacielem: uczył mnie cierpieć w milczeniu i na swoją miarę. Udawać spokój, ale zawsze być gotowym. Uczył mnie, jak się ucieka czasem przed drugim człowiekiem i jak ta ucieczka jest bezsensowna. Wszystkiego tego mnie nauczył. I umiem. Nie pozwolę nazywać go sadystą lub zboczeńcem. Przecież w tym wszystkim chodzi „o". Właśnie. To należy do istoty, jeżeli już musi zostać wypowiedziane to słowo.

Gdyby on stał obok, słowo daję, wróciłbym spokojnie do domu. Ale przecież gdy uciekłem przed tym psem, znalazłem się na ulicy znowu sam. Gdzie zawsze można u nas najpewniej znaleźć się między ludźmi? Tak, tylko w knajpie. Tam wokół baru zawsze rozlega się wesoły szum ludzki. Jest ciepło, przytulnie. Prawie jak w domu w ciemne popołudnia przed burzą, gdy wszyscy siedzą przy stole, a matka podnosi od czasu do

31

czasu głowę znad roboty i mówi: „Ale idzie burza...". Przeszedłem więc kilka ulic, aż natrafiłem na odpowiednią knajpę.

Tak, teraz kiedy nie ma już nawet tamtego potwora, mogę spokojnie powiedzieć wszystko. Tak, wszystko, jak nigdy dotąd. Zaszedłem więc do tej knajpy, bo za nic nie chciałem wracać do domu, do mojego pustego pokoju. Powiedziałem: „Proszę małą czystą". Barman nawet nie spojrzał w moim kierunku. Napełnił w milczeniu naczynie i strzepując pyłek na kołnierzu, przesunął kieliszek w moim kierunku. To wystarczyło, aby palce zaczęły mi drżeć. Nic jednak nie powiedziałem. Nie powiedziałem nawet, jak to w moim zwyczaju: „Poczekaj, już ja ci pokażę". Milczałem. Odeszła mi też ochota do wódki, ale mimo to piłem kieliszek po kieliszku aż do zmroku, potem do wieczora, a następnie do godziny, o której zamyka się bary. Wreszcie zaczęto wypraszać gości. Barman wyszedł nawet specjalnie, aby zakomunikować mężczyznom siedzącym przy stoliku na drugim końcu sali: „Panowie, my też musimy się wyspać". W końcu sala opustoszała całkiem. Weszły dwie sprzątaczki. Jedna z nich chlusnęła wiadro wody na swój odcinek podłogi. Strumień zalał mi spodnie prawie do kolan. Jeszcze teraz czuję chłód. Nie, nie wymagam przecież, żeby powiedziała „przepraszam". Byłem gotów zapłacić jej w owym dniu, żeby tylko powiedziała: „Nie widzisz, bydlaku, że już północ?" albo: „Co za uparty pijaczyna". Nie, ona nie zwróciła nawet uwagi. Poprosiłem jeszcze o ostatni kieliszek. Barman podał mi go znów bez spojrzenia w moim kierunku. Nawet nie zdziwiło go to żądanie o tej porze. Podnosząc kieliszek do ust, upuściłem go na ziemię. Na złość upuściłem. Myślicie, że zadrgała bodaj jedna szczotka zmywająca podłogę? Nic podobnego. Zbliżyła się tylko dziewczyna z miotełką i omiotła szkło naokoło mnie, jak to się robi wokół kolumny podpierającej strop, i bez słowa wróciła na swoje miejsce. Nawet sprzątaczka, która wreszcie zbliżyła się do mnie, wolała zostawić do następnego dnia brudne ślady po moich butach, niżby miała powiedzieć bodaj jedno słowo. Barman ze spokojem dyktował komuś ilości niesprzedanych galaretek wieprzowych, szynek i sałatek. Pozostała mi jeszcze jedna nadzieja: poprosiłem o rachunek. Wypisał na kartce kolumnę cyfr. Sprawdziłem, czy się zgadza. Oczywiście zgadzało się. Zapłaciłem. Postałem jeszcze chwilę na środku sali, ale nie dali się sprowokować. Wyszedłem szybkim krokiem na ulicę.

Zdaje się, gadam bez końca. Chyba znowu boję się powrotu do domu. Tak, dom. I jeszcze te schody na piąte piętro. Boję się tam wracać, chociaż wydaje mi się, nie wychodziłem nigdzie. Wiemy jednak, że to znów nie należy do istoty. Dziwne, dlaczego nie opowiedziałem tej historii z baru na początku. To przecież łatwe. Wydało mi się niemożliwe, a jest zupełnie łatwe. Nałgałem więc przedtem, ile się dało. Ale teraz już wszystko wiadomo. Was jednak na pewno to nic nie obchodzi. Cóż was w ogóle obchodzi? Nic. Na pewno jesteście zdania, żeby ten świat zostawić w spokoju, żeby „nie ruszać go z posad". Na pewno powiadacie: „Byleby była czysta koszula na niedzielę, pietruszka do rosołu, masło do chleba i gazeta...". Żebyście zdechli. Tego wam życzę.

Słowo daję, miałem szczery zamiar udać się do domu. Wchodziłem już nawet w ulicę, przy której mieszkam. Wtem zauważyłem siedzącego przed sklepem na krześle stróża nocnego. Był to mały człowieczek. Zmarznięty. Spał. Po przeciwnej stronie wisiała przybita do bramy wejściowej gablotka krawca. Zbliżyłem się, aby obejrzeć wystawioną tam idiotyczną sukienkę, małą jak dla lalki. Nie wiem, czy najpierw usłyszałem krzyk: „Milicja!", czy też brzęk szkła. Widziałem jeszcze przyskakującego do mnie małego, starego stróża, który spał na krześle. Krzyknął: „Pan rozbił gabilotkę! Ludzie, ratunku! Milicja!". Odpowiedziałem mu: „Ja, oczywiście, że ja". Otwarła się brama i zauważyłem mężczyzn wybiegających na chodnik. Zaczęli się zbliżać w moim kierunku...

Trzeba jednak się podnieść. Boli mnie głowa. Całe ciało mnie boli. Nie chcę nawet sprawdzać, co boli mnie naprawdę. Po co? Wstanę już i pójdę. Czy ktoś powiedział: „Wracaj zaraz"?... Zdawało mi się.

PORTRET II

Codziennie ta sama historia. Po minięciu niewielkiego skweru, który stoi opodal naszego domu, przechodzę na drugą stronę ulicy. Nikt mnie, oczywiście, do tego nie zmusza, a jednak nieodmiennie, gdy nogi sprowadzą mnie z prostej drogi, spostrzegam nagle, że znalazłem się na chodniku po przeciwnej stronie, i to akurat w tym samym miejscu co wczoraj, co tydzień temu, miesiąc, rok. Znam siebie, jak się zdaje, dostatecznie dobrze, aby nie podejmować próby odwrotu. A jednak rozglądam się, czy nie ma w pobliżu świadka, który by mógł potwierdzić, że dostrzegł na mojej twarzy wahanie. Po chwili spoglądam z odrobiną melancholii, a także – mimo wszystko – nadziei w miejsce, gdzie mogłaby znajdować się jakakolwiek przeszkoda. Ulica jednak jest pusta. „Czyżbym doszedł już do tego – zapytuję siebie – że rządzą mną odruchy?". Dokąd sięgam pamięcią, towarzyszy mi uległość wobec tego fatalnego rytmu. Chociaż kto wie, czy jest to rytm, może raczej należałoby powiedzieć, że w tym przypadku mamy, niestety, do czynienia...

Tak, odruch, o którym mowa, pochodzi zapewne z czasów, gdy w miejscu tym remontowano dom. Zapewniam, remont ów ciągnął się w nieskończoność. Musiało to trwać naprawdę długo, skoro, zapytując pamięci, nie potrafię sobie już nawet wyobrazić, aby kiedykolwiek nie sięgał w tym miejscu do połowy ulicy drewniany parkan, odgradzający plac budowy od oczu ciekawskich oraz izolujący pracujących tam – zapewne – robotników od ulicznego gwaru. Długo uczyłem się go wymijać, wreszcie robię to bez buntu. Stało się to zapewne w dniu, gdy istniejący stan rzeczy uznałem prawem nawyku, a może ze zwykłego lenistwa, za normalny. Można by powiedzieć, uwierzyłem w jego niezmienność, zadomowiłem się w nim niejako. Przestałem dociekać. Moja wyobraźnia i wola obrały sobie inne tereny działania. O ile dobrze pamiętam, najtrudniej przyszło mi pokonać bynajmniej nie gniew, ale raczej zdumienie. Zdaje się, moje ówczesne uczucia najlepiej oddaje nie słowo „zdumienie", lecz „podziw". Krótko mówiąc: odtąd codziennie rano, w miejscu gdzie zaczynał się drewniany parkan, przechodzę na drugą stronę.

Nie jestem pewien, czy może być tutaj mowa o spacerach. Przecież z pojęciem tym łączymy zazwyczaj swobodę, tkwiącą w każdym z nas chęć poznania, odpoczynku i przygody; tymczasem moje codzienne wycieczki raczej należałoby nazwać obowiązkiem. Trudnym obowiązkiem odwiedzania wciąż tych samych, doskonale znanych miejsc, połączonym niejako z doglądaniem, czy wszystko jest w porządku i czy przypadkiem grożące moim drzewom, trawom i ścieżkom zmiany nie wymagają interwencji. Jeżeli więc zgodzimy się przy nazwie „posterunek", pozostanie nam dodać tylko, że każde opuszczenie czterech ścian, w których schroniłem się lub na które po prostu zostałem skazany – odbudowuje we mnie spokój potrzebny do podjęcia dziennych zajęć. Wystarcza go jednak nie dłużej jak do wieczora. Kładąc się spać, podlegam znów niepokojom i wątpliwościom, które o świcie z powrotem wypędzą mnie na ulice naszego miasta.

Z tego, a może z innych jeszcze powodów, noce moje są krótkie, niecierpliwość popędza zegary, długo walczę z decyzją zgaszenia światła. Budzę się wcześnie, kiedy wszelki ruch na ulicach uważać można jeszcze za przypadek i nie bardzo chce się wierzyć, że świt jest porą, która musi przeminąć. Krótko mówiąc: naprawdę żyję tylko o świcie. Miewam bowiem wówczas chwile nadziei, czasem zaś ze zdumieniem stwierdzam nawet, że zachowanie moje, zapał, rześkość przypominają mi lata, gdy do czegoś dążyłem, pragnąłem coś osiągnąć i co ciekawsze – wierzyłem. Wychodzę więc na korytarz, do okna, z którego można cokolwiek obserwować, aby przyjrzeć się widocznej stąd perspektywie na pobliskie domy, dalej na stary, zabytkowy zamek i skrawek rzeki; przez chwilę łudzę się, że uda mi się nagle zobaczyć w domu naprzeciw otwierające się okno i ujrzę człowieka, którego by, jak mnie, interesował świat. Nie. Nie chcę go nawet znać, wystarczy mi świadomość, że istnieje między nami przez tę krótką chwilę wewnętrzna łączność, wynikająca ze wspólnoty celów, że nie informując nawet o tym, jesteśmy sobie potrzebni i zdolni do wzajemnej pomocy. Może odczułbym wtedy odprężenie, coś rozluźniłoby się we mnie, a nawet nastąpiła jakaś głębsza zmiana?

Ponieważ jednak, mimo mojej wytężonej uwagi, nic podobnego się nie dzieje, szybko odchodzę od okna, aby rozczarowań nie przedłużać ponad miarę. Obawiam się uczucia rozpaczy, które towarzyszy nam, ilekroć pozostaje jedynie tyle, aby patrzeć w rozgwieżdżone niebo, boję się także lęku przed owymi nieokreślonymi zdarzeniami i sprawami usuniętymi spoza zasięgu naszej woli i zawieszonymi wysoko nad nami, przed tym szmerem życia osadzonym ponad czasem i poza wymiarem. Uczucia, które tylko w przybliżeniu określić można jako gwałtowną, trudną do pohamowania chęć nieludzkiego wycia. Bez przyczyny i bez celu.

Nauczyłem się szanować milczenie. Z największą ostrożnością wymawiam więc słowo „dlaczego". Ach, doskonale znam ten moment, gdy przysiada obok mnie ktoś i milczy. Słyszę wówczas niemal dokładnie ten skowyt w jego wnętrzu, odczuwam wysiłek, z jakim ukrywa szamotanie w sobie. Znam doskonale ten krzyk katowanego człowieka, krzyk, który jest tylko milczeniem. Nauczyłem się tropić go nawet wtedy, gdy twarz siedzącego obok jest tak zdyscyplinowana, że potrafi udawać uśmiech. Odczuwam wówczas gwałtowną chęć natychmiastowego znalezienia stałego punktu. Bodaj bezruchu.

Doprawdy nie wiem, kiedy znalazłem się w tym domu, w środku miasta, a jednak na uboczu, z dala od ludzi. Zapewne dostatecznie dawno, aby początek gubiący się w pamięci trzeba było już dzisiaj wspierać wysiłkiem wyobraźni. Czasem wydaje mi się, że początek owej historii sięga powstania świata, i wtedy, przechadzając się po pokoju, podejrzewam, czy dom ten nie jest po prostu skamieniałą arką Noego? Bywają dni, gdy wierzę w to mocno, nawet bardzo mocno. Oczywiście, w takich momentach niewiele obchodzi mnie, że hipoteza ta posiada zbyt dużo istotnych luk, abym długo mógł być jej stronnikiem. Ostatecznie bowiem, wbrew temu, co sądzą o mnie tłuści, pełni wigoru i niesłychanej pewności siebie działacze – wszystkie mity nie znajdują u mnie w końcu pobłażania.

Wędrówki po pokoju, szczególnie w ciągu dnia, są przedsięwzięciem niezwykle ryzykownym. Na wyciągnięcie ramienia po przeciwnej stronie głębokiej na kilka pięter przepaści widać pokój sąsiada. W tym bowiem miejscu dwie prostopadłe oficyny stykają się z sobą. Nie oglądalibyśmy nigdy nieba przez wąskie okienka, gdyby nie szczęśliwe wygięcie rynny. To kolano, wypełniające krawędź przepaści, tworzy naturalną granicę naszych terytoriów powietrznych, jest prawdziwym oknem na świat, przez które widać niewielki kawałek błękitu. Z tego jednak powodu, gdy przyjdzie nam chęć wyjrzenia, zderzamy się niemal głowami. Za każdym razem wprawia nas to w tak wielkie zażenowanie, a nawet przerażenie, że natychmiast cofamy się w głąb bez słowa, zniechęceni. Dużo wysiłku kosztuje mnie ta wstrzemięźliwość, ale nie ma rady.

Może to wina mojego charakteru? W każdym razie, dokąd sięgam pamięcią, nie zamieniłem jeszcze z moimi sąsiadami z kamienicy jednego zdania. Nie wyobrażam sobie nawet, aby to było możliwe. Zresztą, po prawdzie, o czym moglibyśmy ze sobą rozmawiać? Lepiej już zbytnio nie fantazjować; nigdy nie wiadomo, co za biedę można sobie na kark sprowadzić. Człowiek daje powodować się naturalnym skłonnościom, a potem uderza znienacka głową o mur. Cóż za rwetes powstałby, gdybym na przykład nagle zjawił się w którymś z tych mieszkań? Zdumieniom nie byłoby końca. A ile powodów do szczerego oburzenia? Mówiono by o mnie ze trzy dni. A to, że przeszkadzam w zajęciach domowych, a to, że nie dam nawet odpocząć, wreszcie, że burzę ustalony porządek dnia. I oczywiście zaraz domysły, co za powód mógł mnie skłonić do odwiedzin, nie mówiąc o rozmowie. Jak zwykle, doszłoby do podejrzeń. Przypuszczano by, że powodują mną jakieś ukryte, niezbyt czyste zamiary. Lepiej więc nie zaczynać.

Tym bardziej że moi sąsiedzi mają trochę racji. Spostrzegłem, że ilekroć już zaczynam z kimś rozmowę, nie mogę zdobyć się na rozstanie; nigdy nie wiem, kiedy mija odpowiednia pora odejścia. Boję się tego chłodu i pustki, jakie ogarniają nas, gdy zatrzaskujemy za sobą drzwi, wychodząc z pokoju pełnego ludzi. A tak wszystko jest w porządku. Wymieniając jedynie ukłony, ograniczając się tylko do tych prostych gestów, które towarzyszą spotkaniom człowieka z człowiekiem, zachowujemy przecież wystarczające pozory wzajemnych stosunków. Czy można się skarżyć? Jeżeli mam być szczery – nie jest mi z tym dobrze.

Oczywiście nie poddaję się. Doświadczenie nauczyło mnie, że ludzie mówią sobie prawdę i żyją prawdziwą swobodą jedynie w momentach zagrożenia. To oczywiste. Spróbujmy obserwować tłum w płonącym kinie. Co za szczerość egoizmu, co za wzruszające chwile wolności jednostki. Nie ma elegancji ani stanowiska. Jest tylko łokieć lub pięść. Oko za oko. Toteż całe moje obecne zachowanie, moja wstrzemięźliwość – przyznaję, czasem nazbyt chorobliwa – podporządkowane są tej jednej idei. Żyję nadzieją. Czasem, gdy czuję się szczególnie źle, wyobrażam sobie ten moment. Widzę siebie wchodzącego pewnym krokiem do tamtych zamkniętych dziś przede mną mieszkań, wyraźnie, bez pośpiechu komunikuję nowinę, która stanowiąc dla nich tajemnicę, daje mi przewagę, czyni bezkarnym. Otwierają się przede mną, krzyczą, rozpaczają, bezładnie biegają, a ja jestem panem sytuacji. Wiem, co się stało i co należy przedsięwziąć. Wiem wszystko. Mimo wczesnej, zbyt wczesnej jak na wizyty pory, chociaż tamci zapewne nie wyspali się jeszcze, nie mają mnie za intruza. Co za wspaniałe uczucie. Zamiast zdziwionych spojrzeń – wdzięczność. Myśli nasze zaczynają stawać się jedną myślą, a słowa wyrażają to samo.

Któż jednak zdoła przewidzieć, kiedy to nastąpi? Na niecierpliwość znam jedno lekarstwo: wciąż jestem gotów. To, oczywiście, wymaga poświęceń i jest nużące, ale nie widzę innego wyjścia. Budzę się więc o świcie z ciężkich snów i niepokój oraz nadzieja wypędzają mnie na ulice naszego miasta. Teraz nietrudno się już domyślić, że codzienne spacery stały się warunkiem mojego spokoju. Zdarzają się jednak dni, gdy zwycięża we mnie zwątpienie. Uchylam wówczas ostrożnie okno, aby przekonać się, czy moi sąsiedzi jeszcze żyją. Miewam chwile lęków, aby nie wymknęli się spod mojej nad nimi władzy. Wsłuchuję się w te szmery, w ten chitynowy jakby szelest chrabąszczy zamkniętych w pudle kamienicy. Czasem udaje mi się rozróżnić nawet imiona lub strzęp zdania. Moja nadzieja jest uratowana. Ulegam bowiem w ten sposób złudzeniu, że nie jestem jeszcze na świecie zupełnie sam, że dzień, którego oczekuję, a który – wierzę w to mocno – na pewno nadejdzie, powitamy razem jednym grymasem strachu i obrzydzenia.

Od dawna pozbyłem się wszelkich złudzeń. Struktura, a raczej bezsens istniejącego porządku rzeczy wydały mi się tak mocno dwuznaczne, że doprawdy nie mógłbym poważnie traktować powierzonych mi obowiązków. Ach, gdyby ofiarowano mi pracę dla jakiejś wzniosłej idei, która byłaby jeszcze dążeniem do jakiegoś celu – rzuciłbym wszystko, aby się jej poświęcić. Jednakże bardzo szybko zgłębiłem istotę posad, które mi kilkakrotnie oferowano. Polegały one na zdobyciu – przede wszystkim, a nawet wyłącznie – umiejętności wpajania bliźnim, że stoją o niebo wyżej od drugich, szczególnie od tych, którymi pogardzają. Nie przeczę, wymaga to pewnej odwagi i wysiłku, nawet inteligencji. Czy nie wymaga bowiem inteligencji, o ile nie genialności, aby za każdym razem bezbłędnie rozpoznać, kto kogo nienawidzi, a czyim jest przyjacielem? Wszystko to jednak pozostaje w sprzeczności z moją naturą, a także ideą, którą od dawna noszę w sobie. Krótko mówiąc: nie mając pracy, znaczną część doby spędzam w moim pokoju, wykonując rozmaite zajęcia lub po prostu oddając się lenistwu, czyli długim rozmyślaniom, które chociaż w części ciekawe, a nawet konstruktywne – w rezultacie prowadzą donikąd. Kiedy czuję się tym zmęczony, odkładam książkę, w której ktoś (nie pamiętam nazwiska) napisał, że jestem najszczęśliwszym z ludzi, odwracam się od okna, aby światło nie raziło oczu – i próbuję zasnąć.

Wypadła mi z pamięci godzina, w której zrodziła się we mnie idea spacerów. Dość że codziennie o świcie, na długo przed otwarciem bram, wychodzę do położonego opodal parku. Oddaję się tej czynności z dużym zapałem. Zapewne, gdybym mógł obserwować samego siebie, dojrzałbym wówczas na twarzy wyraz trudny do wytropienia kiedy indziej. Jestem po prostu zadowolony: wszyscy śpią i w razie czego nikt inny, ale właśnie ja będę pierwszym, który wyszedł poza bramę naszego domu. Zachowuję wszelkie środki ostrożności. Kiedy mam już za sobą mocowanie z wiecznie zepsutym zamkiem, wybiegam na chodnik i szybkim spojrzeniem obejmuję podwójną perspektywę ulicy, szczególną uwagą wyróżniając pobliskie skrzyżowania.

Kiedy się okażą puste i przewidywane zmiany nie nastąpiły, gdy wszystko stoi na swoim miejscu – wracam i dopiero po zamknięciu bramy, lekko rozczarowany, ruszam przed siebie. Czyżbym więc czegoś oczekiwał?

Bramy parku otwierają dopiero o szóstej. Oczywiście mógłbym bez trudu wejść wcześniej. Znam jedną z bocznych, drewnianych furtek, która z powodu uszkodzenia zamka zamykana jest jedynie na haczyk. Specjalnie nawet wybrałem ją sobie, aby sprawdzać za każdym razem swoją silną wolę. I chociaż nieodmiennie staję przed nią na kilka minut przed szóstą, nigdy nie potrafię dokonać włamania. Ach, cóż za ulga, gdy czując się zbrodniarzami, potrafimy od czasu do czasu przestrzegać prawa. Spaceruję więc wśród klombów z kwiatami, którymi ozdobiono wejście do instytutu, i czekam na znajome skrzypnięcie zawiasów. Kiedy wreszcie zobaczę szarą, zmęczoną twarz stróża nocnego, ruszam przed siebie. Zazwyczaj towarzyszy mi wzrokiem przez chwilę i wówczas obserwujemy się nawzajem ze spokojem i wyrozumiałością starych przyjaciół. Nie znamy nawet swoich głosów. Co za ulga i poczucie bezpieczeństwa. To także podnosi mnie na duchu. Przyjęliśmy bowiem to, co jest, za naturalne, a więc niewymagające wyjaśnień. O naszej przyjaźni i wzajemnej sympatii lub, jak by powiedzieli inni, chłodnej nienawiści – co na jedno przecież wychodzi – najlepiej świadczy, że jak dotąd żaden z nas nie poniżył się nawet do gestu pozdrowienia.

Poranki spędzam w parku. Bardzo polubiłem ławki stojące po zewnętrznej stronie ścieżki, wyznaczającej granice wielkiego klombu, położonego w centralnym punkcie parku. Rozchodzą się stąd promieniście ścieżki. Siedzę w środku olbrzymiego

koła, za plecami, po bokach i przed sobą mając popiersia osobistości miasta, wykute w kamieniu i ustawione na wysokich
postumentach. Doświadczam wówczas uczucia, jakbym z gar-
busa wskakiwał nagle w postać smukłego mężczyzny. Godziny
spędzane tutaj na lekturze lub obserwacjach przywracają mnie
na krótko życiu. Czekam. Pierwsze pojawiają się samoloty.

W dniu, o którym mowa, zaszedł niecodzienny wypadek. Godzina szósta dawno już wybiła, a furtka nadal pozostawała
zamknięta. Wówczas po raz pierwszy pomyślałem o stróżu
nocnym. Musieliśmy jednak bardzo przyzwyczaić się do siebie, odkryłem bowiem w sobie jakieś zaniepokojenie, czy nie
spotkało go jakieś nieszczęście. Spacerowałem nerwowo między kwiatami, ogarnięty myślami pełnymi dociekliwych pytań.
Wreszcie zjawił się i dopełnił codziennej formalności. Gdy się
zbliżyłem, dostrzegłem na jego twarzy grymas, jakby pragnął
się usprawiedliwić. Nie lubię tego. Podniosłem więc ku niemu
zdziwioną twarz i szybkim krokiem ruszyłem w głąb parku.

Po jakimś czasie nadeszła starsza otyła kobieta z dzieckiem.
Obserwowałem ją aż do momentu, gdy usiadła na ławce obok.
Przemknęło mi przez myśl: czy nie jest ona przypadkiem tutaj po
to, aby mnie pilnować? Nie wiem, dlaczego przypomniał mi się
okres, kiedy ojciec, jak niemal wszyscy mężczyźni w miasteczku,
musiał meldować się codziennie o oznaczonej godzinie w budynku żandarmerii. Obserwowałem wówczas z zadowoleniem
jego przygotowania do wyjścia. Wkładał nowy garnitur, czyścił
się starannie i golił. W trakcie tych czynności mówił do mnie:

– Trzeba pokazać Niemcom, że nie mają do czynienia z bar-
barzyńcami. Wszyscy tak robimy.

Później dopiero dowiedziałem się, że głównym powodem tej drobiazgowej staranności był strach. Ojciec zdawał sobie sprawę, że każde jego wyjście może być ostatnie, i strojeniem, wymyślnymi zajęciami przedłużał pobyt w domu. Mimo częstych spotkań na tej samej ławce nic nie wiemy o sobie. Czasem usiłowałem dociec losów tej kobiety z dzieckiem, zbyt jednak jestem zajęty sobą, aby wystarczyło mi na to cierpliwości. Kontemplując lub czytając książkę, łapię kątem oka jej spojrzenie zwrócone na mnie. Wiem, uwagę jej przykuwa moja twarz, która, mówiąc oględnie, jest nieco zbyt posępna. Gdyby moim stwórcą był Bóg, nie omieszkałbym mu zwrócić uwagi, że przesadził w nazbyt drobiazgowym modelowaniu mojej twarzy.

Dzisiaj nie robię już z tego powodu tragedii. Przywykłem. Kiedyś jednak wycierpiałem przez to wiele. Początkowo bowiem nie zdawałem sobie sprawy z celu spojrzeń przechodniów i sądziłem, że wyrażają one wyrzut pod adresem mojego istnienia. Długo czułem, że urodziłem się niepotrzebnie. Byłem nieszczęśliwy na sposób histeryczny. Dopiero pewnego wieczoru wszystko stało się jasne. Wybrałem się wówczas na spacer. Błądząc ciemnymi ulicami przedmieść, zauważyłem zbliżającego się w moim kierunku mężczyznę. Kiedy mnie mijał, spostrzegłem, że wpatruje się w moją twarz oświetloną smugą padającego z okien światła. Spojrzałem w jego kierunku. Wówczas otulił się mocniej paltem i przyspieszył kroku. Tamten wieczór powrócił znów do mnie. Do dzisiaj jego wspomnienie budzi we mnie uczucie bezsilności, osaczenia.

Zacząłem obserwować z ławki igraszki dziewczynki. Zauważywszy mój wzrok, zbliżyła się, pragnąc uśmiechem wkupić się w sympatię nieznanego człowieka. Jednakże opiekunka jej zerwała się nagle i zaczęła ciągnąć dziewczynkę ku sobie z przerażeniem na twarzy: „Aniu, nie wolno panu przeszkadzać, pan jest zajęty". Poznałem więc jej imię. Kobieta tymczasem z jakimś nienaturalnym pośpiechem zaczęła ubierać dziecko i szybko oddaliła się w kierunku bram parku.

Zostałem sam. Zauważyłem, że promień słońca padający obok ławki oświetlił trawę. Błysnęła na niej tysiącami drobnych punkcików rosa. Urzeczony zbliżyłem się i dotknąłem jej dłonią. Nie poczułem nic ponad przykry chłód. Oszołomiony tym odkryciem wróciłem na ławkę i nie potrafiłem powstrzymać się od rozpaczy. Z goryczą pomyślałem, że jestem oszukany. „Kim jestem – myślałem – skoro nie czuję już nic, nie widzę jak inni?". Poczułem się znużony monotonią, która wchłonęła mnie jak głęboki wir; znużony nie warunkami, ale monotonią moich wędrówek, a ściśle, ich nieodmiennym kierunkiem. Powroty ze spacerów także prowadziły w jednym tylko kierunku: do tego pokoju, do tej bezsensownej egzystencji i nigdzie dalej, ani kroku dalej, wciąż w te cztery ściany, do tego ubogiego widoku, pod to okno z widokiem na skrawek nieba i rynnę wygiętą w kolano, do tego osamotnienia w pudle domu przepełnionym kotłującymi się chrabąszczami, z którymi jeden jest tylko sposób porozumienia: wspólne zagrożenie, i jeden język zrozumiały: wspólna ucieczka.

Kiedy wróciłem, wykładając na stół wszystko, co zgodnie z postanowieniem kupiłem po drodze, poczułem nagle, że mięśnie zapanowały nad moim brzuchem, kurczą się, rozprostowują, naprężają skórę, pracują równomiernie do taktu. Równocześnie na policzkach utworzyły się głębokie bruzdy, usta otwierały się, jakby płucom za mało było powietrza, i nagle wybuchłem gwałtownym śmiechem. Nie mogłem ustać na nogach, skulony miotałem się między meblami, uderzałem rękami o kanciaste brzegi przedmiotów. Czułem, że stanowczo należałoby z tym skończyć, widziałem jasno niewłaściwość takiego postępowania, ręce wędrowały więc ku mięśniom, ściskały brzuch, starały się zatamować drgania. Wszystko na próżno. Śmiech mój stawał się jeszcze większy i zorientowałem się, że nie skończy się wcześniej, aż opadnę bez tchu na łóżko.

Kiedy uspokoiłem się wreszcie, przyszło mi do głowy, że każdy rozsądny człowiek powinien dążyć do prawdy, starać się odkryć w swoim życiu jedną, bodaj najmniejszą prawdę. W przeciwnym razie życie jego wydawać się może zmarnowane. A ja po co dotąd żyłem? Czy miałem swoją bodaj najmniejszą prawdę? Pozwoliłem się opanować tym myślom jak zgubnemu nałogowi. Po raz pierwszy pomyślałem z wyraźną niechęcią o ciszy tak drogo okupionej, o moim „spokojnym życiu, z dala od zgiełków". Ta rzekoma cisza wypełniona była zbyt wieloma, niestety, głosami. „To przecież – przemknęło mi przez myśl – musi się skończyć". Uczepiłem się kurczowo tego stwierdzenia. „W gruncie rzeczy – myślałem dalej – to wszystko jedno, czy odnajdujemy siebie, swoją prawdę, w ciszy, czy w zgiełku. Kiedy brak nam odwagi, a więc nadziei, stwarzamy sobie pozory. Żyłem złudzeniami, były one dla mnie silniejsze i bardziej realne od samego życia". Każdy ma swoje mistyfikacje. To oczywiste. Chyba jednak zbyt kurczowo trzymałem się moich mistyfikacji i histerii. „Trzeba iść między ludzi, żyć normalnym życiem, do czegoś dążyć. To musi się kiedyś skończyć przecież. Wszystko, tylko nie to, co teraz".

Ogarnęło mnie pragnienie ucieczki. Poczułem nieprzepartą ochotę, aby bez wszelkich zabiegów i przygotowań zerwać z tym, co przykuwa mnie do tego pokoju, do tego domu. Wyjść z myślą, że idę na codzienny spacer, i więcej nie wrócić. Oto idea. Uświadomiłem sobie, że jest to możliwe jedynie w kierunku, którego wcale nie pragnę – wstecz. Opór jednak był bezcelowy.

W końcu postanowiłem wybrać się tam, aby już nigdy więcej nie wrócić. Zapewne czyniłem to bez przekonania, bardziej z chęci zmiany, ale pocieszała mnie myśl, że oto mam już za sobą samotność. Poznałem ją wszakże intensywnie, do końca. Cóż gorszego może mi się jeszcze przydarzyć? Nie mam nic do stracenia, a wszystko do zdobycia. Wiem, co znaczy stać przy oknie i nie znajdować w sobie nawet łez, czuć na sobie karę za grzechy, których nie popełniło się nigdy. Żyć ustawiczną świadomością, że nie widzi się wyjścia z tego wszystkiego. Nie potrafiłem przecież nawet kochać. Zaraz okazywało się bowiem, że w istocie piłuję gałąź, na której miałem zamiar z kimś usiąść. „Jeżeli gdziekolwiek można znaleźć własną prawdę – myślałem – wiem już na pewno, że tutaj jej nie ma". Poczułem się lekki, swobodny, wolny.

Zatęskniłem do owego miasteczka otoczonego górami, do jego wież, do rzeki, wreszcie do spędzonego tam dzieciństwa. Zawstydziłem się, stwierdziwszy, że nie mam nawet na bilet, aby tam pojechać. W udręce rozpaczy przywoływałem rozproszone w pamięci krajobrazy. Pragnąłem przedłużyć ich trwanie we mnie, stworzyć z nich jeden pełny obraz. „Wszystko, co dotąd było rozbite – mówiłem, pakując walizkę – złożę z powrotem w całość. Tego mi właśnie brakowało. Oto idea. Naprzód, naprzód...".

PORTRET III

– Niechże pan powie: co ja mam robić?

– Z ręką na sercu, Katiu: nie wiem.

Antoni Czechow, *Nieciekawa historia*,
przeł. René Śliwowski

1 Zatrzymałem się przed wysokimi drzwiami. Nie były to zwyczajne drzwi. Pokrywała je skóra. Pod dotknięciem wyczuwało się grubą warstwę waty. Wodząc palcami, żywiłem przez chwilę nadzieję, że uda mi się znaleźć jakieś twardsze miejsce, w które można by zapukać. Nie przewidziano tego. Drzwi chroniły przed jakimkolwiek odgłosem, którym pragnęliby zwrócić na siebie uwagę ludzie siedzący w obszernej poczekalni.

Nacisnąłem klamkę. Siedzący za biurkiem ustawionym w środku olbrzymiej sali oderwał oczy znad papierów. Napotkawszy mój pytający i pokorny wzrok, podniósł brwi do góry. W jego oczach dostrzegłem najpierw wysiłek, aby oderwać się od myśli zaprzątających mu widocznie głowę, a potem zaciekawienie. Stłumione jednak natychmiast. Powiedziałem: „Dzień dobry". Jego brwi nie opadły nawet o milimetr, nadal wyrażał swoje zdumienie. Pomyślałem, że widocznie jego pozycja nie pozwala pytać mnie o cokolwiek, wreszcie żądać, abym wytłumaczył się, z jakiego powodu wtargnąłem do jego pokoju. Kontakt między nami nie został nawiązany. Całą siłą wpierałem się nogami w ziemię, aby nie ulecieć nagle w powietrze, napełniony poczuciem swego nieistnienia. Tkwiliśmy naprzeciw siebie, napięci wewnętrznie.

Sekundy dzielące mnie od pokonania drzwi wystarczyły jednak, abym pod zmarszczkami i siwizną siedzącego dostrzegł podobieństwo rysów z fotografią ukrytą w kieszeni. Dawniej leżała ona na biurku mojego ojca. Przez wiele lat codziennie robił sobie wyrzuty, że nie odniósł jej do introligatora. W takich momentach brał ją do rąk, oglądał, objaśniał mi interesujące szczegóły i kładł z powrotem na biurko w najbardziej widocznym miejscu, aby – jak powiadał – idąc jutro do miasta, nie zapomniał jej zabrać. Znałem na pamięć oprawę, jaką zamierzał dać do wykonania rzemieślnikowi: szkło oklejone czarnym lśniącym papierem. Pamiętam także dokładnie puste miejsce na ścianie nad biurkiem, latami czekające na nią. Teraz fotografia owa tkwiła w mojej kieszeni w takim samym stanie, w jakim ojciec otrzymał ją kilkadziesiąt lat temu z rąk fotografa i w jakim zastałem ją na biurku, gdy trzeba było opuszczać dom, aby obok niewielu innych drobiazgów przypominała o tym, co zostawiłem za sobą, bez żadnej nadziei powrotu.

Ten zżółkły już dzisiaj kawałek papieru przedstawiał siedzących półkolem młodych ludzi. Krzesła musiano widocznie ustawić na schodach stanowiącego tło budynku, gdyż siedzący tworzyli trzy kręgi, różniące się między sobą poziomem. Wszyscy oni mieli głowy uniesione lekko do góry i uroczyste, zastygłe miny, podobne do tych, jakie obserwujemy u kotów, gdy nasze palce wędrują po ich puszystej sierści. Zresztą może to była poza, do której zmuszały wysokie, ciasne kołnierzyki. Siedzieli, założywszy nogę na nogę. Jedna ręka podtrzymywała szablę, unosząc ją lekko i wysuwając do przodu, druga spoczywała wsunięta pod bluzę wojskową gestem napoleońskim. U stóp siedzących ustawiono ciężki karabin maszynowy Maksim, starego typu, z lufą skierowaną wprost na patrzącego. O kółka wspierała się tabliczka z napisem: KORPUS OFICERSKI N-TEGO PUŁKU PIECHOTY. Na odwrocie widniały podpisy i słowa zbiorowej dedykacji. Data przenosiła nas w lata odległe.

Kiedy milczenie obserwującego mnie mężczyzny przedłużało się i zdałem sobie sprawę, że nic nie potrafi mnie uwolnić od konieczności wytłumaczenia się, zamknąłem drzwi i zbliżyłem się do biurka. Przesuwając nerwowo palcami po powierzchni fotografii ukrytej w kieszeni, powiedziałem możliwie najwyraźniej swoje nazwisko i zacząłem dłuższy wywód, wyjaśniający cel mojej wizyty. Z twarzy siedzącego znikł ów wyraz zdumienia, oczekiwania i pogotowia. Stała się łagodna, przychylna. Odniosłem nawet mały sukces: uśmiechnął się i uniósł z krzesła.

Pomysł odwiedzenia tego człowieka powstał we mnie poprzedniego dnia, gdy w środku wielkiego miasta siedziałem sam na ławce, zawieszony w ogromnej pustce. Dopadło mnie wtedy nagle pytanie, którego ostateczny sens przerażał i odbierał swobodę. „Oto – pomyślałem sobie – żyję na świecie dwadzieścia sześć lat i co? Nic. Czy doszedłem do czegokolwiek, wymyśliłem coś rozsądnego? Nic nie wymyśliłem, do niczego nie doszedłem". W owym dniu, gdy bezsens stał się tak widomy, uczepiłem się dalekiego wspomnienia, jak deski rzuconej w morze, i zacząłem jak po kładce wchodzić w siebie nieznanego, skazanego, zdawało się, na zapomnienie. Pragnąłem uciec jak najdalej, pędzić przed siebie bez wytchnienia aż tam, gdzie decyzje bywają proste, a zamierzenia i kształt ich realny zasypiają wraz z nami ułożone pod poduszką. Z rosnącym przerażeniem wsłuchiwałem się w wydobyty milczeniem nocy daleki głos dzwonów miasta, przywodzący na pamięć inne dzwony, inne ulice i inne krajobrazy. Odkryłem, że pamięć moja nie jest już tak czysta jak dawniej.

Nie odstępowało mnie w owym dniu pragnienie sprawiedliwości i jeszcze kilku innych abstrakcji, które czasem wydają się nam niezbędne do życia. A jednak – jak wszyscy ludzie mojego pokroju – wierzyłem, że los mój jest dostatecznie ciężki i nie trzeba go sobie jeszcze bardziej pogarszać własnymi rękami. Nade wszystko zaś bałem się, czy potrafię doszukać się sensu mojego dotychczasowego życia, czy nie okaże się ono kruchym, nic nieznaczącym bibelotem, nieważnym załącznikiem do spraw tego świata. Wybierałem ostrożnie pewne wątki, przyglądałem się im ze wszystkich stron, pragnąc za wszelką cenę nadać im wagę wydarzeń, doszukać się w nich owego decydującego wpływu na moje życie. Może jednak dlatego, że zbyt blisko trzymałem się brzegu, albo też zdenerwowanie, płynące z poczucia odpowiedzialności, odebrało przenikliwość mojemu wzrokowi – dość że niepokój i niepewność nie chciały mnie opuścić. Widziałem tylko chaos, kłębowisko niepowiązanych ze sobą w żaden sposób zdarzeń, postanowień, klęsk

– i ani śladu czystego nurtu. W końcu nabrałem do siebie pogardy i doprawdy nie wiedziałem, co z tego wszystkiego może jeszcze wyniknąć.

Mój przyszły zwierzchnik, przeglądając świadectwa i rekomendacje, zauważył: „Zdaje się, że zapomniał pan dołączyć życiorys". Był do mnie najwyraźniej przychylnie usposobiony. Przerzucił więc raz jeszcze rozsypane kartki dla sprawdzenia, czy tak niezbędny, jego zdaniem, dokument nie zagubił się między papierami. Nie chciał mnie urazić. Dlatego też pewnie nie zauważył, jak bardzo wzburzyło mnie jego oświadczenie. Przychylność, sympatia, litość – to były stany, które w owym czasie kompromitowały w moich oczach każdego, kto chciał je zastosować do mnie. W okresie poprzedzającym wieczorną decyzję szukania pracy sądziłem, że sytuacja, w której się znajdowałem, wynika ze specjalnej wrogości, z jaką odnoszą się do mnie ludzie. W każdym spojrzeniu przechodnia dopatrywałem się nienawiści. Jeżeli rzeczywistość nie potwierdziła moich przekonań, potrafiłem fakty naginać do wyobrażeń. Ludzi pragnących objawić mi łagodność, litość, sympatię nienawidziłem więc szczególnie, podejrzewając, że jest to tylko maska obłudników pragnących pognębić mnie jeszcze perfidniej: przez podstęp. Czy była to pycha? Trudno powiedzieć. W każdym razie nie dostrzegałem dla siebie miejsca w tym zbiorowisku, gdyż – jak sądziłem – „nie potrafiłbym stać się takim samym jak inni łajdakiem".

Kiedy siedzący za biurkiem mężczyzna ponowił pytanie dotyczące życiorysu, odpowiedziałem: „Niestety, nie mogę dołączyć tego, czego pan żąda ode mnie". Ponieważ jednak nalegał, a nie chciałem mimo wszystko uchybić jego przychylności, wyjaśniłem: „To niemożliwe. Nie znam swojego życiorysu. Gdybym nawet usiłował spisać pewne fakty, które były moim udziałem, i tak niewiele z tego wyniknie. Nie znam przecież prawdziwego ich sensu, nie wiem, co podać na pierwszym, a co na ostatnim miejscu. Jak określić kierunek, w którym podążam, poza wiadomym, który jest wspólny nam wszystkim, i dlatego nie ma się czym afiszować. Nie mam – mówiłem mu, zapalając się coraz bardziej – jeszcze klucza do mojego życia. Tak więc napisanie życiorysu, którego domaga się pan ode mnie, będzie możliwe dopiero po mojej śmierci. Jeżeli będzie możliwe. Żyjemy, ale jak odróżnić, co jest tylko funkcją, a co sensem? W ciągu dnia wykonujemy około kilkuset tysięcy rozmaitych ruchów: ruszamy szczękami, chwytamy w palce przedmioty, wychodzimy po zakupy i do kina, wstajemy, siadamy, uśmiechamy się, oddychamy, płaczemy. Jak rozpoznać, co jest jeszcze skurczem mięśni, a co już jest tendencją, ideą – nie mówiąc nawet o podziale na sensy pozytywne i negatywne". Wszystko to mówiłem, sądząc, że szczerość i naiwna skromność zawarte w tych słowach zostaną przez niego wysoko ocenione. Pewności siebie dodawało mi przekonanie o głębi owej filozofii życia. Odpowiedzią jego było głębokie westchnienie i nerwowy tik czoła. Czując jednak widocznie pewną sympatię, dodał: „Gdyby biedny ojciec znał poglądy pana, byłby bardzo zasmucony...".

Wobec takiego obrotu sprawy skłoniliśmy się sobie w milczeniu i pewnym krokiem opuściłem jego gabinet.

Zaledwie zamknąłem za sobą drzwi, miałem ochotę zawrócić. Zawahałem się nawet, trzymając przez chwilę klamkę. Moje wątpliwości miały źródło w przypuszczeniu, że nasze nieporozumienie wynikło, być może, ze zbytniej lakoniczności, z jaką potraktowałem swoją wypowiedź. Równocześnie poczułem na swojej dłoni czyjeś zaciskające się palce. Był to jakiś mężczyzna. Nie patrząc nawet na mnie, nacisnął z niecierpliwością klamkę i pchnął drzwi.

Usiadłem na ławce stojącej w środku niewielkiego skweru, naprzeciw bramy wyjściowej z budynku. Postanowiłem przemyśleć raz jeszcze to, co powinienem powiedzieć znajomemu dyrektorowi, gdy ponowię starania o pracę. „Do takiej rozmowy – pomyślałem – najlepiej nadawałaby się kawiarnia. Można by tam dokładniej, bardziej szczegółowo rozwinąć swój punkt widzenia, uzasadnić rzeczywistymi argumentami". To był dobry pomysł. Podniesiony tym na duchu, przyznałem mu nawet rację. Istotnie, moje zachowanie bez bardziej szczegółowego uzasadnienia mogło mu wydać się pozą. „Trzeba poczekać, aż skończy pracę – pomyślałem – i zaprosić go na kawę". Prawdę mówiąc, po cichu spodziewałem się, że potrafi znaleźć wyjście z tej sytuacji, doradzi mi w wielu sprawach. Wydawało mi się to wtedy rzeczą o wiele ważniejszą od oczekującej mnie posady. Miałem więc w zapasie kilka godzin. Cudowne słońce i otaczająca mnie zieleń dodały mi otuchy i nadziei, niezbędnych, aby z odwagą zagłębić się w sprawy i zdarzenia, którymi miałem później uzupełnić moją nazbyt skąpą odpowiedź.

Pragnąc, aby twierdzenie o niemożności życia wydało mu się dostatecznie wiarogodne, postanowiłem oskarżeniem objąć dzieciństwo: w nim poszukać przyczyn, dzięki którym znalazłem się nagle wśród ludzi – spętany. Tak, jeżeli mam go przekonać, muszę mu wyznać z całą szczerością wszystko, co dręczy mnie, czego nie umiem sobie sam często wytłumaczyć, a co widocznie posiada logikę i znaczenie, skoro nie opuszcza mojej pamięci. Czy musi także wiedzieć o codziennych powrotach do domu? Tak, o tym też musi wiedzieć. Istotnie, powinien wiedzieć, skoro spodziewam się pomocy. To prawda, najgorzej bywa u mnie ostatnio z powrotami. Jeżeli o nie chodzi, zmuszony jestem stosować się do pewnych praw, przeciw którym, co prawda, od czasu do czasu się buntuję, ale ostatecznie jestem bezsilny.

Nikt na przykład nie potrafi zmusić mnie do powrotu wieczorem, szczególnie gdy świeci młody księżyc. Najważniejsze nawet sprawy układam tak, aby przed zapadnięciem zmroku być już w swoim pokoju. Niewiele to oczywiście pomaga, bo inne pory wydają mi się niemal równie niebezpieczne. Dlatego nim zdecyduję się wejść w ciemny tunel korytarza prowadzącego na podwórze, najpierw długo spaceruję chodnikiem po przeciwnej stronie ulicy, badam frontowe okna, a także przez chwilę kontroluję ruch w bramie. Dopiero gdy wydaje mi się, że mogę już zdobyć się na odwagę, wspinam się po schodach na piąte piętro, często przystając i nasłuchując.

Być może trwa to we mnie od owego dnia, gdy z całą ostrością zdałem sobie sprawę, że byłem haniebnie oszukiwany? Nie mam zresztą o to żalu. A może nieufności nabrałem jeszcze wcześniej, gdy byłem niemal dzieckiem, a przecież już wtedy musiałem nagle, w ciągu kilku minut, podać w wątpliwość całe moje dotychczasowe życie? Ach, dokładnie pamiętam całą tę edukację. Uczono mnie więc z całą powagą: nie zabijaj, nie kradnij, kochaj bliźniego. Wypełniałem wszystkie te życzenia. Więcej z braku okazji niż z wrodzonego wstrętu do zła, ale to już moja prywatna sprawa. Dość że starałem się nie zabijać, nie kraść i kochać bliźnich. Są to, oczywiście, prawa proste, elementarne, łatwe – szczególnie gdy wzrok nasz obejmuje jedynie domowników, w dodatku gdy oni potrafią być dostatecznie ustępliwi.

Ze szczególnie natrętnym patosem wymawiałem wówczas słowo „życie". Miało ono dla mnie dużo uroku, nie oznaczało bowiem nic więcej jak nadzieję. Często zwracano się do mnie:

– Niech tylko Niemcy sobie pójdą, zaczniemy żyć jak ludzie, będziemy wolni, na zawsze. Niech tylko Niemcy sobie pójdą, zobaczysz, będziemy najzupełniej szczęśliwi.

Wierzyłem. I Niemcy poszli sobie rzeczywiście. Ale najpierw widziałem ich przez okno, jak bezładnymi gromadami, ze strachem w oczach szli przez wieś, aby po jakimś czasie wracać, przepędzani z miejsca na miejsce w olbrzymim kotle. Żołnierze, opatuleni szczelnie przed zimnem, szli niewielkimi grupami bokiem drogi, oglądając się wkoło. Ich powroty stały się tak częste, że wkrótce rozróżniałem doskonale bardziej charakterystyczne sylwetki, oznajmiając krzykiem ich pojawienie się domownikom. Moim punktem obserwacyjnym było okno młyna, w którym schroniliśmy się przed nadciągającym frontem. Podobnie jak wszyscy uciekinierzy, zapełniający duży dom, sądziliśmy, że wieś jest pewniejszym schronieniem od miasteczka leżącego w ważnym punkcie strategicznym. W monotonię życia uciekinierów wprowadzili nieco ożywienia jacyś mężczyźni, którzy w ostatniej fazie niemieckiego odwrotu zjawili się nagle z lasu i spędzali wesoło czas, grając w karty, pijąc wódkę i macając dziewczęta w licznych zakamarkach młyna.

Pewnego popołudnia stanął w drzwiach chłopiec w wieku szesnastu lub siedemnastu lat, ubrany w niemiecki mundur. Mówił po polsku. Był zmęczony i brudny, z jego twarzy wyczytać było można, że jedynie wielka potrzeba pozwoliła mu przytłumić strach, jaki budziło oderwanie się od oddziału. Z miejsca opowiedział, że jest Ślązakiem, że wcielono go przymusowo do Wehrmachtu. Prosił o szklankę wody. Wśród partyzantów zapanowało poruszenie. Spoglądali na siebie w milczeniu, a twarze ich nagle stały się poważne. Po naradzeniu się jeden z nich skinął na przybysza. Zaczęli schodzić w dół, gdzie mieściły się urządzenia młyna. Domownicy ruszyli za nimi. Zatrzymali się w środku pomieszczenia. Do dziś pamiętam przewiewną halę ze stojącymi w niej maszynami, szeregiem drewnianych pomostów i klepisko, które od przesuwania worków straciło naturalną barwę ziemi. Posiwiało. Każde ich stąpnięcie utrwalało się natychmiast. Nie wiem, dlaczego z jakąś specjalną uwagą przyglądałem się tym ciemnym plamom w kształcie stopy ludzkiej. Kiedy podniosłem głowę, w oczach przybysza zauważyłem strach, a w rękach owych mężczyzn broń. Otoczywszy młodego żołnierza kołem, rozkazali mu udowodnić swoją polskość. Jeden z nich odłączył się na chwilę i uruchomił maszyny. Halę wypełnił monotonny szum. Młody żołnierz tymczasem klęczał, śpiewał hymn, odmawiał wszystkie modlitwy, jakie pamiętali otaczający go ludzie, i jeszcze coś tam śpiewał, a im bardziej jego polskość stawała się oczywista, tym bardziej zacieśniał się wokół niego krąg mężczyzn. Wreszcie kazano mu się położyć, co uczynił, nie zaprzestając błagań i zapewnień. Z tyłu dźwigano tymczasem wśród posapywań olbrzymi kamień młyński. W chwili gdy zmęczeni mężczyźni pochylili się nad szesnastolatkiem, szukając dogodnej pozycji, ktoś chwycił mnie za kark i odciągnął brutalnie do drzwi.

Wracając na swoje stanowisko przy oknie, aby przyglądać się dalej odwrotowi Niemców, spojrzałem na stojące na stole napoczęte kieliszki i kobiety popłakujące cicho. Stanąłem przy oknie. Widok przechodzących żołnierzy nie potrafił już przykuć mojej uwagi. Myśli stały się nerwowe, rozbiegane. Powracało pytanie: czy człowiek, któremu zmiażdżono głowę, dusi się, czy też umiera natychmiast? Nie była to jednak chwila sposobna do pytań i odpowiedzi. Chciałem przestać o tym myśleć, gdyż czułem, jak żołądek podchodzi mi do gardła, i równocześnie coraz dalej zagłębiałem się w szczegóły śmierci tamtego. Wreszcie zacząłem wymiotować. Przyszedłem do siebie dopiero wieczorem. Leżałem w łóżku przytulony do ściany z grubych bierwion, która drgała w sposób ledwie wyczuwalny. Po chwili rozpoznałem monotonny odgłos pracujących maszyn. Powrócił atak mdłości. Długo w noc czekałem, aż koniec pracy przywróci domowi ciszę. Odtąd najlżejszy odgłos, najmniejszy szum nie pozwala mi zmrużyć oka, czuję wtedy, jak rośnie we mnie przykre, trudne do opisania uczucie osaczenia. Do dzisiaj też, gdy tylko ktoś zbyt gorliwie zapewnia mnie o dotrzymaniu słowa, powtarzam: „Jak tylko Niemcy sobie pójdą?".

Innym razem był zwyczajny wieczór, podobny do wielu wieczorów naszej młodości, jakie zdarzają się każdemu z nas, szczególnie podczas księżycowych nocy, na przedwiośniu, gdy nie obciążają nas żadne przeżycia o charakterze skomplikowanym i kiedy czujemy rosnącą w nas z każdą chwilą czystość. Myślimy wtedy o świecie łagodnie i niecierpliwimy się, że następny dzień nadejdzie dopiero za kilka godzin. Kładziemy się natychmiast do łóżka, ale długo nie możemy zasnąć.

Wracałem więc owego dnia, gdy nagle, szukając w ciemności bramki w drewnianym płocie otaczającym nasz dom, zauważyłem na ganku obcą sylwetkę. Cofnąłem się. Zawsze odczuwałem *lęk, że w sieni natknę się na czyjeś ciało lub doświadczę w ciemności przykrego dotyku obcej dłoni na twarzy. Ach, to się wybacza ludziom, jeżeli mają tyle, co ja wtedy, lat. Tego lęku nie potrafiłem się pozbyć, wyobraźnia podsuwała tyle sytuacji, że wszelkie argumenty rzeczowe okazywały się bezsilne. Teraz jednak nie było wątpliwości: przed wejściem stał żołnierz z karabinem w pogotowiu. Uspokoiło mnie to i ruszyłem swobodnie przed siebie. Front, który przewalił się niedawno, przyzwyczaił nas do takich widoków. W każdym razie żołnierz znowu budził ufność i poczucie bezpieczeństwa. Zaledwie jednak zbliżyłem się na odpowiednią odległość, wartownik zagrodził mi drogę karabinem. Przez chwilę staliśmy naprzeciw siebie w milczeniu. Po raz pierwszy w życiu z trudem przychodziło mi przyznać się, że to jest mój dom. Kiedy wreszcie wyjaśniłem, co trzeba, nie było już odwrotu.*

Wszystkie drzwi były pootwierane, w pokojach paliły się światła i aż do sieni dochodził gwar krzątających się ludzi. Poczułem na czole chłód ściany. Ktoś stojący z tyłu obmacywał moje ciało, grzebał w kieszeniach. Na stół wędrowały osobiste rzeczy, ujawniając nagle cały swój bezsens. Podobnie jak domownikom, nie przychodziła mi do głowy żadna wina, niewiele też miałem do powiedzenia. Wiedzieli o tym również tamci. Zresztą nie mieli zamiaru niczego udowadniać, pracowali chyba raczej dla z a s a d y. Kiedy śledczemu wydawało się, że coś zatajam lub nie dość chętnie wypełniam polecenia, podchodził szybko i zachłannym, wprawnym ruchem wykręcał mi ucho. Tej „ojcowskiej" operacji towarzyszyły wybuchy śmiechu. Czułem się tak, jakby nagle w publicznym miejscu postawiono mnie nago.

Zapytany, co jest powodem mojej głupiej miny, zwierzyłem się oficerowi ze swoich myśli. Wówczas po raz pierwszy w życiu

uderzono mnie w twarz. Wkrótce wszystkim znudziła się ta zabawa. Nasi goście stali się na powrót sympatyczni i uprzejmi, ich
twarze znów przybrały łagodny wyraz, który budził zaufanie.
Wydawali się jakby zażenowani tym, co się stało, i wygłaszali
sentencje na temat służby wojskowej. Podano herbatę i zasiedli-
śmy w najlepszej zgodzie i w dobrych humorach do stołu. Potem
jak gdyby nigdy nic wyszli, żegnani zapewnieniami rodziny, że
wszystko w najlepszym porządku i że każda następna wizyta
będzie dla tego domu zaszczytem.

Od tego jednak czasu nie potrafiłem już domu traktować
jak dawniej. Przestał być domem, do którego nieraz uciekało się
przed psem, gromadą mściwych kolegów lub nadciągającą burzą. Nagle stał się ostatecznością. W każdej chwili mógł tam
ktoś wejść i rozgościć się, mógł mi wejście lub wyjście zagrodzić.
I co gorsza, nigdy nie byłem w stanie przewidzieć, kto to będzie
i kiedy się zjawi.

Stałem się nerwowy i stan ów jak choroba obejmował coraz to nowe obszary. Nie wykraczałem, jak dawniej, przeciw
prawu, ale nigdy nie byłem pewien. Oczywiście, miewałem
chwile wzniosłe i upadlające, przyjemne i przykre, żyłem, jak
się powiada, ale zawsze przede wszystkim: byłem gotów. Nie
pamiętam, aby kiedykolwiek potem powrót do domu był ulgą.
Mówiłem także: „To jestem ja, a to jest moja dziewczyna, kochamy się". Ale naprawdę nie wierzyłem temu, co mówię, co
słyszę, co myślę ani również temu, o czym nie chciałem mówić. Patrząc dziewczynie w oczy, nigdy nie mogłem pozbyć się
wrażenia, że jej wzrok pada w istocie na kogoś innego. Nie
mówiłem jej jednak nigdy: „Męczy mnie twoja nieszczerość". Na
uśmiech odpowiadałem uśmiechem, na pocałunek pocałunkiem.

61

Ze swobodą, zdobywaną olbrzymim wysiłkiem, opowiadałem o niebie, słońcu, pięknie i miłości. Coraz chętniej też wybierałem rolę słuchacza. Sądziłem, że na kłamstwo należy odpowiadać kłamstwem. Nauczyłem się wobec siebie być nieszczerym do doskonałości. Winę najchętniej widziałem u innych. I doprawdy nie uważałem się za pysznego. Można powiedzieć, że stałem się po trosze egoistą.

Stało się to zresztą później, w okresie, gdy byłem niemal dorosły i pewnego dnia zrozumiałem prawdy, których – proszę mi wierzyć – nie mam siły wyznać. W każdym razie skłonności te doprowadziły mnie do dnia, który chętnie wymazałbym z pamięci. Zacząłem znajdywać przyjemność w prowokowaniu rozmów na nierealne tematy. Wydawały mi się najbezpieczniejszym schronieniem. W późniejszym wieku przerodziło się to w przykrą dla otoczenia manię traktatów o nagłych zabójstwach, podczas których zawsze gotów byłem służyć na poczekaniu „prawdziwymi" przykładami. W najbardziej intrygującym momencie gry podnosiłem oczy na moich towarzyszy i pytałem: „Ciekawe, jak by zachował się każdy z nas, gdyby nasze miasto nagle stanęło w płomieniach lub pogrążyło się w wodę? Kto by ratował poparzonych lub tonących, a kto by zadowalał się jedynie własnym wrzaskiem?".

W tym czasie nastąpiła we mnie dziwna dwoistość. Zapragnąłem, aby powszechnie uważano mnie za zbrodniarza, krzywoprzysięzcę, gwałciciela, zboczeńca, równocześnie zaś zacząłem wstydzić się swojej siły. Komu wyrwało się z ust nieopatrznie zdanie wynoszące pod niebo moje zalety fizyczne – stawał się moim wrogiem. Dotyczyło to nawet kobiet. Te, dla których do dzisiaj mam czułość, potrafiły milczeć, inne były świadkami, jak

62

wybiegałem nagle i zaszywając się gdzieś w kąt, przeżywałem
swoje ataki nienawiści do własnych rąk, nóg i mięśni. Doprawdy
wiele wysiłku włożyłem, aby moje przeżycia stały się nieodgad-
nione dla bliźnich, aby tylko niczym nie wyróżniać się z masy,
aby nikt na ulicy nie mógł mnie poznać, wskazać palcem i powie-
dzieć, że to jestem właśnie ja, aby – broń Boże – nie przyszło mu
do głowy okazać mi zaufanie, wyróżnić, wybrać z tysiąca. Jedni
przyjmowali to jako pewnik mojego bezgranicznego zarozumial-
stwa, inni sądzili, że jestem tępym, mało inteligentnym osobni-
kiem. W obu wypadkach nie wróżono mi dobrej przyszłości. Nie
prostowałem. Pogodziłem się z tym, jako że w końcu przecho-
dzimy do porządku nawet nad własnym kalectwem. Przynaj-
mniej na zewnątrz. Zachowując więc przekonanie o własnej
„krzywdzie", brnąłem coraz dalej, starając się być zawsze przy-
gotowanym na komplikacje. Wreszcie weszło mi to tak dalece
w nawyk, że stosowałem zawsze środki ostrożności na wyrost.

Siedząc na ławce stojącej w środku niewielkiego skweru, naprzeciw bramy wejściowej do budynku, w którym pracował
znajomy dyrektor, i pogrążony w rozmyślaniach o przeszłości, umyślnie postanowiłem ograniczyć się do opowiedzenia
mu w kawiarni tylko tych dwóch historii z mojego życia.
Przegląd, którego dokonałem raz jeszcze, przekonał mnie, że
moja nieufność wobec jego wymagań była uzasadniona. Zdałem sobie sprawę z bezcelowości zabiegów zmierzających do
ujęcia w banalne, nic nieznaczące zwroty spraw niesłychanie
skomplikowanych, o których zdania w rodzaju: „Urodziłem się
w..." lub: „Następnie przenieśliśmy się z rodziną do..." – nie dają
żadnego wyobrażenia. Krótko mówiąc: chciałem w kawiarni

63

przeegzaminować jakby mojego przyszłego zwierzchnika. Zdecydowałem, że jeżeli potrafi udzielić mi odpowiedzi na wszystkie pytania, które nasuwają się każdemu na marginesie podobnych zdarzeń, jeżeli będzie umiał tutaj coś poradzić – można zaufać, że właściwie zrozumiał moją lakoniczną odmowę pisania życiorysu i odmówił mi posady w swojej instytucji z pełną świadomością, w poczuciu własnej uczciwości.

Tymczasem zauważyłem, że ziemia zaczyna dudnić. Spojrzałem w górę, ale niebo było czyste. Kiedy zwróciłem głowę, w perspektywie długiej ulicy, biegnącej ku krańcom miasta, ukazały się wypełzające jeden po drugim czołgi. Zacząłem je liczyć. Wkrótce przestało to mieć jakikolwiek sens. Wypełniły sobą całą ulicę. Za nimi ukazała się długa kolumna samochodów z żołnierzami siedzącymi ciasno jeden obok drugiego, wreszcie sunęły wolno motocykle z przyczepami. Dopiero po długiej chwili rozpoznałem czapki żołnierzy. Nasz garnizon wracał z ćwiczeń. Zdaje się, witałem uśmiechem mijających mnie żołnierzy, odpowiadałem na ich gesty, a nawet coś wykrzykiwałem.

Wkrótce też zobaczyłem mojego dyrektora, jak w towarzystwie kilku mężczyzn wychodził z budynku. Zanim jednak zdołałem się przepchnąć na drugą stronę ulicy, wsiedli w oczekujący ich samochód i szybko ruszyli z miejsca. Postałem jeszcze chwilę, zastanawiając się, co robić, po czym szybkim krokiem ruszyłem w stronę miasta.

2 Zmieszany z tłumem stałem wiele godzin na rynku. Powitanie garnizonu powracającego z ćwiczeń przedłużało się ponad wytrzymałość. Zresztą może uroczystość nie była wcale tak bardzo uciążliwa? Byłem głodny i nie potrafiłem już

ustać na miejscu. Postanowiłem odwiedzić kioskarza, który pożyczał mi gazety do przeczytania. Zamieniłem z nim kilka słów, powiedziałem, zdaje się, jakiś komplement dotyczący jego rzekomej solidności i z grubym rulonem gazet i tygodników odszedłem w stronę skrzyżowania ulic. Wspierając się nogą o łańcuch rozwieszony na słupkach wzdłuż krawężników, obserwowałem ruch pojazdów. Logika, rozwaga, uprzejmość. To zawsze działało na mnie uspokajająco. Za plecami miałem tłum oczekujący na ogłoszenie wyników jakiegoś niezwykle doniosłego meczu. Na razie z głośnika zawieszonego nad wejściem do budynku poczty nadawano piosenki. Przejrzałem, jak zwykle, pobieżnie tytuły, zaznaczyłem z nawyku zawodowego co ciekawsze doniesienia. Uwagę moją przykuł artykuł z nagłówkiem: *Korespondencja własna z Włoch.*

Czytałem:

Dnia 1 bm. na cmentarzu w miejscowości Predappio odbyły się demonstracje neofaszystowskie przed prowizoryczną trumną ze zwłokami byłego dyktatora Włoch Benito Mussoliniego.

Do Predappio przybyła wdowa po Mussolinim, Rachela, wraz z szesnastoletnim wnukiem M. Ciano, synem byłego ministra spraw zagranicznych w rządzie Mussoliniego, oraz wielu starych i młodych faszystów. Neofaszyści włoscy, ubrani w czarne koszule, wystawili wartę honorową przed trumną, a następnie przedefilowali, oddając faszystowskie pozdrowienia. Szereg osób, które przyjechały do Predappio w normalnych ubiorach, przywdziewało przed zaciągnięciem warty czarne faszystowskie koszule.

Na cmentarzu odbyła się msza. Następnie zwłoki byłego dyktatora wystawiono przed grobowcem rodzinnym Mussolinich, który znajduje się w pobliżu grobowca rodzinnego

65

obecnego premiera Włoch A. Zolli. Jak wiadomo, w ubiegłym tygodniu premier Zolli wydał polecenie, aby zwłoki Mussoliniego zostały zwrócone żonie byłego dyktatora. Przy grobie karabinierzy (policja włoska) oddawali honory wojskowe. Dziennik neofaszystowski »Il Secolo« zamieścił artykuł okolicznościowy pod olbrzymim nagłówkiem: *W Predappio Włochy znalazły się znów pod znakiem Mussoliniego.*

Składając gazetę, pomyślałem: „Wciąż ta sama komedia". Kiedy ruszyłem wolnym krokiem przed siebie, przemknęło mi przez myśl: „Będzie wojna". Natychmiast zobaczyłem siebie w mundurze. Zjawiły się inne obrazy, szybko gasły. Załaskotał mnie w nosie specjalny zapach świeżych, wyjętych z magazynu mundurów. Nie wiem, czemu to wszystko kojarzyło mi się z niskim, pochmurnym dniem i zapachem gorącej kawy. Pociągi. Tłumy przewalające się przez perony, nagłe pojawienie się wielkiej ilości wagonów towarowych. Nigdy nie byłem na froncie. Na co dzień wydawało mi się, że uniknę tej wątpliwej przyjemności. Minąłem już wiek, gdy każde nowe doświadczenie wydaje się dobre. Kiedy jednak dopadają mnie owe szybko zmieniające się obrazy wywołane zdarzeniem, sytuacją, czyimś słowem – jestem wobec nich bezbronny. „Dlaczego nie miałoby być wojny?". To pytanie wyzwalało we mnie strach. Czułem, że jestem osaczony i nie ma żadnego wyjścia. Usłyszałem wyraźnie wojskowy stukot moich butów i zobaczyłem się w koszarach, do których przez bramy obstawione ludźmi w hełmach idą nieprzerwanym ciągiem cywile. Zupełnie jak podczas święta pułkowego, które widziałem jako malec. Po defiladzie przyciągnięto staroświecki karabin maszynowy ofiarowany armii przez mieszkańców miasta. Był to wysoki gruchot, pamiętający jeszcze pewnie pierwszą wojnę światową, z grubą chłodnicą i lejkowatym garłaczem. W pewnym momencie żołnierz przypadł do karabinu i oddał w powietrze serię. Krąg cywilów pękł nagle i przerażeni ludzie zaczęli uciekać w panice. Oficerowie wyjaśnili jednak ze śmiechem uciekającym, że to była tylko „demonstracja". Wśród dowcipów i pobrzękiwania szabelką zaprowadzono wszystkich do stołów zastawionych na placu ćwiczeń. Obiad smakował wybornie i trwał bardzo długo. Na zakończenie żołnierze, przepasani białymi fartuchami, roznosili wśród pań i dzieci ciastka na olbrzymich blaszanych tacach wyłożonych czystym, białym papierem. „Dzień ów – jak pisała miejscowa gazeta – w pamięci uczestniczących w nim osobistości miasta pozostawił niezatarte wrażenie".

Poczułem na ramieniu czyjąś dłoń.

– Dlaczego do nas nie piszesz? Potrzebujemy reportaży.

Obok stał redaktor miejscowego dziennika. Byłem zdziwiony, skąd przyszła mu do głowy ta propozycja. „Jestem przecież dziennikarzem" – pomyślałem i zdumienie moje powiększyło się jeszcze bardziej. Nie mając pieniędzy, z powodów dla mnie niezrozumiałych w tej chwili, nigdy dotąd nie sprzedawałem swoich umiejętności zawodowych. Odpowiedziałem:

– Doskonale, żeśmy się spotkali. Byłem bardzo zajęty, ale teraz...

– Dobrze zapłacę. Zaczynamy nową ofensywę, trzeba więc jak najwięcej piór. Przyjdź do mnie jutro.

– Tak – odparłem i podałem mu dłoń. Słowo „ofensywa" nie wydawało mi się najszczęśliwsze, ale nie chciałem zaczynać wywodów, aby nie zaplątać się jak wobec dyrektora. Przez chwilę obserwowałem jego mocowanie z drzwiami samochodu.

Kiedy ruszył, pomyślałem: „Gdyby zaszła konieczność, nie mógłbym nawet wziąć taksówki. Świat z pozycji wiecznego piechura czasem bywa straszny. Jestem nędzarzem. Trzeba się zabrać do pracy".

Ściemniało się. Tłum wypełniający chodniki stał się mniej dokuczliwy, nie dostrzegałem sytych, zadowolonych twarzy, które budziły we mnie chęć posiadania solidnego karabinu maszynowego. Byłem głodny, ale lokale były dla mnie zamknięte. Przystanąłem na chwilę przy aptece. Przez szybę widać było ludzi stojących w kolejce do kasy. Pomyślałem z żalem o pustej kieszeni. Kilkanaście złotych wystarczyłoby na kupno jakiegoś środka, który by mnie zamroczył. Pragnąłem wymazać z pamięci bodaj kilka dni, skrócić czas wlokący się z beznadziejną powolnością. Zmusiłem się, aby oderwać wzrok od szyby.

– O, jesteś! – wykrzyknął ktoś.

Spojrzałem. Przede mną stali dawni koledzy uniwersyteccy.

– Myśleliśmy, że przyjdziesz na zjazd. Każdy z nas jechał wiele kilometrów, a dla ciebie to przecież tylko przejść kilka ulic.

Miałem zamiar zapytać, o jaki zjazd chodzi.

– Byłem zajęty. Zapomniałem. Bardzo żałuję. – Z udaną radością postąpiłem ku nim. – Ach, co za spotkanie. Musimy koniecznie porozmawiać, upłynęło trochę lat...

Poczułem paraliżujący mnie strach. Nie miałem ochoty na żadne spotkania z dawnymi kolegami. Nie chciałem sobie psuć wspomnień oglądaniem wyłysiałych i postarzałych ludzi. Nie widziałem żadnego powodu, aby przypominać sobie „stare lata". Na samą myśl o okrzykach: „Jak się masz, stary byku", „Ale utyłeś", „Jesteś tak samo cudowna jak dawniej",

„O, macie już troje dzieci" – nie mogłem powstrzymać obrzydzenia. Mimo wszystko mam jeszcze dość zdrowego rozsądku, aby nie udawać, że te rwące się dialogi lub wybuchające co chwilę minuty milczenia i zażenowania to „dawne dobre czasy". Najlepiej byłoby wymówić się chorobą lub koniecznością nagłego wyjazdu. Ostatecznie mógłbym także udać wariata. Nie potrafiłem jednak sklecić nawet porządnego zdania. Powtarzałem tylko w kółko: „Tyle lat... Tyle lat...".

– Masz świetną okazję, aby się zrehabilitować. Dzisiaj moje urodziny.

„O Boże" – pomyślałem, ale w tym momencie dopiero uświadomiłem sobie, że rozpoznaję głos Anny.

– Bardzo mi przykro. Nie mam w tej chwili ani grosza. Wypłata dopiero...

Anna wykrzyknęła: „Dobrze, dobrze", i chwytając mnie pod rękę, pociągnęła za sobą. Ruszyliśmy w kierunku śródmieścia. Było mi już wszystko jedno. Patrząc na idącą obok kobietę, starałem się odnaleźć w niej ślady dawnej Anny. Porządkując papiery, wielokrotnie w ciągu tych lat wyciągałem nagle spomiędzy szpargałów zdjęcie, które zrobiliśmy sobie na ostatnim spacerze. Stała tam oparta łokciem o poręcz mostka, w białej sukience, w płaszczu narzuconym na ramiona. Nad jej głową zwisały gałęzie wierzby, tworząc jakby olbrzymią czuprynę. Uśmiechała się. I chociaż był to najbanalniejszy uśmiech – topniałem wobec niego. Zapragnąłem teraz za wszelką cenę wywołać w niej ten uśmiech, odnaleźć coś, co pozwoliłoby nam przeskoczyć wszystkie te lata, które każde z nas przeżyło po swojemu i na własną rękę. Ona jednak szła zamyślona, milcząca. To było w niej nowe. „Być może – pomyślałem nagle

– dawniej kochałem ją właśnie za to, że tak rzadko bywała milcząca i zamyślona?".

– Chciałabym z tobą porozmawiać – powiedziała, gdy wchodziliśmy do lokalu. – Z tobą samym.

Przeprosiliśmy naszych towarzyszy.

– Zaraz wrócimy – powiedziałem jednemu z nich na ucho. – Zajmijcie stolik.

Mrugnął do mnie porozumiewawczo. Poszliśmy z Anną do baru. Niemal wszystkie krzesła barowe były jeszcze puste. Nocny program dopiero się zaczynał.

Siedziała naprzeciw mnie i nagle zobaczyłem pod jej oczami zmarszczki. Pomyślałem: „Stara kobieta". Ogarnęły mnie żal i przerażenie. Te zmarszczki były nie tylko świadectwem wielkiej miłości, w której się spalała, uświadomiły mi one również po raz pierwszy, jak bardzo ja sam musiałem się zmienić w ciągu tych lat. Wielokrotnie próbowałem sobie odpowiedzieć na pytanie: dlaczego mam tak bardzo zszarpane nerwy? Jedna z odpowiedzi siedziała obok mnie we własnej osobie. Ta jedna sekunda obaliła we mnie niezłomne dotąd przekonanie, że byłem, jestem i pozostanę taki sam.

Kiedyś, gdy jeszcze kochaliśmy się, mówiłem jej: „Za nic nie chciałbym dożyć momentu twojego starzenia się". I oczywiście – żyję. Próbowałem sobie stworzyć nowy mit jej urody, ale wciąż przychwytywałem się na tym, że potrafię myśleć tylko o niej wczorajszej. W pewnym momencie miałem ochotę zmusić ją, aby dała sobie natychmiast zrobić milion zdjęć. Chciałem je nosić ze sobą, tłumaczyć wszystkim: „Ta pani, która obok was siedzi, to nie jest Anna. Ona jest tutaj, na tym papierze". Zamiast tego milczałem, słuchając jej monologu.

„Czyżby doszło już do tego – pomyślałem w pewnym momencie – że Anna zaczyna przenosić się z życia na papier?". Czułem, że rodzi się we mnie potwór; zniszczyłbym ten świat. Jeżeli uroda Anny nie jest prawdą trwałą, cóż wart jest cały świat? Jest wielkim kłamstwem. Popadałem w coraz większe uniesienie. Jeżeli uroda Anny nie jest prawdą, po co ma istnieć świat? Ona ma przecież dopiero dwadzieścia kilka lat, a już – czuję to – zaczęła się kurczyć, schnąć. Będzie coraz bardziej melancholijnym wspomnieniem kobiety. To, do czego dążyliśmy wytrwale oboje, okazało się ponad nasze siły. Ponieśliśmy klęskę. Do czego jednak dążyliśmy? Zapomniałem.

Gwałtownie starałem się odnaleźć w sobie zdrobnienia – cały ten słownik, którym żyliśmy kiedyś. Mimo wysiłków i naprawdę szczerej woli nie potrafiłem jednak odnaleźć niczego. Zostały tylko puste nazwy: wymarłe schroniska wspomnień. Nie wiedziałem, co jej powiedzieć, nie potrafiłem zebrać myśli. Może byłem już pijany? Gładziłem ją machinalnie po dłoniach. Anna widocznie także wolała milczeć. Przyglądaliśmy się sobie jak wtedy, owego letniego dnia. Próbowałem doszukać się tamtych jej rysów. Były mi potrzebne jak nigdy. Jej oczy jednak były wyblakłe, bez wyrazu, smutne. Nakryła mi dłoń swoją dłonią i zobaczyłem, jak zaświeciły ku mnie dwa maleńkie światełka tych oczu.

– Nawet nie interesuje cię, co działo się ze mną? Przecież kochałeś się we mnie? – Zaśmiała się nagle swoim wysokim, histerycznym głosem, który zawsze mnie drażnił, gdyż nigdy nie potrafiłem dociec, co on wyraża. Spojrzałem na twarz Anny. Znów była taka sama jak przed chwilą – zmieniona. Powiedziałem coś. Dotknięcie jej dłoni było to samo co dawniej,

71

gdy leżeliśmy w zagajniku za miastem albo gdy powiedziała w nocy: „Boję się". Nie potrafiłem zapanować nad sobą. Podniosłem jej dłoń do ust. Poczułem, jak przez ciało przebiega mi fala tkliwej radości.

– Kiedy byłem małym chłopcem – podjąłem po chwili, czując, że powiem coś nie na miejscu – zawsze marzyłem, najczęściej wieczorami przed zaśnięciem, że moją żoną będzie najpiękniejsza kobieta. Widziałem nawet zupełnie wyraźnie jej olśniewającą urodę i ten specjalny chód, prowokujący do tego, aby się za nią oglądać. Nie wiem jednak, dlaczego jej twarz była zwykle twarzą jednej z tych kobiet, które spotykałem często na ulicach mojego miasteczka i które, jak później miałem okazję wielokrotnie sprawdzić, były po prostu wstrętnymi zwyczajnymi kurwami.

– Co chcesz przez to powiedzieć?

– Ach, ty zawsze chciałaś mieć od razu sens na dłoni – wyjaśniłem, czując do siebie wstręt za niezręczne odezwanie się. – Zwyczajna anegdotka. Może kiedyś dorobię do niej pointę.

– Czujesz się nieszczęśliwy?

– Dlaczego od razu nieszczęśliwy? Co to jest szczęście?

– Nie to miałam na myśli. Były takie dni, kiedy starałam się wyobrazić sobie dokładnie, co robisz, jak wyglądasz. Nie wiem, kiedy to się zaczęło. Wymyślałam na ten temat całe historie. Wreszcie zmieniło się to w pragnienie zobaczenia ciebie. Teraz już wiem, cokolwiek się stanie, nie potrafię już wrócić do niego. Nie wrócę. Myśl, że on mógłby teraz znaleźć się razem ze mną w łóżku, przeraża mnie, czuję obrzydzenie.

– Zawsze mówiłaś o sensie życia. Mówiłaś, że chodzi tylko o to, aby sprostać drugiemu człowiekowi. Oponowałem wówczas:

a naiwność, a głupota, a zły charakter, a wszystkie wady tego człowieka, a jego zalety, które stają się po pewnym czasie wadami? Byłaś pewna. Odpowiadałaś: „Może chodzi właśnie o to, aby mimo to sprostać drugiemu człowiekowi?". Milkłem, nie wiedząc wówczas, czy wierzyć sobie samemu, czy tobie.

– „Jestem szczęśliwa". Ileż razy wymawiałam to zdanie. Powtarzane wielokrotnie zagubiło po drodze swoją treść. Dzisiaj jest już dla mnie zupełnie puste, wypalone. Na początku, najdalej jak tylko jestem w stanie cofnąć się pamięcią, wierzyłam, że ono jest możliwe do zrealizowania, że właśnie ja jestem stworzona do tego, aby poznać ten upragniony stan. Potem czekałam. Wciąż czekałam, nie mogłam się doczekać, kiedy nadejdzie następny dzień i utwierdzi mnie w przekonaniu, że nie myliłam się. Pewnego dnia zastąpiło je pytanie: „A więc tak wygląda szczęście, o którym marzyłam?".

Kiedy podniosłem nieco oczy, zobaczyłem w przeraźliwym blasku lampy barowej złożone swobodnie dłonie Anny. Koniuszki jej palców drżały. Nie mogłem oderwać od nich oczu, chociaż wiedziałem, że Anna zaraz zacznie je poskramiać, że za chwilę odbierze im nawet ten ledwie dostrzegalny ruch. Przymknąłem oczy. Wiedziałem, że gdybym teraz podniósł nagle głowę, zobaczyłbym, jak łzy uciekają jej w głąb oczu, jak na twarzy pojawia się bolesny grymas opanowania. Trwałoby to jednak bardzo krótko, po czym Anna obdarowałaby mnie jednym ze swoich uśmiechów, które zapadają na długo w pamięć, gdyż są podobne do płaczu dziecka.

Całą siłą woli powstrzymywałem swoją głowę od nierozważnych gestów. Tkwiłem obok niej, obok wielkiego ogniska miłości, obok ściany płaczu – zimny, milczący. Trwało to chwilę. Po czym z jej słów coraz jaśniej odkrywała się przed moimi oczami jego postać. To przez niego te łzy, ta rozpacz, to cierpienie i ten niepokój.

– Nie wytrzymam dłużej – powiedziała.

Nie mogła pogodzić się ze śmiercią wielkiego uczucia, którym dotąd żyła. Może chciała usłyszeć ode mnie zaprzeczenie, że to niemożliwe? Wiedziałem, że dokonuje się w niej owa straszliwa amortyzacja serca i poza nim nie było w niej w tej chwili nic. Ręce, ciało, twarz, jej piękna twarz, stały się nieważnym dodatkiem, potrzebnym tylko po to, aby odczuwać przejmujący ból. Nie miałem odwagi spojrzeć, czy jeszcze żyje.

Milczałem. Byłem przekonany, że Anna przeżywa teraz w tej pustce i ciszy wszystkie mutacje swoich cierpień miłosnych, że przesuwają się one przed jej oczami bezszelestnie, bezwymiarowo jak duchy. Wydawało mi się, że słyszę w niej ten krzyk, który rozlega się w człowieku, gdy cierpi. Krzyk milczenia. Krzyk, gdy mamy zagipsowane usta, kiedy wargi nasze są zaciśnięte, nieruchome, a przecież krzyczymy. Ludzie mówią wtedy: „jak milczy" – a w nas rozlega się to nieludzkie wycie, ten ryk katowanego człowieka, który tylko my sami w sobie słyszymy. Potem przychodzi jeszcze gorszy stopień cierpień. Możemy wtedy „uśmiechać się", „żyć normalnie", „rozmawiać z ożywieniem", „planować spokojnie naprzód", „interesować się życiem" – ale wszystko to jest pozorem, nie ma najmniejszego znaczenia.

Milczałem, wiedząc doskonale, że cokolwiek powiem, cokolwiek zrobię, i tak będę stał z pustymi rękami. Jej milczenie było milczeniem, gdy ścigały nas wszystkie spojrzenia, wszystkie pocałunki, to, co myśleliśmy i czuli, jedno zobaczenie, jeden zapach, smak, szept – ale my nie możemy tego dotknąć. Broniąc się wewnętrznie, depczemy po tym podkutymi butami, chodzimy z młotkiem i obtłukujemy skrzydełka wszystkim tym chwilom. Jeżeli istnieje piekło – pomyślałem – to tylko tak może wyglądać.

Przypomniałem sobie to czyste wrześniowe popołudnie, kiedy odprowadzałem ją na stację. Tak czyste i spokojne, że przywodziło na myśl przypuszczenie, że świat zatrzymał się w swym biegu, pogrążył w wody, dosięgnął dna. Anna była niezwykle smutna. Nieobecna. Myślałem, że to dlatego, że przez pewien czas nie będziemy się widzieli, tymczasem ona wiedziała już, że odjeżdża na zawsze do niego. Drażniła mnie jej nieobecność, gdyż nie miałem gdzie podziać się ze swoim żalem i przerażeniem.

– Będę pisała listy – powiedziała.

Nie odpowiedziałem jej. W jej twarzy dostrzegłem pomieszane: rozbawienie i niepokój. Nie było już jednak czasu na długie rozmowy. Zresztą przez cały dzień niemal nie odezwaliśmy się do siebie słowem. Wyszukałem jej odpowiednie miejsce, po czym odprowadziła mnie do drzwi. Nie chciałem już, żebyśmy powiedzieli jakiekolwiek słowo. Każde musiało być złe, musiało kłamać, mogło wywołać sprzeczkę. Nagle stojąc tak, poczułem, że jest ona moim jedynym bliskim człowiekiem. Nie powiedziałem jej o tym. Chwyciłem tylko nagle jej dłoń, zbliżyłem do ust i zbiegłem szybko po schodkach. Odgradzało nas całodzienne milczenie. Nim pociąg ruszył, staliśmy jeszcze chwilę naprzeciw siebie zawstydzeni, obcy. Po powrocie, chodząc po pokoju, czułem się intruzem. Zostawiła tutaj c i s z ę. Chodziłem po pustym pokoju, nie mogłem sobie znaleźć miejsca, nie opuszczało mnie

75

wrażenie, że jestem złodziejem i kradnę wszystko to, co tylko do niej należy.

Albo ten dzień, gdy wyszedłem wcześnie rano, aby odebrać bieliznę od praczki. Zostawiłem Annę jeszcze śpiącą. Praczka, a raczej moja dawna gospodyni, leżała jeszcze w łóżku. Obok niej wódka i całe towarzystwo weselne usadowione na krzesłach. Zmusili mnie do wypicia. Nie wypadało odmówić. Byłem na czczo. Potem podano bigos, barszcz i znowu wódkę. W kącie stała cała skrzynka spirytusu. W rezultacie koło południa z powrotem nadawałem się do łóżka. Kiedy jednak pokazano mi pannę młodą, natychmiast wytrzeźwiałem. Drobna, kobieca, o ostrych rysach wiejskich dziewcząt, cicha. Zobaczyłem natychmiast oczami wyobraźni jej przyszłość, przyszłość potulnego robota. Wiedziałem, że urodzi dzieci, wyleje sporo łez z powodu pijaństwa męża, tryb życia i warunki zabiją ich miłość w krótkim czasie, ale do końca życia będą – oczywiście – stanowić parę pogodzonych z losem, uwiązanych do wspólnego dyszla koni. Wziąłem taksówkę, aby jak najprędzej znaleźć się przy Annie. Chciałem natychmiast sprawdzić, że ona jest inna, że jej los będzie inny.

– Anno, byliśmy maksymalistami – powiedziałem. – Maksymaliści zaś w życiu z reguły przegrywają.

Spojrzała na mnie ze spokojem. Był to jednak spokój, który przeraża.

– Najważniejszym nawykiem – ciągnąłem po chwili – jaki trzeba zdobyć w ciągu życia, jest pogodzenie się ze zmiennością wszystkiego. W życiu tylko zmienność się liczy, ma sens. Nic nie jest nam dane na dłużej, wciąż się dźwigamy i upadamy, wciąż się witamy i żegnamy, i jeżeli tego wszystkiego nie można

76

przy sobie zatrzymać, należy zdobyć przynajmniej umiejętność niebuntowania się przeciw nietrwałości, zmienności. Pamiętasz to zdanie, które kiedyś nas śmieszyło? „Wszystko jest najlepsze na tym najlepszym ze światów". To prawda. Jedynym policzkiem, jaki potrafimy wymierzyć przeciwnościom, jest to, że przetrwaliśmy je, że nie daliśmy się im złamać, że istniejemy. Życie pragnie nas unicestwić, ale my oddajemy mu najcięższy cios – istniejąc. Mimo wszystko istniejąc. Dokąd starcza nam sił i cierpliwości do tej ustawicznej szamotaniny – dotąd zwyciężamy. Wyobraź sobie zabójcę, który na następny dzień po morderstwie, w którego rzeczywistość nie ma powodu wątpić – spotyka nagle na ulicy w południe swoją ofiarę?

Zresztą chodzi nie tylko o wytrwałość. To jest przecież obowiązek elementarny człowieka i jedyna jego obrona przed złem. Jeżeli wierzymy, że człowiek zawsze jest samotny, wynika stąd tylko tyle, że za wszystko, co chce wydrzeć życiu, przyrodzie, ludziom – musi płacić. Wysiłkiem, wyrzeczeniem, cierpieniem.

Zauważyłem, że Anna jakby się przygarbiła. Rodziło się w niej coś, czego nie potrafiłem jeszcze określić, ale co budziło we mnie przerażenie. Z cierpień rodzą się albo anioły, albo szatany, co zresztą na jedno wychodzi, gdyż zarówno nadmierna dobroć, jak i nadmierne zło powstają z kompleksów. Odwróciła twarz w moim kierunku.

– Ja nie chcę już miłości, chcę spokoju. Wstąpię do klasztoru. Ludzie są zwierzętami. On nawet tutaj przeraża mnie swoim erotyzmem.

Rósł we mnie lęk o Annę. Miała głos człowieka w gorączce. Początkowo sądziłem, że jakoś mogę jej pomóc. Teraz zdałem sobie sprawę, że jestem tylko bezradny. Jak zawsze jest bezradny człowiek wobec człowieka. Jestem tylko świadkiem jej cierpienia. Świadków zaś zawsze, prędzej czy później, likwiduje się. Wiedziałem już, że musi przyjść dzień, gdy zacznie jej to ciążyć, gdy zacznie mnie nienawidzić za to, że byłem tylko świadkiem jej cierpień, że nie dzieliłem z nią wszystkiego, co przeżyła. Moje największe nawet zmartwienia, współczucie, lęki – to tylko blade odbicia blasku ognia, który ją spalił.

Zrozumiałem, że miłość Anny to nieustający wysiłek wymyślania sobie mitu. Dopóki twór wyobraźni jest dostatecznie silny, aby przysłonić życie, dotąd wydaje się jej, że trafiła na ideał. Tymczasem miłość, wbrew temu, co sądzi się powszechnie, nie polega na zbliżeniu, ale przede wszystkim na umiejętności zachowania dystansu. Mieści się na wąskiej kładce między uwielbieniem a poufałością, jest walką między nienasyceniem a nudą. Może być tylko różnicą, nigdy sumą. Miłość trwa, dopóki trwa ustawiczne napięcie. A iluż potrafi je wytrzymać na dłuższą metę? Gdy jedna ze stron ulegnie na dłużej lub gdy jedna zbyt podporządkuje sobie drugą, gdy wreszcie obie obrosną tłuszczem przyzwyczajeń, lenistwa, egoizmu, gdy więc, zamiast podkreślać swoją odrębność, usiłują utrzymać fikcję jedności – katastrofa jest nieunikniona. Każdy dzień jest wtedy budowniczym ruin. Ci, którzy tego nie rozumieją, pewnego dnia stają wobec życia bezradni i pełni pretensji. Przyszłość jest bezlitosna, ponieważ jest tendencyjna. Tak jak my jesteśmy tendencyjni w swoim egoizmie wobec teraźniejszości. Wzajemna tolerancja to treść tak zwanych idealnych małżeństw. Dla Anny jest to nie do przyjęcia.

Kiedyś Anna mówiła mi, że chciałaby, aby istniał Bóg, aby mogła wierzyć. Cóż z tego, odpowiedziałem jej wtedy, skoro życie i tak byłoby nadal małym płaskim życiem z planami na wyciągnięcie ręki i ambicyjkami sięgającymi do ramion. Wierzę, a więc jestem bierny wobec biegu wypadków. Co za głupi mit, na który daliśmy się nabrać.

Spojrzałem na Annę. Przemknęło mi przez myśl: „Coś się w niej rozluźniło".

– Ja nie chcę jego miłości – powtarzała – brzydzę się go. Jestem zmęczona, nie mam już sił na „dalej", na „spróbujmy wszystko od początku". Chcę trochę spokoju, odpoczynku.

Byłem zbyt zmęczony, aby powiedzieć coś ponad głupie pocieszenie. Doszedłem do wniosku, że może istotnie pomaga jej podzielenie się ze mną tym wszystkim, co przeżywa. Czy mogę zrobić coś więcej? To taka głupia rola „przejmować się". Prawdę mówiąc, staram się przejmować, bo przejmować się naprawdę znaczyłoby umrzeć. Ale śmierć nie przychodzi do nas tak łatwo. Jesteśmy zbyt mocnym klejem przyklejeni do życia. Czyha ono na nas za każdym węgłem.

– Pamiętam dokładnie, kiedy to się zaczęło. W dwa lata po ślubie. Nie mogłam zasnąć w nocy. Zbudziłam go. „Jest mi bardzo smutno", powiedziałam. Gdybyś widział go, jak się zerwał: „Budzisz mnie dla takiego głupstwa! – krzyczał na cały dom. – Co ty masz w głowie, powiedz, co ty masz w głowie! Nie wiesz, że wstaję wcześnie, muszę zarabiać na dom?". Dopiero po chwili opamiętał się, zaczął mnie gładzić po głowie: „No, spróbuj zasnąć – mówił. – Zmuś się". Nie słuchałam go. Nie interesowało mnie już, co ma mi do powiedzenia. Wiedziałam tylko, że nigdy więcej już go nie zbudzę, nawet gdybym umierała, nie potrafię powiedzieć mu nic, co wydaje mi się istotne. Zrozumiałam, że jestem samotna. Zobaczyłam także, jak smutne są nasze noce, jak monotonne nasze wieczory. Zaczęłam nienawidzić nocy.

– Chyba nie chcesz powiedzieć, że to jest główny powód twojego rozczarowania?

– Och, potem wierzyłam znów w niego i znów przestawałam wierzyć. To oczywiste. Chciałam ci powiedzieć o czym innym. Wkrótce potem ogarnęło mnie pragnienie świtu. Zaczęłam marzyć, aby móc przeżyć jeszcze jeden świt. Świt, podczas którego nie czuje się minionej nocy, o którym marzymy, aby trwał jeszcze, jak najdłużej. Świt, jaki znają tylko ludzie bardzo młodzi albo bardzo się kochający.

Czułem się jak przestępca. Nie nadaję się na powiernika. Jestem nieuczciwy w stosunku do Anny – przemknęło mi przez myśl – pozwalając jej z dobrą wiarą dzielić się ze mną swoim cierpieniem. Być powiernikiem, decydować się na to z pełną odpowiedzialnością, to znaczy znać wyjście. Moje słowa są tylko słowami, gesty już tylko gestami. Pomóc jej mógłby tylko ten, kto ją kocha i kogo by ona kochała. Ja nadaję się do tego najmniej, gdyż już jej nie kocham.

Wiedziałem, że aby zachować miłość Anny, należałoby ją codziennie zdobywać, codziennie odkrywać na nowo. Ilekroć spojrzałem na jej twarz, oczy, ciało – stwierdzałem, że są inne, nowe, niepowtarzalne. Miłość do niej wymagała stałego napięcia, ustawicznego zaangażowania, stałej inicjatywy i pomysłowości. Byłem zbyt doświadczony, a więc skromny, abym mógł przypuszczać, że potrafię podołać temu. Miłość istnieje tylko w sercach kobiet, tylko one kochają, my zarażamy się od nich tą chorobą. Jeżeli miłość zostanie wypędzona z ich serc, przestają istnieć.

Wiedziałem, że gdybym pewnego dnia przekonał się podobnie jak jej mąż, że ona to nie tylko ciało, całą swoją energię sprowadziłbym do tego, aby zmusić ją, by była tylko ciałem. W dniu tym zamek z powietrza zmieniłby się znów w zabytkowe ruiny. Byłem zbyt do niej przywiązany, aby na to pozwolić. Mężczyźni zbyt są zajęci sobą, zbyt kochają siebie, swoje ambicje i zainteresowania życiowe, swoje przekonanie, że są pępkiem świata, aby mogli interesować się u kobiet czymś więcej niż ciałem. Nawet gdy są prymitywniejsi w porównaniu z partnerką – życie duchowe stwarzają sobie sami i nie potrzebują tutaj ofiarodawców.

Potrafiłem sobie wyobrazić ich małżeństwo. On czekał już tylko uznania u innych, tylko ono było już dla niego miernikiem jej wartości. Jak wszyscy młodzi ludzie zaczęli miłość jako maksymaliści. W życiu zaś zarówno wzniośli maksymaliści, jak i tępi minimaliści – przegrywają. Z hasłami „nigdy" i „na zawsze" dojść można tylko do pustki. Anna wyczuwała to pewnie i zaczęła instynktownie szukać wyjścia. Może stawia na uczucie wdzięczności za ofiarę? Tego się jeszcze nikt nie doczekał. Czyżby nie przewidywała, że istnieje takie zabrnięcie w samotność, że powrót jest już niemożliwy? Oczywiście nie wie, że ja tylko rozgrzewam się, ale jej już nie kocham, przyjmuję jej jałmużnę, ale nawet nie przyjdzie mi do głowy – a tak było dawniej – samemu wyciągnąć rękę. Mężczyzna dąży do posiadania kobiety po to, aby mieć kim pogardzać, mieć nad kim panować. Dlatego zawsze gotów jest grać przed nią miłość. Tylko dzięki temu bowiem zdobywa dywidendy, które będzie mógł odbierać w momentach samotności.

Czy położenie się obok mnie można by uczciwie nazwać wyjściem? Nigdy. Nie miałem sił, aby budować w niej ów wspaniały gmach „na zawsze" i po jakimś czasie przyglądać się malowniczym ruinom. Zobaczyłem też zakończenie tej historii. Będzie się o nas mówiło: „Dawni dobrzy znajomi". „Właściwie głupia, banalna historia, jakich na świecie zdarza się milion" – pomyślałem. Poczułem nagłe pragnienie samotności i spokoju. Samotności, w której liczy się tylko z sobą i na siebie.

Zaczęto nawoływać nas do stolika.

– Chodźmy – powiedziała Anna. – Oni pewnie się już nudzą. Chciałabym jeszcze z tobą porozmawiać swobodnie. Mam ci coś do powiedzenia.

– Tak – odparłem. Pomogłem jej zejść ze stołka barowego. Idąc przez salę, chwiała się lekko. Pewnie była zmęczona jazdą, obradami, wódką.

Wypiliśmy tego wieczoru bardzo dużo. Nagle znalazłem się w lokalu zupełnie innym. Powoli otwierałem oczy. Przy stoliku panowało ożywienie. Bałem się ruszyć, nie wiedząc, czy spałem, czy też było to po prostu chwilowe zamroczenie. Poczułem wstyd. Z wolna przypominałem sobie wędrówki po lokalach, strzępy rozmów. Musiało już być późno. Nie miałem pojęcia, jak i kiedy przyszliśmy tutaj.

Zauważyłem Annę wśród tańczących. Ponure światło, spływające ze ścian pokrytych malowidłami, było nie do zniesienia. Wypiłem szklankę wody mineralnej i to otrzeźwiło mnie nieco. Czułem rozpływające się po ciele miłe ciepło i łaskoczący niepokój. Był to jednak niepokój wzmagający pewność siebie. Przysunąłem w swoim kierunku talerz. Tańczący zaczęli się rozchodzić. Przez moment wydawało mi się, że Anna nie ma zamiaru wrócić do naszego stolika, ale po chwili zobaczyłem ją znowu, wynurzającą się z tłumu. Zacząłem powoli jeść. Przez ogromne serce wycięte w ścianie półpiętra widać było siedzących przy barze. Dochodziły krzyki przerywane co chwilę gwałtownymi wybuchami śmiechu.

Orkiestra miała przerwę. Wygaszono światła i lokal sprawiał wrażenie pokoju po wyjściu gości. Przy sąsiednim stoliku siedzieli dwaj mężczyźni. Młodszy w skromnej wiatrówce, zupełnie pijany, oparł głowę na zgiętej ręce, dłonią drugiej obejmował kieliszek. Obserwowałem ich z pewnym zainteresowaniem. Na salę wszedł dyrektor. Chciałem się podnieść, ale poczułem na swojej dłoni dłoń Anny. Przypomniało mi to pewien wieczór sprzed kilku lat. Tak dokładnie, że poczułem na twarzy lekki podmuch wiatru, usłyszałem odgłosy zasypiającego miasta, a nawet zobaczyłem wyraźnie twarze przechodniów, których mijaliśmy wtedy. Nie potrafiłem się opanować i podniosłem jej dłoń do ust. Anna, nie przestając mnie gładzić, uśmiechnęła się. Zobaczyłem jej zmienioną, pełniejszą twarz i oczy, które wydały mi się znów puste.

– Nie tańczyliśmy dzisiaj – powiedziała.

– Tak – odparłem.

– Nie wracajmy już do nich – powiedziała na parkiecie. – Są pijani i nudni. Skończyła się zabawa.

Skinąłem głową. Było mi wszystko jedno. Na ulicy szła przez chwilę przede mną. Stwierdziłem, że zmiany, które w niej nastąpiły, sprawiają mi przyjemność. Proponowała, żebyśmy poszli do niej, do hotelu. Ponieważ rozmowa z portierem nie dała rezultatów, wkrótce znaleźliśmy się z powrotem na ulicy.

83

– Nie wiem nawet, gdzie mieszkasz – powiedziała i uderzyła mnie nagle w pierś otwartą dłonią. Była jednak bardziej pijana, niż przypuszczałem. Oparła się plecami o ścianę kamienicy.

– Jaka ja jestem strasznie głupia, prawda? – wykrzyknęła gwałtownie, po czym zaniosła się wysokim, histerycznym śmiechem.

3 Obudziło mnie dokuczliwe zimno. Widocznie się odkryłem. Po ścianie przebiegł jaskrawy promień światła i zatrzymał się w miejscu. Od razu zrobiło się jasno. Anna miała minę skupioną, jakby rozmyślała nad jakimś niezwykle skomplikowanym problemem. Zza okna dobiegł ogłuszający ryk, po chwili zaś usłyszałem brzęczenie, jakby ktoś po dziedzińcu pobliskich koszar biegał, potrząsając łańcuchami. Widocznie przeglądano silniki czołgów po powrocie z poligonu i defiladzie. Pocałowałem Annę w czoło i wysunąłem nogi spod kołdry. Stanąłem przy oknie.

Gdy obejrzałem się za siebie, Anna leżała nadal spokojnie, słyszałem jej oddech. Stanął mi przed oczami cały miniony wieczór. Wędrówka po lokalach. Nagłe wyjście bez pożegnania z tamtymi. „Jak ona się tutaj znalazła? – pytałem siebie. – Przecież nie miałem jej zamiaru sprowadzać. Po tylu latach? Po co?". Nie potrzebowałem jej już wcale. A może to nieprawda. Może jej potrzebowałem? Jednak wspólne przeżycia z lat studenckich zbliżyły nas bardzo. Nie umiem powiedzieć, ile w tym było pierwszego naiwnego uczucia, a ile szczerości rzeczywistej. Lubiłem jej spokój i umiejętność cieszenia się każdą chwilą życia, lubiłem patrzeć, gdy nagle podnosiła głowę, mrużyła oczy, wpadała w zamyślenie, lubiłem jej gwałtowne, niespodziewane pocałunki. Czy można jednak żyć dłużej z kimś, jeżeli jedyną treścią tego życia są chwile, wprawdzie upragnione i doskonale zapełniające czas, pozwalające zapomnieć o wszystkim złym, lecz ich trwanie jest za krótkie, aby przytłumić rosnącą w nas pustkę? Na początku zbyt mało znałem życie, abym potrafił odpowiadać sobie na takie pytania. Ostatecznie to ona pewnego dnia wyjechała. Spotkałem ją dopiero wczoraj wieczorem. Jeżeli zobaczyła we mnie opiekuna, to czy można mówić o powrocie uczucia? Czy kiedykolwiek łączyła nas miłość? Pytania. Próby odpowiedzi. Jeszcze raz pytania. Ach, jakie to męczące.

Poznałem ją przypadkowo na ulicy. Szła z kolegą, do którego miałem interes. Nie zwróciłem na nią początkowo uwagi, wydawało mi się, że idą osobno, ale on przedstawił mi ją, a kiedy na chwilę zatrzymała się w sieni, aby coś tam sobie poprawić, i zostaliśmy sami, powiedział: „Zobaczysz, wspaniała dziewczyna". Zupełnie nie podzielałem jego zdania. Nie mogłem rozmowy wyprowadzić z kręgu banalnych, studenckich kłopotów. Drażniło mnie jej uporczywe domaganie się opowiadania kawałów. Z wściekłością przyjąłem więc propozycję odprowadzenia jej do domu. Uważałem ją w tym momencie za skończoną, choć ładną, idiotkę. Potem jednak spotykaliśmy się kilkakrotnie, a nawet byliśmy razem w teatrze i musiałem złagodzić swój pierwszy sąd. Potem można było nawet mówić już o pewnej zażyłości, ale nie myślałem jeszcze o niej w sposób konkretny. Zdawałem wszystko na przypadek. Wcale nie chciałem tego wszystkiego, oczami wyobraźni zobaczyłem tamten wieczór, gdy zdenerwowana, zaczerwieniona od długiego biegu przyszła niespodziewanie do mojego pokoju, usiadła na krześle jakby nigdy nic i pochyliwszy głowę, zaczęła płakać. Zobaczyłem wtedy jej

dziecinnie wykrzywioną twarz i zrobiło mi się jej żal. Z trudem
ją uspokoiłem. Zakomunikowała krótko:

– Zgubiłam wieczne pióro, szminkę do ust i chusteczkę.

Rozpłakała się na nowo. Pokręciłem się bezradnie po pokoju
i wyszedłem zaparzyć kawę. Zaledwie znalazłem się sam, zacząłem marzyć, aby sobie poszła. Zastałem ją leżącą na tapczanie
z głową wtuloną w poduszkę. Płakała.

– Dochodzi jedenasta, zamykają bramę – powiedziałem,
z trudem panując nad wściekłością.

Potrząsała przecząco głową. Po chwili podniosła się na ręce,
rozejrzała zaczerwienionymi oczami po pokoju.

– Boję się. Nigdzie się nie ruszam. – Wybuchnęła nagle: – W nic
już nie wierzę... W nic...

Nie wiedziałem, do czego odnoszą się te słowa. Zacząłem
gwałtownie mówić, chciałem zagłuszyć ogarniające mnie coraz
bardziej onieśmielenie, niepewność, strach. Potem, patrząc Annie
w oczy, czując jej oddech, napięcie ciała – wiedziałem tylko, że
muszę zachować się tak, a nie inaczej. Wmawiałem sobie szereg
nieprawdopodobnych sytuacji, wyszukiwałem wszystkie możliwe okoliczności, pragnąc w gruncie rzeczy szczerze, aby nie być
zmuszonym do natychmiastowej, nieodwołalnej decyzji, aby
nie stanąć twarzą w twarz z próbą. Równocześnie paliła mnie
ciekawość, co nastąpi dalej, jak wygląda to, o czym myślimy,
zrywając się nagle ze snu, chodząc bez celu po mieście, podnosząc głowę znad książki. Wiedziałem jedno na pewno: czułbym
do siebie pogardę przez całe życie, gdybym nie zdecydował się
zrobić tego, co należało. Popędzał mnie strach przed stwierdze-
niem w sobie niezdolności, a mroziła obawa przed śmiechem,
którym Anna może pokwitować moje niedołęstwo.

Milczenie między nami przeciągało się nieznośnie, zaczynało ciążyć. Naprężony wewnętrznie przebiegałem nerwowo w pamięci długie, wstrętnie drobiazgowe opisy podobnych scen. Dotąd jednak były one wolne od owego przykrego uczucia konieczności, które prześladowało mnie, gdy czułem obok bliskość Anny. Zdawałem sobie sprawę, że nie można zwlekać już ani minuty, i ogarniał mnie coraz większy popłoch. Wydawało mi się, że mam za krótkie ręce i nie zdołam objąć dziewczyny. Z trudem powstrzymywałem się, aby nie powiedzieć: „Ależ dziś ciemna noc". Kiedy jednak objąłem ją gwałtownie, nie napotykając oporu, napięcie opadło nagle. Ośmielała mnie coraz bardziej świadomość, że ona drży również, że oboje czekaliśmy na to i każde z nas na swój sposób myślało o tym samym i, być może, oboje byliśmy jednakowo przerażeni i ucieszeni ostatecznym obrotem sprawy.

Potem Anna objęła nagle dłońmi moją twarz, zbliżyła do swojej i szeptała: „Powtórz jeszcze, że mnie kochasz". Poczułem zażenowanie i zniechęcenie. Jej egzaltacja wydała mi się obca. „Więc to wygląda tylko tak?" – pomyślałem. Byłem tylko przytomny. Jedyną radością, jaka pozostała, nie pozwalając ostatecznie poddać się zniechęceniu, był spokój całego ciała, jakiego nie doznałem nigdy. Przyjemne uczucie dokonania. Z przerażeniem, a nawet z uczuciem wewnętrznej krzywdy stwierdziłem, że po tej chwili, trwającej nie dłużej niż wypalenie papierosa, nie czuję do Anny nic. Jest mi zupełnie obca. Nawet przeszkadza w tym, co przeżywam.

Uświadomiłem sobie nagle kłamstwo, jakim były dawne marzenia, aby „być we dwoje". Zrozumiałem także, że źródłem rozdwojenia, jakie czułem od momentu, gdy weszła do mojego

pokoju, była samotność. Dotąd żyłem nadzieją, że ona się skończy, skoro tylko jedna z dziewcząt, z którymi się przyjaźniłem,
będzie moją. W każdej parze, która mijała mnie na ulicy, widziałem dwoje szczęśliwych ludzi. Wracając do domu, myślałem, że nie ma na świecie idiotyczniejszej rzeczy jak samotność.
Marzyłem o spotkaniu takiej dziewczyny, która by mi odpo-
wiadała, z którą byśmy kochali się „jak nikt na świecie" i dla
której byłbym „jedyny i najlepszy", jakiego w życiu spotkała.
Zapraszałem do siebie swoje przyjaciółki. Przychodziły, siadały
na tapczanie, mówiły: „Dawno cię nie widziałam, ukrywasz się
czy co?", albo: „Cieszę się, że cię spotkałam", czasem wymyślały
inne zwroty, ale zawsze były to słowa proste i naturalne. Jednej
czy dwom miałem ochotę powiedzieć o tym. Z mozołem budo-
wałem atmosferę potrzebną – jak mi się zdawało – do tego, aby
móc mówić. Czułem wtedy, jak w pokoju robi się coraz cieplej,
wydawał się coraz większy, rósł w oczach. Byłem pełen goto-
wości i nadziei. Ale ostatecznie rozmowa schodziła na inne tory.
Wreszcie zły na siebie wstawałem i odprowadzałem je do domu.

Przed Anną nie miałem więc żadnej kobiety i to, co określa
się jednym słowem, o czym mówi się lekko, jakby mimochodem,
musiałem przebyć zupełnie sam. Nie mając najmniejszego pojęcia i nie mając nikogo, kto powiedziałby, co trzeba robić. Sam
ze sobą i sam wobec tej dziewczyny leżącej bez ruchu. Poznałem wówczas prawdziwy sens słowa zdobywać. Kiedy można
naprawdę mówić o zdobywaniu kobiety, jeżeli nie w stosunku
do tych twardych dziewcząt, które w pewnym wieku stają się
naszymi ideałami? Potem wszystko się układa, wiemy, czego
należy unikać, jak się zachować. Jesteśmy pewni. W każdym
razie umiemy zachować ostrożność i dystans niezbędne zawsze

*w życiu. Tak, byłem sam wobec tamtej ciemności, wobec każ-
dego gestu, każdego słowa. Żadna chyba kobieta poza Anną nie
może powiedzieć, że ją zdobywałem.*

*Tymczasem ona leżała nadal zupełnie nieznana, sama ze
swoją tajemnicą, której strzegł sen. Wszystko, co nastąpiło niedawno, stało się tylko dlatego, że ona tak chciała. Dlaczego
jednak chciała? Poruszyłem się bezceremonialnie. Usiadła na
tapczanie.*

– Gdzie jestem?

*Mój głos ją uspokoił. Przez chwilę próbowała zasnąć powtór-
nie. Zaczęła jednak kaszleć. Gdy atak minął, odwróciła się do
mnie i sięgnęła po papierosa.*

– Nie powiedziałam ci wczoraj, dlaczego znalazłam się tutaj.
*– Naturalność i swoboda, z jaką to powiedziała, pogłębiły moje
zdenerwowanie.*

– To przecież nieważne. Jest noc.

*Byłem senny i nie miałem ochoty na rozmowę. Poza tym
czułem jakby wstyd za wszystko, co się stało.*

*– Od dzisiaj wszystko jest ważne. Muszę koniecznie powie-
dzieć. I tak nie śpimy.*

Milczałem.

– Nie miałam wcale zamiaru przychodzić.

Milczałem.

*– Naprawdę. Wracałam do domu przez park. W pewnej chwili
poczułam, że ktoś idzie za mną. Obejrzałam się. Zobaczyłam
uśmiechniętą twarz starszego mężczyzny. Usiłował zrównać się
ze mną. Powiedział coś. Zaczęłam biec. Bez przerwy słyszałam
za sobą jego oddech. Kiedy okazało się, że brama parku nie jest
jeszcze zamknięta, sama nie wiem, dlaczego przybiegłam do*

ciebie. *Ty pewnie myślisz, że zwariowałam. Och, żebyś wiedział, jak się bałam, jak strasznie się bałam.*

Rozpłakała się znowu. *Tuląc ją do siebie, broniłem się przed ogarniającą mnie czułością. Wydawało mi się, że wszystko, co powiedziała, wymyśliła przed chwilą. W miarę upływu czasu opuszczały mnie samotność i lęk. Przysuwając gwałtownie jej twarz do swojej, szeptałem zdumiony radośnie: „Więc to tak, więc to tak...".*

Za oknem nie ustawał natrętny krzyk. *W szarej mgle dostrzegłem na gałęzi dotykającej niemal mojego okna kilka gniazd gawronich. Uświadomiłem sobie nagle, że nigdy jeszcze w tym pokoju nie widziałem świtu, że to jest właśnie świt i trzeba go koniecznie pokazać Annie.*

Za oknem ruchliwa noc. Wielokrotnie obserwowałem stąd dziedziniec koszar. Przypomniałem sobie obserwowany przed kilku godzinami powrót naszego garnizonu. Mimo to zaniepokoił mnie ryk silników, od którego lekko drżało okno. Przez ostatnie miesiące, gdy pułk był na poligonie, panował spokój. A teraz zobaczyłem znów żołnierzy objuczonych ekwipunkiem, przebiegających przez plac alarmowy. Nawoływali się w ciemnościach, klęli. Od czasu do czasu rozlegało się głuche dudnienie. Pewnie mechanicy sprawdzali silniki czołgów. Czy stało się coś, czy też postanowiono po prostu starym wojskowym zwyczajem poderwać zmęczonych żołnierzy na nogi? Dla próby. Dla jakiej próby? Starałem się dociec, co jest powodem nagłego alarmu. Niepokój nie mijał. Zawsze bałem się czołgów. Ilekroć widziałem przejeżdżające ulicami naszego miasta, wydawało mi się, że nagle szyk zatrzyma się i żelazne cielska,

90

podskakując jak żaby, zaczną mnie ścigać. Podczas defilad stawałem nieznacznie za plecami tłoczących się na chodnikach ludzi. Nagle pokój stał się jakby mniejszy. Nie było czym oddychać. Równocześnie kołnierz pidżamy – czułem wyraźnie – zaczął się podnosić ku górze, oplatał coraz ciaśniej szyję, dusił. Ogarnęło mnie gwałtowne pragnienie zobaczenia jeszcze drzew w pełnym świetle słonecznym. Wydawało mi się, że w tym zobaczeniu kryje się cały sens mojego życia. Za oknem była jednak ciemna noc.

4 nie pamiętam już czy to było czy się dzieje teraz czy będzie nie pamiętam czy jestem czy byłem albo ktoś inny obserwuje jest refren może uczyłem się jej na pamięć może ją ktoś śpiewał i stąd jej smutek w kółko ten natrętny refren

nastała pora smutku noc czarna jak z sadzy
że i ślepych nie godzi się wypędzać z domu
mocni żyją bezczynnie słabi są przy władzy
król gdy królowa siedzi stoi obok tronu

może to gdzieś czytałem albo ktoś mówił i nauczyłem się na pamięć może rozmawialiśmy wieczorem wtedy przy stoliku nie dojdę więcej słów nie pamiętam kiedyś uczyłem się powtarzać więcej grzechów nie pamiętam

byłem małym chłopcem i zawsze bałem się iść do spowiedzi wydawało mi się że ksiądz nagle wychyli zza kratek głowę popatrzy na mnie groźnie

i zacznie wymieniać najtajniejsze myśli które przychodziły mi czasem do głowy w ciągu dnia o rozbierającej się

91

dziewczynie w krzakach nad rzeką którą widziałem kiedy uciekłem z lekcji bo chciałem dokończyć książkę nie mogłem się doczekać kiedy dowiem się co stało się z bohaterem na bezludnej wyspie wyszedłem więc nagle z klasy i znalazłem się nad rzeką gdzie rozbierała się dziewczyna ach jak to długo trwało strój kąpielowy leżał na ziemi gdy była już w bieliźnie odeszła nagle trochę w bok przykucnęła chwyciła leżący na ziemi kawałek gazety i zaczęła czytać to co robiła wydało mi się obrzydliwe zrobiło mi się nawet niedobrze ale wytrzymałem do końca bo byłem ciekawy co ma pod bielizną jak to wygląda

nigdy tego nie widziałem kiedy się wreszcie rozebrała odwróciła się w moim kierunku pochyliła głowę i pogładziła dłonią brzuch i wtedy zobaczyłem wszystko nagle zrobiło mi się gorąco i nie mogłem się ruszyć z miejsca a ona podniosła głowę zobaczyła mnie spojrzała tak jakoś surowo nie mogłem nawet dokończyć tej książki wciąż myślałem o dziewczynie o jej brzuchu i nagłym spojrzeniu które napełniło mnie przekonaniem że zrobiłem coś złego chociaż to było przyjemne bo wydawało mi się że ciało ma tak piękne

jakiego nigdy jeszcze nie widziałem myśli te zostawiałem sobie zawsze na koniec spowiedzi powtarzałem je za każdym razem nawet kiedy już byłem większy i nigdy nie udało mi się powiedzieć tego dokładniej bąkałem tylko szybko o nieczystych myślach i podglądaniu dziewczyny mówiłem coraz szybciej bojąc się aby ksiądz nie wychylił ku mnie twarzy i nie domagał się szczegółów powtarzałem więc jeszcze prędzej więcej grzechów nie pamiętam i wierzyłem że nie pamiętam a to było kłamstwo kłamałem i byłem okłamywany po prostu wielu grzechów nie umiałem sobie wtedy nawet wyobrazić to głupie nawet nie dotknąłem Anny leży obok już tak dawno zupełnie jakby ona nie była kobietą a ja mężczyzną kiedy ją rozbierałem gdy przyszliśmy tutaj do pokoju zupełnie nie miałem ochoty mogłem przecież zrobić to tysiąc razy ale nie miałem ochoty była pijana nawet nie miałaby siły się bronić zresztą zrobiłaby to po pijanemu przez cały wieczór była przecież podniecona

ułożyłem ją na tapczanie nawet jej nagie ciało nie budziło żadnego zainteresowania robiłem wszystko na zimno ma jeszcze bardzo ładne ciało to mało powiedziane może zresztą tak mi się wydaje kochałem ją kiedyś wszystkie niemal dziewczęta które kochałem na początku wydawały się piękne każda miała jakiś szczegół miejsce minę gest mogłem patrzeć godzinami z zachwytem czułem wzruszenie podpływające do gardła przedmioty zaczynały znikać sprzed oczu jak w tej powieści widziałem tylko to rozbierając dzisiaj Annę nie byłem zupełnie podniecony oczy miała zamknięte i broniąc się rękami powtarzała nie nie jesteś świnią nie chcę więcej tutaj nie przyjdę zobaczysz po co przyniosła ze sobą w torebce jeszcze jedną butelkę kiedy mi ją pokazała w pokoju byłem zły niepotrzebnie się tak spiła co miałem robić jak straciła wreszcie przytomność pchnąłem ją na tapczan

miała głupawy uśmiech kiedy zdejmowałem jej bieliznę nic nie przychodziło mi do głowy pomyślałem tylko jaka ona czysta jak dawniej nie miałem jednak ochoty powtarzałem przecież musisz przyjść do siebie tak cię nie puszczę musisz się przespać wytrzeźwieć wcale nie jestem pijana mówiła co ty mówisz chcesz ze mnie zrobić pijaczkę nie spodziewałam się tego po tobie nie jestem wcale pijaczką chce mi się spać jak zechcę mogę spać tutaj albo gdzie mi się podoba ty nawet nie masz pojęcia jaką jestem kobietą jak się uprę mogę spać nawet w burdelu w burdelu słyszysz jesteś taki sam jak wszyscy po co mnie rozbierasz nie widziałeś nagiej kobiety wykorzystujesz moją słabość zostaw mnie przyłożę tylko głowę do poduszki zaraz wytrzeźwieję muszę wrócić do hotelu mam dość wyjazdów wrócę zaraz do domu położę się w moim łóżku i tak będzie najlepiej

nie było w niej nic kobiecego kiedy ściągałem z niej bieliznę alkohol odebrał jej twarzy całą kobiecość pomyślałem że jej piersi i brzuch z blizną po operacji jej nogi i wszystko należy do kogoś innego że to nie jest Anna tylko ktoś obcy wsunąłem ją więc szybko pod kołdrę i wskoczyłem za nią aby więcej nie patrzeć kobiety nie powinny nigdy pokazywać się mężczyznom w takim stanie to niesmaczne można nabrać obrzydzenia na całe życie była bezwładna a nie bezbronna słaba ale naprawdę słaba a nie słaba tą słabością za którą czuje się siłę młodości albo płci nie budziła czułości tylko współczucie z niesmakiem kładłem się koło niej i byłem nawet niemile zdziwiony gdy nagle obróciła się do mnie objęła mnie obiema rękami przytuliła mocno zdawało mi się że to tylko pusty gest nie czułem nic nie potrafiłem nawet zdobyć się na to aby jej jakoś odpowiedzieć skąd ja wezmę jutro czystą koszulę po co ona tu przyszła na pewno nie zdawała sobie sprawy co robi może myślała że obok leży jej mąż to nie ma sensu nigdy pewnie nie kochałem owszem były chwile ale tylko chwile wtedy w korytarzu przy drzwiach jak ją kochałem wszystko co potocznie nazywa się miłością pozostawiało mnie z uczuciem wewnętrznego

przymusu zawsze potem podejrzewałem że robię to dlatego że
wszyscy tak robią nie chciałem być gorszy ale nie z wewnętrznej potrzeby

ciągnie się to za mną już tyle lat i nie wiem dlaczego tak jest
wciąż niesmak czczość żadnego punktu który by coś zaczynał
co mógł znaczyć ten sen z rybami czy to był sen w każdym razie coś śmiesznego dużo ryb same wielkie nie te które tyle razy
obserwowałem brodząc w płytkiej kamienistej wodzie w gorące popołudnia jako mały chłopiec nosiłem wtedy grzywkę
tamte rybki były wesołe może urodziły się niedawno bawiło
mnie przyglądanie się ich zabawom ilekroć mój cień zaszedł
na kamień wypływały spod niego całymi gromadami spło-
szone wierciły szybko ciałkami jakby wydawało im się że nie
zdążą na czas przed posuwającym się cieniem

ile to lat temu były tamte popołudnia albo gdy zanurzy-
łem rękę w wodzie i wpadł do niej mały okoń zacisnąłem dłoń
ale grzbiet ryby nagle stał się kłujący wypuszczając ją z dłoni
zauważyłem z przestrachem naprężony wspaniale grzebień to
był okoń tłumaczył mi później ktoś okonie mają takie grze-
bienie do obrony myślałem o tym przez pewien czas i potem
nie sprawiało mi już tej przyjemności co dawniej brodzenie za
małymi rybkami może dlatego że byłem już starszy a może
dlatego że nie odczuwałem już dawnej przewagi i to co dawniej
brałem za przestrach uwięzionych małych stworzeń zmalało
wobec faktu że one potrafiły się bronić

te ryby nie były jednak podobne do tamtych pływały za
wielką szklaną taflą przystawioną do ściany mojego pokoju
na poddaszu były duże silne i nieprzyjemne co chwilę któraś

95

z nich opierała się ogonem o dno i otwierając szeroko paszczę zataczała się ze śmiechu obserwowałem je z wielką uwagą wyraźnie unikały spotkania z sobą oko w oko gdy tylko jedna dotknęła drugiej przypadkowo natychmiast przypadały do siebie pyskami i wtedy zauważyłem że mają łby kudłatych psów i sierść która się jeży gdy szczerzą na siebie olbrzymie żółte zęby wydawało mi się także że słyszę wyraźnie ich warczenie nigdy nie widziałem podobnych zwierząt koniecznie chciałem podpatrzeć moment ich walki ale one odskakiwały od siebie dość prędko jak na rozkaz nie dotknąwszy się nawet i znów poruszały się leniwie za szkłem i znów jakby nigdy nic któraś z nich opuszczając ogon na dno akwarium otwierała szeroko paszczę i zataczała się w olbrzymim chorobliwym ataku śmiechu nagle rozbiegły się na wszystkie strony nie mogłem wyjść ze zdumienia że potrafią z taką szybkością poruszać swoimi olbrzymimi ciałami

może powinienem przytulić Annę do siebie coś jej powiedzieć przecież objęła mnie sama może czekała na to może jechała tutaj na ten idiotyczny zjazd abyśmy zaczęli wszystko od początku minęło dużo czasu nim dowiedziałem się o jej wielkiej miłości i o tamtym małżeństwie w ciągu tygodnia

wyjechała z samego środka naszej sprawy byliśmy szczęśliwi i nawet nie wiem kiedy zobaczyła nagle tamtego człowieka wydał się jej lepszy ode mnie a może chciała się urządzić w życiu zawsze się mówi to jest wielka miłość ale co się za tym kryje byłem nędzarzem po studiach szukającym pracy za tysiąc złotych poszła za tamtym chciałbym wiedzieć po co naprawdę tutaj przyjechała to tylko chciałbym wiedzieć jaka ona jest naprawdę to zawsze ciekawe gdy zaczynałem coś

z jakąś kobietą to zawsze miałem nadzieję że dowiem się czegoś takiego zdradzi mi jakąś tajemnicę o której wiedzą wszyscy
poza mną że to jest warte największych wysiłków jak z tamtą
kobietą którą wczoraj minąłem na rynku pamiętam dokładnie
najmniejszy szczegół jej ubrania każdą minę nigdy tego nie
umiałem gdy mnie pytały wykręcałem rozmowę na inny temat pomyślałem sobie wtedy ciekawe czy gdybym położył się
z nią do łóżka byłaby tak samo wypełniona tą tajemnicą jak
wtedy gdy zbliżając się ku mnie patrzyła lub udawała że patrzy

w bok byłem zbyt zachwycony aby natychmiast pójść za
nią popatrzeć bodaj jeszcze kilka minut dałem się porwać wy-
obrażeniom może zdawałem sobie sprawę że nie mam u niej
żadnych szans wtedy tak stanęła obok Krystyna zadzwoń
powiedziała tylko koniecznie bardzo cię proszę musimy się
koniecznie zobaczyć powiedziałem jej że bardzo się spieszę czy
to wszystko tak się zaczyna czuję że nie wywinę się z tego ona
jest ładna podobała mi się dlaczego nie miałbym zacząć z nią
kiedy odeszła już kawałek spojrzałem za nią szła tak cudownie
że miałem ochotę zaraz biec za nią powiedzieć jej że mam dużo
czasu i możemy robić co się nam tylko podoba tak muszę do
niej zaraz jutro zadzwonić tak to już postanowione tylko czy
warto znowu pozwolić wciągnąć się w ten młyn aby potem
uciekać z niego z rozpaczą w oczach jak przed rokiem przed
miesiącem

jak wtedy z Anną swoją drogą gdyby tamci z którymi siedzieliśmy wieczorem przy stoliku zobaczyli co się tutaj dzieje
tarzaliby się ze śmiechu przeleżał z kobietą pół nocy i nawet jej
nie dotknął czy to się nigdy nikomu nie zdarzyło tylko mnie
nic mnie to zresztą nie obchodzi niech sobie myślą co się im

podoba dziwne jak ludzie potrafią zgłupieć kiedyś byli moimi kolegami żyliśmy dość blisko uczyliśmy się razem do egzaminów zasnąłem i zauważyli to dopiero kiedy cały materiał był już powtórzony i tak zdałem egzamin mówili ten to ma szczęście mieliśmy wspólne sprawy wydawało się że myślimy jednakowo a kiedy ich zobaczyłem obcy ludzie dziwiłem się jak kiedyś mogłem tych panów uważać za swoich kolegów mówić im co myślę zwierzać się ze swoich planów i ambicji chodzić razem do dziewcząt uważać że pragną tego samego co ja napłodzili po kilkoro dzieci z obrzydzeniem słuchałem tych wszystkich obcych imion ta jedna dziewczynka i jeden chłopiec na zdjęciu byli naprawdę ładni reszta to tępo nadęte twarze kretynów potrafią rozmawiać już tylko o wysokości zarobków o możliwościach awansu chociaż kiedyś chcieliśmy zmieniać świat myślą że to tak łatwo zmieniać świat niech wystawią nosa niech spróbują a potem krytykują innych jak on to powiedział albo ten który odwołał mnie na bok a kiedy stanęliśmy przy barze zaczął opowiadać o tym jak żyje z żoną jaka ona jest w łóżku i ile razy to potrafią robić w ciągu nocy zwierzył się nawet że ona początkowo zaraz po ślubie nie chciała o niczym słyszeć nie wyglądała na to więc się zdziwił ale wzbraniała się aż on dopiero wymyślił pozycję zapamiętałem tylko słowo i przewrócił ją potem przekonał się że ona już odtąd chce

na twarzy miał głupi obleśny uśmiech potakiwałem mu głową i czułem jak pod gardło podchodzi mi obrzydzenie całe szczęście że nie przywiózł tej żony uciekałbym z krzykiem pewnie trzymali się Anny snując po cichu chytre plany myśleli że upiją ją w lokalu ja się odczepię a oni wrócą do hotelu wyciągną wódkę wyglądali na to że mieli ochotę ostatecznie

tak wyglądają czasem te koleżeńskie spotkania po latach gasi
się nagle światło kończy wspomnienia o dawnych dobrych
czasach i zaczyna teraźniejszość weszliby w nią we trójkę mię-
tosili do rana widziałem po ich oczach pewnie tylko z tą myślą
jechali na ten głupi zjazd chcieli nowymi wrażeniami ożywić
swoje głupie życie co za zjazd kto wpadł na pomysł aby po iluś
tam latach spotykać się zupełna głupota

a mieli miny mówiące same za siebie takie oczy i takie same
obleśne miny jak u tamtych w hotelu co dostałem pokój prze-
chodni leżałem z jakimś starszym człowiekiem a oni weszli była
z nimi dziewczyna od razu widać że miejscowa pewnie gdzieś
ją przygadali na jarmarku zaraz zniknęli w tym swoim pokoju
przechodziło się do niego przez nasz najpierw więc nie można
było zasnąć bo schodzili się do naszej dziesiątki goście a potem
zaczęły się rozmowy o skórach w przyległym pokoju gdzie znikli tamci z dziewczyną tu można dobrze zahandlować wykrzy-
kiwali musieli już być pod dobrym gazem panienka wie ile my
mamy forsy dzwoniły kieliszki dzyń dzyń ona mówiła że nie
pije bo ma chorą wątrobę wpadła tylko na chwilę zaraz musi iść
do domu bo ją skrzyczą robi się już późno zresztą portier zrobi
awanturę a ona nie ma na to ochoty więc najpierw zaczęli powtarzać dobra dobra to się załatwi potem nagle ich głosy stały
się rzekomo płaczliwe ale ale przecież panienka nas nie opuści

musieli jej wlać przemocą pierwszy kieliszek i musiał to
być spirytus bo zakrztusiła się ale po jakimś czasie zaczęła się
razem z nimi śmiać i nie mówiła już o powrocie do domu a oni
też przestali mówić o handlu i pieniądzach jeden z nich wykrzyknął nagle a gdybyśmy tak teraz panienkę wywrócili do
góry nogami to panienka byłaby skarbonką

my mamy dużo forsy nie ma obawy my kulturalni spokojna głowa umiemy się zabawić i wypić śmiali się wesoło i pili a potem jeden z nich wyszedł ale od drzwi w naszym pokoju zawrócił zdjął buty i w skarpetkach zaczął skradać się z powrotem przylgnął do dziurki od klucza sapał dyszał aż mój sąsiad starszy człowiek nie wytrzymał wy francowate chamy zawołał dorobkiewicze stare świnie pluskwy nie mogliście sprowadzić jej gdzie indziej nie stać was na pojedynkę trzeba było dać w łapę portierowi ani wyspać się nie dadzą do pracy człowiek przyjechał a nie na dziwki tamten jednak nic sobie z tego nie robił powtórzył tylko kilka razy no no panie starszy i wtedy dziewczyna krzyknęła nagle ojej

zaskrzypiało łóżko a obserwujący przez dziurkę od klucza mlasnął nagle wargami i chcąc nas udobruchać swoją lojalnością powiedział z uznaniem ale jej zasadził panowie rany boskie

natychmiast przywarł okiem do drzwi jeszcze mocniej zmieniali się do czwartej nad ranem ciekawe że tacy ludzie nie odczuwają przesytu pewnie robią to bezmyślnie z przyzwyczajenia ostatecznie co oni więcej mają w życiu z nudy z monotonii musi w człowieku pewnie coś pękać potrafią tylko patrzeć kobietom między nogi tylko to mają w głowie żeby tylko Anna nie chciała rano jeść przecież nie mam jej nawet za co zaprosić na śniadanie odwalają godziny w biurze kradną co się da po to tylko zarabiają pieniądze kupują samochody prowadzą interesy wieszają obrazy na ścianach kupują nowe ubrania myją zęby i golą się żeby się tylko tam dostać dziwne że kiedy Anna leżała naga nie ciągnęło mnie do niej zupełnie może po tych kilku dniach głodu nie mogę o tym myśleć bo zaraz przypominam sobie że nie jadłem prawie nic życie mają wypełnione

robieniem pieniędzy i miętoszeniem kobiet robieniem dzieci
lubią życie gromadne byle tylko przewijały się wciąż nowe kobiety które by można przewracać na łóżko że też podczas tego
nie nudzą się załatwiają swoje kompleksy niższości pomiatając
wciąż nowymi kobietami nawet im pewnie do głowy nie przyjdzie że im więcej pieniędzy im więcej kobiet tym niżej spadają
i na dole czeka jeszcze większa pustka albo może mają rację
może tak właśnie trzeba swoją drogą człowiek zawsze jest głupi

w okresie kiedy nie miałem jeszcze żadnej kobiety wtedy
przecież naprawdę posiadałem je wszystkie wszystkie one mogły być moje utwierdzała w tym nadzieja nie wiedziałem jeszcze
wtedy oczywiście jak niewiele z nich potrafię zatrzymać przy
sobie nie mając doświadczenia mogłem nie brać pod uwagę
żadnych trudności będę musiał wstać wcześniej żebym się
tylko obudził przed nią przecież nie mogę wkładać tej bielizny
musi już być porządnie brudna nie pokazałbym się Annie więcej na oczy gdyby zobaczyła jakie brudne łachmany noszę pod
spodem pewnie że nie moja wina wolałbym chodzić w białych
koszulach skąd mam wziąć na praczkę żebym tylko nie zaspał

ach jak nie znoszę ich obleśnych min kiedy mają ochotę na
kobietę jak ten starszy pan który poprosił mnie w kawiarni na
bok siedziałem z dziewczętami a on podszedł uchylił kapelusza
jaki był uprzejmy ale kiedy tylko odeszliśmy na jego twarzy
pojawił się ten obleśny uśmiech powiedział sprowadzimy do
mnie dziewczynki zrobimy balecik dziewuszki się rozbiorą pokażą co mają potańczą balecik będzie pierwsza klasa będzie na
co popatrzeć panie kolego ja za wszystko płacę proszę się nie
obawiać sięgnął wciąż z tym uśmiechem do kieszeni i pokazał
rożek banknotu plunąłem mu wtedy w twarz

wtedy dopiero zauważyłem że obserwują nas od stolików i zdałem sobie sprawę co zrobiłem stałem więc i czekałem ale on wciąż z tym samym uśmiechem wyciągnął z kieszeni chusteczkę i zaczął powoli wycierać twarz tylko po błysku w oczach poznałem że jego myśli mówią co innego niż uśmiech nagle odwrócił się i sprężystym krokiem wyszedł stałem jeszcze chwilę nie bardzo wiedząc co o tym myśleć może widział że jestem silniejszy i mogę go porządnie urządzić w każdym razie wyszedł a wszyscy przy stolikach przybrali takie miny jakby nic nie widzieli oczywiście ani przez chwilę nie żałowałem tego co zrobiłem właściwie to przyłapałem się na tym że podczas jego przemowy myślałem że to wcale nie byłoby takie trudne dziewczęta poszłyby z ochotą gdybym im tylko powiedział więc plunąłem mu w twarz a także dlatego że przemknęło mi wtedy przez myśl że właściwie co by szkodziło urządzić taki balecik dziewczęta były chętne mało doświadczone a więc bez smaku i robiłyby to dobrze prześcigając się nawzajem w gorliwości nie ma obawy pewnie więc także dlatego plunąłem mu w twarz gdy zaraz po tym zajściu wyszliśmy z kawiarni pomyślałem że zaprosiłem je przecież na kawę po to aby jedną z nich zabrać do siebie popadłem więc z miejsca w oburzenie na niego że okazał się takim niewolnikiem swoich popędów i nie potrafił się nawet powstrzymać od tego wobec obcego człowieka przecież byłem dla niego obcym człowiekiem którego widział pierwszy raz na oczy był taki sam jak wszyscy ludzie więc za to mu też plunąłem w twarz

najprzyjemniejszym zajęciem ludzkości to nie być sobą nie zdziwiłbym się wcale gdyby ze światem wydarzyło się wszystko najgorsze co czasem śni mi się w majakach przecież ludzie są najszczęśliwsi gdy mają kogoś słuchać obojętne kogo boga losu historii pozwala im to zabić trawiące ich bezustannie poczucie pustki nudy nicości kiedy zaś okaże się że bóg którego z braku kogoś lepszego wymyślili sobie i powołali do życia oszukał ich są niezastąpieni przy obalaniu go natychmiast wybierają spośród siebie na nowo pierwszego lepszego maniaka obwołują go wielkim i czekają co rozkaże a jak potrafią go torturować drażnić dokuczać judzić dotąd aż zmęczony powie bodaj jedno słowo jakie mu tylko ślina na język przyniesie zaraz biegną z tym słowem aby ogłosić go światu jako nowe objawienie

biedni właściwie są ci geniusze z braku kogoś lepszego to ofiary ludzkości ofiary biorące na siebie odpowiedzialność za niedołęstwo wszystkich cóż za przyjemność słuchać go ślepo pod rzekomym przymusem a potem tłumaczyć się z radością w głosie ależ mu się nie udało co za niedołęga jak on mógł coś podobnego robić mając taką władzę jakże lubimy wskazywać ręką na tego komu jeszcze wczoraj wierzyło się ślepo i przyglądać się z założonymi do tyłu rękami jak niedawna świętość pogrąża się w bagnie i zapomnieniu

owce wstrętne owce zdolne tylko do zdrady do słuchania do tarła a Anna śpi sobie spokojnie niech śpi zupełnie nie wygląda na kobietę z tymi wszystkimi pragnieniami histeriami ustawicznym niepokojem sen oddalił od niej tę całą kobiecość jest bezbronna i niewinna odrzuciła kołdrę musi jej być gorąco przykryję ją jednak mimo wszystko przeżyłem z nią wiele chwil których się nie zapomina gdyby nie to nagłe zjawienie się wczoraj miała wszelkie szanse aby pozostać moim ideałem

kimś o kim myśli się na starość gdybym z nią żył moje życie wyglądałoby być może inaczej lepiej ciekawe co ona sobie myślała jadąc tutaj czy rzeczywiście chciała zacząć wszystko od nowa z rozmowy przy barze trudno było właściwie wnioskować była zbyt rozegzaltowana może chciała tylko wyżalić się wyspowiadać przede mną z całej goryczy jaka uzbierała się w niej po latach a kiedy wróci rzuci się mężowi na szyję zacznie go znowu kochać będzie robiła wszystko co jej rozkaże nawet jego erotyzm o którym mówiła z takim niesmakiem wyda się jej cudowny kobiety czasem są takie nie ma o czym mówić mogła też po prostu zwyczajnie wzruszyć się naszym spotkaniem nagłym przypomnieniem naszej miłości i stąd jej zwierzenia i tak się nie dowiem ją tylko naprawdę kochałem wszystko inne było ciągiem obrzydliwości w które pakowałem się wbrew swojej naturze a może początkowo chciałem zapomnieć o upokarzającym odejściu Anny tak na pewno robiłem to wszystko na przekór a potem tak przywykłem że nie potrafiłem się już oderwać

człowiek potrafi być straszliwą świnią jak już się do czegoś zabierze dziwne że po tym wszystkim nie stałem się zboczeńcem czyhającym na ludzi z żyletką w ruinach czy to ma się nazywać miłością te wszystkie nauki których mi udzielano przecież nie o miłość chodziło temu starszemu panu którego tak często widywałem jeszcze jako malec gdy po południu wychodził na spacer wolnym krokiem wymachując laseczką był zawsze czysty starannie ubrany wygolony czasem przystawał i przyglądał się długo naszymi zabawom a potem pewnego dnia zbliżył się do mnie chodź powiedział nauczę cię grać w szachy

mieszkał sam w pokoju na poddaszu w niewielkim parterowym domu okna wychodziły na ulicę biegnącą w dół ku rzece kiedy znalazłem się u niego w pokoju byłem bardzo onieśmielony pierwszy raz zostałem zaproszony i pierwszy raz odwiedzałem kogoś sam podobało mi się to nawet bardzo i pokój także chociaż wyczuwałem tam jakiś nieprzyjemny zapach nie był to tylko zapach męskiej wody kolońskiej którą tamten pan zwilżał sobie skronie był uprzejmy i uśmiechnięty podobało mi się to bardzo kazał mi usiąść rozłożył szachownicę wyjął cukierki i ciastka przysunął mnie z krzesłem do stołu i zacierając ręce zaczął mi tłumaczyć zasady gry a teraz zagramy naprawdę powiedział wciąż zacierając ręce gdy wiedziałem już wszystko co trzeba

i zagraliśmy bawiłem się świetnie gra wydawała mi się niezwykle łatwa wygrywałem roześmiał się dobrodusznie i zaproponował musisz mi pozwolić się zrewanżować zaczęliśmy więc grać rewanż po chwili poczułem że jego ręka którą położył zapewne przez nieuwagę na moim kolanie zaczyna się posuwać wolno do przodu nie miałem odwagi powiedzieć mu aby ją zdjął ona tymczasem posuwała się wciąż wolno do góry wpełzła pod nogawki krótkich spodni nie pozwalała skupić się na grze denerwowałem się coraz bardziej cofałem ruchy ale on też jak zauważyłem był jakby roztargniony długo nie mógł się zdecydować na żaden ruch powtarzał tylko w kółko czekaj czekaj jak by ci tu dać w skórę potem zaczął mruczeć rytmicznie pod nosem będzie mat będzie mat

ręka wciąż posuwała się do przodu a ja coraz bardziej wstydziłem się tej sytuacji i tego że nie mogłem się skupić nagle poczułem pod jego ręką ciepło a on oderwał wzrok od szachownicy popatrzył na mnie wciąż z tym samym uśmiechem powiedz odezwał się przyjemnie było a ja nie wiedziałem co powiedzieć starałem się znowu skupić na grze ale on złożył

gwałtownie szachownicę jutro znowu przyjdziesz powiedział
zagramy rewanż jestem już zmęczony odsunął krzesło chciałem wyjść czułem wstyd paliły mnie policzki wydawało mi się
że to wszystko jest moją winą to co on mi zrobił poniżyło mnie
kiedy już byłem koło drzwi chwycił mnie nagle przyciągnął
do siebie pamiętaj żebyś tu jutro był powiedział wyrwałem mu
się i szybko zbiegłem po schodach do wieczora nie opuszczało
mnie uczucie przygnębienia przez kilka następnych dni uni-
kałem spotkań z nim bałem się ich a on ilekroć widział mnie
z ojcem mrugał do mnie i długo patrzył czy ojciec nie zostawi
mnie samego ojciec pytał kto to był ten pan który się nam kła-
niał nie znam go ojciec mojego kolegi odpowiadałem od tego
czasu szukałem wszystkich wymówek aby tylko nie wkładać
krótkich spodni wychodząc rozglądałem się w bramie czy on
gdzieś nie stoi długo nie mogłem zapomnieć o tym co mi zrobił
nie wiedziałem jak to się stało i skąd wzięła się ta obrzydliwość
o której myślałem ze wstrętem bałem się odwiedzać ludzi żeby
nie robili ze mną tego samego czułem się upokorzony i jakby
mniej wart od innych

przypuszczam że nawet gdyby dzisiaj się zjawił tutaj za-
cząłbym uciekać z krzykiem och jak ona cuchnie wódką dopiero teraz czuję musiała się zatruć nie pocałowałbym jej za
nic zresztą do niczego by to i tak nie doprowadziło cóż z tego
choćbyśmy nawet robili to do rana powiedziała że jej marze-
niem stało się przeżycie świtu nie mam nawet ochoty całować
jej piersi chociaż kiedyś robiłem to z nieprzytomną zachłan-
nością aż musiała mi głowę odrywać siłą i och mówiła och
przestań rano wstalibyśmy obcy prowadzilibyśmy wymuszoną
rozmowę odprowadziłbym ją na stację lub do hotelu wreszcie

robilibyśmy to jeszcze cały dzień ale i tak w końcu pozostałoby między nami milczące nieznośne uczucie że zrobiłem jej to kiedy była pijana i nie zdawała sobie nawet dokładnie sprawy co robi że zmusiłem ją do czegoś na co nawet nie mogła udzielić zgody

która nie musi być powiedziana bo wyczuwa się ją w spojrzeniu a nawet w dotknięciu dłoni tak jak wtedy spojrzała na mnie gdy leżeliśmy w zagajniku na górze miałaby nawet żal o to że nie pozwoliłem jej zaprotestować bronić się zrobiłbym to z każdą kobietą tylko nie z nią była pierwszą kobietą do której odważyłem się zbliżyć było to w wiele lat po partii szachów a przecież wszystko napawało mnie wstrętem i strachem gdy słuchałem opowiadań kolegów o tym co wyprawia się między kobietą a mężczyzną wyobrażałem sobie to jako coś brudnego i odrażającego czułem niemal upalną cuchnącą potem atmosferę tylko Anna umiała robić to naprawdę dobrze wtedy gdy przybiegła do mnie wieczorem zdyszana i wystraszona a szczególnie potem i dopiero ona uwolniła mnie od wszystkich tamtych strachów i lęków które gnębiły mnie tyle lat dopiero właściwie gdy weszliśmy do sieni prowadzącej do klatki schodowej spostrzegłem że przez cały wieczór w lokalu nie myślałem o niczym tylko o tym żeby ona do mnie przyszła wstydziłem się trochę mojego pokoju ubogiego i zakurzonego ale jednak chciałem żeby przyszła

kiedy ją zobaczyłem wieczorem na ulicy od razu mi się spodobała na nowo zresztą zawsze mi się podobała jest przecież wspaniałą kobietą ująłem ją pod rękę a ona szła obok milcząca jakby smutna robiła wrażenie przestraszonej albo jak wstąpiliśmy po drodze do kolegi bo on musiał się przebrać a Anna

powiedziała poczekajcie zrobię wam tymczasem herbatę to
dobrze robi przed wódką zanim zdołaliśmy zaprotestować
już krzątała się przy szafce z naczyniem zawsze podziwiałem
w niej to że umiała panować nad moimi nerwami powstrzy-
mywał mnie jej uśmiech lub spokój czasem jakieś nieważne
słowo wtedy byliśmy jeszcze szczęśliwi gdy mówiła ja ciebie
czuję obserwowałem jej ruchy z uwagą od jakiej trudno się
powstrzymać w podobnych okolicznościach tamci nie inte-
resowali mnie zupełnie gdyby nie Anna wróciłbym do domu
patrząc na nią ogarnęło mnie uczucie tkliwości a może to nie
była tkliwość jest to przecież właściwie uczucie bez adresu
niech będzie tkliwość

wywołała ją we mnie sprawność i swoboda z jaką nasta-
wiała czajnik zapalała maszynkę gazową wyciągała szklanki
dawniej robiła to inaczej wstydliwie jakby pod przymusem
teraz wydawało się że wszystkie te czynności wykonuje mimochodem nie angażują jej one zupełnie dopiero po chwili zdałem
sobie sprawę że przecież dzięki tym wszystkim czynnościom
odgrodziła się ode mnie stała się nieosiągalna nie musi ze mną
rozmawiać zmieniła się w ciepłą gospodynię pomyślałem ze
złością i poczułem się oszukany to samo co zawsze

chyba nie ma miłości jeżeli można robić to co robiliśmy
z tą dziewczyną która z innymi dziewczętami przyszła na pry-
watkę miała być zabawa też ohydna historia gdyby nie wino
którym upiliśmy się nigdy nie brałbym udziału w tym zresztą
dopóki piliśmy wino było nawet przyjemnie potem wszyscy
zaczęli się rozchodzić do domów i gdy zostało nas czterech
jeden powiedział zatrzymajmy ją będzie się można zabawić
zrobiliśmy więc tłok przy wyjściu i nikt nawet nie zauważył że

tamta została zresztą ten który proponował zabawę siedział
już z nią w ciemnym pokoju staliśmy we trójkę w przedpokoju
i panowała najpierw cisza zawsze ta cisza chodząca za mną
tam i na powrót gdziekolwiek postawiłem nogę cokolwiek robiłem cisza przedtem i potem cisza poprzedzająca koszmary
i następująca po nich

    potem paląc papierosy wsłuchiwaliśmy się w łomot dobie-
gający z ciemnego pokoju wreszcie jeden zaczął komentować
szeptem widzisz już się uspokoiła wszedł na nią słyszysz jak
dyszą wszedł na nią źrebaczek powtarzał przez zaciśnięte zęby
a mnie nie wiadomo czemu przypomniało się jak jako malcy
szliśmy przez szkółkę leśną pod miastem z kolegą i nagle zoba-
czyliśmy grubego Niemca leżącego na kobiecie widzieliśmy go
od tyłu i wydał nam się tak komiczny że odruchowo sięgnęli-
śmy po leżące na ziemi kamyki i zaczęliśmy celować kto pierwszy trafi w ten poruszający się olbrzymi zad żołnierz okazał się
jednak nieczuły na drobne kamyki nic nie podniecał nas ten
widok wreszcie kolega sięgnął po dość duży kamień zamach-
nął się z całej siły Niemiec podskoczył nagle sięgnął po pistolet
i zaczął nas gonić klnąc straszliwie ale my byliśmy szybcy jak
ptaki i doskonale znaliśmy wszystkie ścieżki między zbożami

    nagle któreś z nas trąciło puste flaszki po winie i potoczyły
się po podłodze szamotania zaczęły się na nowo i było oczywiste że tamten nic nie wskórał ten który nazwał go źrebaczkiem
poczuł się zawiedziony dlaczego on nie wychodzi powtarzał
zdenerwowany umarł na niej czy co zaczął pukać do drzwi po
chwili ten który pierwszy został z dziewczyną wybiegł z pokoju
i zaczął szybko mówić słuchajcie ona jest do niczego z nią nic
się nie da zrobić prawiczka czy co podrapała mnie całego był

blady miał ręce spocone i cały się trząsł wtedy ten który nazywał tamtego źrebaczkiem powiedział zaraz się przekonamy i wszedł do pokoju i znów zaczęliśmy podsłuchiwać w przedpokoju bo nie było co robić paliliśmy papierosy byliśmy źli że dziewczyna się nie udała i każdy z nas myślał że jak na niego przyjdzie kolej to on jej pokaże co to znaczy prawdziwy mężczyzna

po odgłosach orientowaliśmy się doskonale jak sprawy zaszły daleko i co tam się dzieje teraz powtarzaliśmy już półgłosem widzisz wlazł na nią on się nie patyczkuje eee wcale jeszcze nie wlazł nie słyszysz jak się broni wy myślicie zaczął znowu ten z trzęsącymi się rękami że łatwo ją uspokoić a ma ochotę wiem że ma ochotę tylko jakieś głupstwa weszły jej w głowę jak mnie nie kochasz mówiła to nic z tego nie będzie nie myśl że jestem taka jak inne mówiła co ty sobie myślisz zacząłem jej mówić o miłości robiłem to wszystko co innym kobietom i zawsze skutkowało i były zachwycone ale ona nie powtarzała nic nie zrobisz nie wierzę nic nie zrobisz daj spokój

tymczasem dziewczyna temu drugiemu broniła się równie wytrwale aż usłyszeliśmy jej krzyk puść mnie słyszysz puść mnie kurwę chcesz ze mnie zrobić czy co ale tamten wiedząc że podsłuchujemy i każdemu się spieszy do niej powiedział cicho głupia źle ci będziesz miała przynajmniej fach w ręce wtedy myśmy już nie krępując się wcale wybuchnęli śmiechem bo to był przecież dowcip i dziewczyna też się zaczęła śmiać i przestała się bronić bo przekonała się że tamten wie co to jest kobieta i jak się do niej zabrać więc nie zważając już na nic weszliśmy do pokoju zapaliliśmy światło i zaczęliśmy

w trójkę grać pod oknem w karty zapaliliśmy papierosy i pili
wino dziewczyna powtarzała w kółko świnie bezwstydne świnie nienawidzę was ale myśmy nic sobie z tego nie robili śmia-
liśmy się chociaż oczywiście denerwowało nas jej zachowanie
zaczęliśmy skandować nie przeszkadzajcie sobie a tamten leżał
jeszcze obok niej wreszcie zupełnie przestała się bronić

wyglądała na bardzo zmęczoną i robiła już wszystko co
każdy chciał od niej nawet śmiała się razem z nami odrywając
się raz po raz od kart które nas przecież i tak niewiele obchodziły komentowaliśmy co się tam na łóżku wyprawia i co ona
ma między nogami tylko ten któremu pierwszy raz nie wyszło
usiadł sam pod drzwiami siedział i nie próbował już więcej był
blady trzęsły mu się ręce palił papierosa po papierosie o świcie
wciąż jeszcze leżała naga na łóżku ale nam znudziło się już
zmieniać obok niej i tylko chcieliśmy jeszcze przyglądać się jej
ciału nie pozwalaliśmy jej przykryć się prześcieradłem gładzi-
liśmy ją po piersiach po udach wkładaliśmy ręce zgasiliśmy
światło i w pokoju panował półmrok ale szybko się rozjaśniło
staliśmy nad nią ciasno skupieni i wtedy ona nagle dostała
ataku śmiechu byliśmy przerażeni że zwariowała a kiedy po
chwili dostała ataku płaczu zaczęła się rzucać po całym łóżku
ogarnęła nas nagle panika że przesadziliśmy trochę nie wie-
dzieliśmy co robić a ona płacząc prosiła puśćcie mnie chcę
już iść

groziła zobaczycie świnie jak to się skończy powiem
wszystko powiem myśmy początkowo odpowiadali wybuchami śmiechu ale ponieważ nie przestawała grozić rozwście-
czyło nas to jej natręctwo i zaczęliśmy jeszcze natarczywiej
patrzeć na jej nagie ciało a kiedy odruchowo zasłaniała uda

zdejmowaliśmy jej ręce sycząc ze zniecierpliwienia patrzyliśmy wciąż z tym samym uporem powtarzając teraz ci już dobrze jesteś zadowolona masz dość

ktoś powiedział że damę swojego serca należy odprowadzać do domu i świadczyć jej rozmaite przysługi bo po drodze może się jej jeszcze coś przydarzyć ta myśl spodobała się wszystkim bo byliśmy znudzeni jej humorami zresztą nie byliśmy wcale tacy źli i niewychowani poza tym dziewczyna robiła wrażenie jakby sama nie potrafiła zrobić kroku pod domem pożegnaliśmy ją a kiedy była pod bramą wyjmując klucz z torebki spojrzała w górę a tam stał w oknie jakiś człowiek i patrzył przed siebie ani razu nie zmienił pozycji widzieliśmy dokładnie jego białą twarz dziewczyna obejrzała się jeszcze raz czy stoimy i zniknęła w bramie to jej stary pewnie czekał na jej powrót całą noc znam go powiedział ktoś

wracając zastanawialiśmy się czy ona powie ojcu o wszystkim i co z tego wyniknie zresztą on też ma oczy sam zobaczy pozna co robiła była zmęczona i wyszarzała każdy by poznał a co dopiero ojciec przez następne dni ukrywała się przed nami może była chora kiedy ją wreszcie spotkaliśmy a było to wieczorem wracaliśmy z kina i nie mieliśmy co robić zawlekliśmy ją znowu do pokoju i zaczęło się śledztwo jeden chwycił ją za gardło dusił i domagał się aby powiedziała co z ojcem a kiedy nie chciała powiedzieć ani słowa wymogliśmy aby znowu robiła co jej rozkażemy ponieważ to było zaraz po odejściu Anny jeden z kolegów powiedział widzisz nie ma co żałować one wszystkie jednakowe tylko ciupcianie je cieszy to im tylko w głowie i wtedy dopiero uzmysłowiłem sobie że tamten wieczór był pierwszym podczas którego nie myślałem zupełnie o Annie a tamta dziewczyna przeciągnęła potem jednego z nas na swoją stronę coś mu zrobiła bo pewnego dnia powiedział że który ją tknie dostanie od niego po mordzie więc zabraliśmy się do niego i omal nie zatłukliśmy go ale on był silny tamten któremu się nie udało zniknął nam sprzed oczu zaraz na drugi dzień i nie widzieliśmy go więcej

potem rzeczywiście daliśmy spokój znudziła nam się już ta zabawa a ja jeszcze wcześniej miałem dość bo czułem do siebie obrzydzenie zupełnie takie samo jak wtedy po wyjściu z partii szachów od tego pana który wcale nie miał pięknych siwych włosów jak wszyscy pederaści w powieściach a zwyczajne zmierzwione szpakowate włoski na łysiejącej głowie przysiągłem więc sobie że nigdy już z żadną kobietą nie chcę mieć nic wspólnego i dość długo tak było bo gdy tylko dochodziło do tego że kładła się na łóżku nachodziły mnie wstrętne obrazy i z trudem powstrzymywałem się aby nie zacząć leżącej okładać pięścią po twarzy chociaż dobrze zdawałem sobie sprawę że ona nic nie jest winna i na pewno szczerze ma ochotę żeby jej to zrobić dopiero kiedy pewnego dnia dostałem list od znajomej przyjedź do mnie tutaj jestem sama chciałabym się z tobą zobaczyć pomyślałem że

jesteśmy przecież dawnymi znajomymi z uniwersytetu i gdyby między nami miało coś być to już by dawno było pragnąłem trochę spokojnej atmosfery chciałem spotkać kobietę uspokoić się przekonać się że nie zawsze tak to wygląda jak wtedy było mi to potrzebne ale ona kiedy odjechał pierwszy pociąg i drugi i kiedy wreszcie został już tylko jeden ostatni powiedziała proszę cię zostań a ja nie wiedziałem jeszcze jak się zachować więc powiedziałem nie chcesz żebym odjechał a ona wtedy nagle przytuliła się do mnie nie powtarzała wciąż nie chcę proszę cię zostań chcę być z tobą po co to powiedziała a ja wciąż jeszcze nie potrafiłem się zdecydować ani na pozostanie ani na wyjazd usiedliśmy na łóżku i nasze twarze były coraz bliżej oczy jej stawały się coraz większe i wtedy nagle stało się nie do wytrzymania więc

pocałowałem ją wreszcie a ona oddała mi pocałunek i wiedziałem już że muszę zostać oparła mi rękę na ramieniu i wciąż jeszcze powtarzała nie och proszę cię aż wreszcie powiedziałem jej że zostanę a ona powtórzyła raz jeszcze jakoś inaczej och zdjęła moją rękę ze swoich piersi i położyła sobie na brzuchu brzuch miała gorący upalny miękki potem nie miała już siły bronić się przede mną a ja czułem się coraz lepiej bo wiedziałem że między nami wygląda to inaczej niż wtedy w nocy po winie i byłem już nawet pewien że wszystko jeszcze można naprawić i wtedy każdy ruch jej ciała i to co mówiła chociaż wcale nie było ważne wydało mi się najważniejsze i nie wiedziałem już zupełnie gdzie jest jej ciało a gdzie moje myślałem że zaraz stanie się coś takiego że zapomnę o wszystkim o nauce gry w szachy i oczach ojca tamtej dziewczyny o świcie i jeszcze innych sprawach które mnie czasem męczyły a kiedy wydawało mi się już że nie wytrzymam

że więcej już naprawdę nie można i kiedy wiedziałem już także że żadna kobieta nie dała mi dotąd tyle co ona przyjrzałem się jej twarzy i zacząłem mówić nieprawda że żyję dwadzieścia pięć lat ty uczysz mnie dopiero wszystkich kolorów i zapachów i smaków uczysz jak się otwiera oczy i zamyka jak się wymawia pierwsze słowo a ona przyciskając mnie do siebie powtórzyła raz jeszcze inne od tamtych och i jaki ty jesteś

mocny mój kochany i zobaczyłem nagle zupełnie wyraźnie ile
wysiłku kosztuje ją otwarcie oczu

ale je w końcu otwarła i popatrzyła na mnie i nie były to
już te same oczy co przedtem a to co w nich teraz zobaczyłem
nie było ani sennością i zmęczeniem ani radością i słodyczą
ani gniewem chociaż były w tym i senność i radość i zmęczenie
i gniew i jeszcze coś innego widziałem to i czułem ale nie potrafiłem tego uchwycić ani nazwać wiedziałem tylko że wciąż
chcę mieć przed sobą te jej oczy płonące jak

kwiat który zobaczyłem kiedyś w górach kiedy wyszedłem
o świcie słońce dopiero wstawało i na polanę gdzie stał nasz
namiot padały tylko ukośne promienie które zdołały przecis-
nąć się między drzewami a jeden oświetlił właśnie ten żółty
zwyczajny jaskier i wtedy on zabłysnął nagle światłem tak
oślepiającym i tak wydał się piękny że nie mogłem oderwać
oczu i odwrócić głowy jednak odwróciła głowę w bok przy-
mknęła powieki i zakryła moje oczy dłońmi a wtedy objąłem
ją jeszcze mocniej aż do bólu i zapragnąłem jeszcze raz potem
jeszcze raz i nie potrafiłem już wydobyć z siebie głosu leżeliśmy
tylko obok siebie w milczeniu nie jak dwoje ludzi ale jak jeden
i wtedy ona pociągnęła ku sobie moje ucho i cichutko żeby
nikt nie mógł usłyszeć ani nawet domyślić się co między nami
zaszło zaczęła mówić i wciąż wracała do tego wtedy poczułem
że zaczynam dygotać na całym ciele i znów musiałem być blisko niej i powiedziałem nikt więcej tylko ty tylko ty jesteś dla
mnie prawdziwą kobietą i byłem tym tak bardzo zmęczony
i tak szczęśliwy że opadłem obok i długo leżałem bez ruchu
jakbym umarł potem poczułem że muszę wybiec na balkon
bo nigdy więcej nie zdołam już złapać oddechu

ale nie potrafiłem się od niej oderwać nie miałem siły wstać i zacząłem zapadać w coraz gęstszą ciemność a potem kiedy znowu otwarłem oczy ona powiedziała chce mi się pić nie mogłem znaleźć niczego pod ręką odpowiedziałem nie ma nic do picia więc ona powiedziała daj mi papierosa zaczęła palić a ja zacząłem myśleć o kobietach które zapamiętałem z dzieciństwa nie wiem skąd mi to przyszło do głowy i o tamtej nocy gdy Anna nadała telegram że przyjedzie a ja nie mogłem zasnąć bo chciałem już ją zobaczyć i mieć koło siebie siedziałem więc patrzyłem na zegarek i myślałem pewnie już dojechała do połowy drogi

Ktoś za mną powiedział: – Poszedłbyś już spać, i tak nic nie zrobisz, albo weź książkę, poczytaj, zajmij się czymś; szkoda czasu, noc późna, a ty siedzisz, patrzysz w okno i nic nie robisz. – Śpij – powiedziałem mu – śpij, ja pracuję, jeszcze chwilę pomyślę, zaraz wezmę książkę; sięgnę tylko ręką i poczytam, ale ty śpij – mówiłem – śpij. – A on zaczął jeszcze raz: – Moglibyśmy pogadać, jak nie możesz zasnąć. Ja wiem, co to znaczy tak siedzieć, kiedy sen nie przychodzi i godziny się dłużą, kiedy nie można ani pisać, ani czytać, tylko siedzi się z szeroko otwartymi oczami i patrzy w ciemność za oknem, ale na to jedyna rada: powiedz bodaj słowo do kogoś, ludzie są tak nudni, że zasnąć przy nich można, nie wiedząc nawet, że się żyło; powiedz coś o wojsku, polityce, bombie atomowej, filantropii, ludziach, którzy klną się na prawdę, o trzeźwym przewidywaniu wypadków, powiedz, zaraz zaśniesz, nabierzesz ochoty, żeby już zasnąć na zawsze.

Odpowiedziałem mu: – Nie teraz. Teraz, widzisz, muszę siedzieć przy oknie, pomyśleć chwilę, zastanowić się, rozważyć coś

w sobie, pogadamy kiedy indziej. – Dobrze, dobrze – odpowiedział. – Tylko nie zapomnij zgasić światła, jak będziesz się kładł;
nie zapomnij o tym, bo bije w oczy. – Postanowiłem nie zapomnieć, ale pociąg z Anną zniknął mi sprzed oczu.

I zobaczyłem ten krajobraz, który tyra się za mną już tak
dawno i nie wiem, co mam z nim zrobić. Skąd ja znam tę rzeczkę
niemal wyschniętą, te wikliny nadbrzeżne i tego chłopca, który
siedzi z książką na kolanach oparty o pień wierzby? Tyle już
lat, skąd ja go znam i tę dziewczynę, która do niego podeszła?
Przedtem widział ją, jak szła ścieżką na wysokim brzegu, zaraz
obok budki zbitej z desek, którą wszyscy nazywają młynem,
bo kiedy się przyłoży oko do szpary w desce, można zobaczyć
drewniane koło z łopatkami prawie wypróchniałymi, ale widać
spełniającymi jeszcze swoje zadanie, skoro obracały się szybko.
Dziewczyna wyszła z krzaków ubrana w kostium kąpielowy,
przez chwilę rzucali razem kamienie do rzeki, śmiali się, potem
usiadła w miejscu, gdzie dno było płytkie i silny prąd oblewał
jej ciało, pieniąc się jak woda sodowa.

A chłopiec myślał ze złością: dokąd ona będzie się tam mo-
czyła: jeszcze ją ktoś zobaczy, wszystko wypaple, jak to dziewczyna. Nic jednak nie mówił, tylko zaciskał wargi i pochylał
głowę. Czekał, kiedy ona wróci na swoje miejsce obok niego i będą
mogli znowu całkiem bezpiecznie milczeć. Przeżywał chwilę strachu: nie mógł czytać, bo wciąż widział przed oczyma jej brzuch,
który zobaczył, gdy się przebierała w krzakach. Więcej już tutaj nie przyjdę – myślał. – Za dużo ludzi, jeszcze ta głupia się
nawinie. Nagle zobaczył, że jest ubrana. – Przecież musimy już
iść – nawoływała go niecierpliwym głosem. – Słońce już wysoko,
najwyższy czas. – Zgarnął swoje rzeczy. – Najwyższy czas, masz

rację – potakiwał – najwyższy czas. – I chwycił ją za rękę; poszli ku polom, aby miasto obejść naokoło i niepostrzeżenie wśliznąć się w ulice. Każde dołączyło do swojej gromady, powiedzieli do widzenia i zniknęli sobie z oczu na zawsze, odtąd bowiem unikali się. Rozdzieliła ich ta chwila z krzaków w południe nad rzeką: dziewczyna rozpięła nagle bluzkę, powiedziała: – Widzisz. – I przycisnęła go mocno do piersi, a on przywarł do nich z całą siłą, jaką potrafił w sobie zebrać, i pierwszy raz poczuł zapach kobiecego ciała. Ale ona nagle oderwała jego głowę i powiedziała: – Dosyć, poczekaj na mnie, włożę kostium i przyjdę. – Odtąd unikali się, przecież tam nad rzeką nauczyli się, że człowiek zdradza człowieka. Nie wyczytali tego w książkach, nie powiedzieli sobie w rozmowie, nauczyli się po prostu i wiedzą na pewno.

– Widzisz, zasnąłeś – powiedział wtedy tamten. – Zasnąłeś, a trzeba się było położyć; kto widział siedzieć tak w nocy i nic nie robić, tylko patrzeć w okno. – Odpowiedziałem: – Skądże, co ci przyszło do głowy, nie śpię wcale. – Ale naprawdę pomyślałem ze złością: a przecież zasnąłem, nie chciałem zasnąć, ale zasnąłem przez te głupie oczy. Dobrze, że nie wie, co mi się śniło, jak byłem daleko; jakże bym mu wytłumaczył odległość dzielącą mnie od tego chłopca znad rzeki, który kiedyś był mną, ale już nie jest, siedzi tylko we mnie gdzieś na dnie z tamtą dziewczyną, której imienia nawet nie pamiętam. Nie spotkałem jej więcej, nic sobie nie powiedzieliśmy i nie powiemy; jakże bym mu wytłumaczył to wszystko, wyjaśnił tę odległość i to zdarzenie błahe, dziecinne. Nie mogłem przyznać się, że zasnąłem, zacząłby mnie dręczyć, śledzić, wypytywać. Spostrzegłem w ręce kawał sznura, pomyślałem, skąd się wziął ten sznur, skąd ja go wziąłem.

Kiedy siadałem, miałem puste ręce. Rozciągnąłem go na całą długość, myśląc, co można by tym sznurem związać, do czego jest za krótki, a do czego za długi, co można by nim związać. Otworzyłem oczy i roześmiałem się cicho, bo znowu zasnąłem. Przecież to nie żaden sznur – powiedziałem sobie – to list zmięty rękami, kiedy spałem; ale nie odstępowała mnie myśl, co można by nim związać, do czego byłby za krótki, a do czego za długi, gdzie bym go uciął, a gdzie musiał sztukować. Spojrzałem na zegarek i pomyślałem: pewnie już dojeżdża, już tylko kilka stacji i znowu będzie z powrotem.

Zacząłem myśleć o Annie jadącej pociągiem, ale on znowu się odezwał za plecami: – Zwariowałeś z tym siedzeniem, nic nie robisz; nie widzisz, że już świta? – Rzeczywiście – powtórzyłem machinalnie – świta, nic już nie zrobię, muszę się przejść, bo nie zasnę. – Idź już, idź – powiedział – bo ciężko spać przy świetle; nie lubię, kiedy siedzisz w nocy, zawsze potem wstaję zmęczony, światło bije całą noc w oczy. – Wyszedłem i zaraz pożałowałem, że nie ubrałem się cieplej.

Był świt. Puste ulice. Pierwsze tramwaje wyjeżdżały na miasto. Na rogu jakiś motorniczy wlepił we mnie oczy. Usłyszałem gwizd lokomotywy. To chyba nie ta – pomyślałem ze strachem – chyba nie ta. Zacząłem biec i wciąż myślałem, żeby się tylko nie spóźnić, żeby tylko zdążyć na czas. Potykałem się o bruk, ale nie zwracałem na to najmniejszej uwagi, wciąż tylko biegłem, trzymając w ręce list, który brałem za sznur. Wtem musiałem się zatrzymać. Co mnie z nią łączy? – wykrzyknąłem. – Co mnie z nią łączy, cóż mnie obchodzi ta kobieta? Czy jesteśmy związani jakimś sznurem za długim lub za krótkim, cóż mnie obchodzi jej twarz, jej ręce, cóż mnie obchodzi ta kobieta kołysząca

się na ławce pociągu, Anna wjeżdżająca do miasta? Usłyszałem
gwizd lokomotywy. To chyba nie ta – pomyślałem ze strachem
– chyba nie ta – i zacząłem znów biec, potykałem się o bruk, po-
pędzałem samego siebie, żeby się nie spóźnić, żebym tylko zdą-
żył na czas dotknąć tej dłoni, usłyszeć to słowo i żebym wreszcie
mógł skończyć z tym biegiem.

ona wciąż paliła papierosa a ja myślałem o Annie o oczach
ojca tamtej dziewczyny które zobaczyłem o świcie w oknie
i jeszcze raz o Annie aż wreszcie pomyślałem z żalem tyle
z tego wszystkiego zostało i kiedy przyjrzałem się jej wydało
mi się że wiem już na pewno to było tylko raz i więcej się nie
powtórzy była widziałem zupełnie inna paliła papierosa jak
inne kobiety wyglądała jak inne kobiety i poczułem do niej
złość że już więcej mi dać nie może wiedziałem że wszystko
między nami skończone nie potrafiłbym mówić do niej o tym
co robiliśmy i nie mógłbym jej już nic takiego zrobić aby było
takie jak wtedy i oczy jej nigdy już nie będą podobne do tamtego kwiatu który widziałem to niemożliwe żeby ona jeszcze
pragnęła tego wciąż pragnęła i żeby chciała to robić aż do zmę-
czenia aż do zupełnej ciemności

wtedy ona powiedziała przynieś mi wody jej głos był zupełnie naturalny i nie wiem czy wściekłość czy żal za tym co
było podniosłem się i powiedziałem kurwa jesteś zwyczajna
kurwa nie wyobrażaj sobie taka sama dziwka jak wszystkie
a ona podniosła na mnie oczy popatrzyła tymi swoimi nor-
malnymi oczami i zaczęła płakać wtedy rozzłościłem się naprawdę jeszcze bardziej nie wiedziałem co powinienem zrobić
czy ją przepraszać za ten wybuch czy próbować powiedzieć coś
takiego żeby znowu było dobrze a ona wciąż płakała i wtedy

pomyślałem nie jestem niewolnikiem była coraz dalsza ode mnie i wreszcie przyszedł mi do głowy pomysł żeby się z nią zabawić tak jak bawiliśmy się z tamtą dziewczyną we czwórkę wiedziałem że to jest obrzydliwe ale wydało mi się niesłychanie zabawne żeby ją upokarzać coraz bardziej chciałem zapomnieć o żalu nie chciałem się mu poddać

stałem się więc brutalny nie zważałem na nic najpierw broniła się ze zdziwieniem w oczach jakby dla żartu potem z prawdziwym przerażeniem a ja czułem nową przyjemność w tym co jej robiłem śmiałem się nawet przy tym i było mi przyjemnie że jestem silniejszy i mogę zmusić ją do tego aby robiła wszystko na co tylko przyjdzie mi ochota wtedy

pomyślałem że to za tę dziewczynę której na ławce nad rzeką mówiłem o miłości a ona głaskała mnie po ręce powtarzając to nic to nic gdybyś to nie był ty śmiałabym się i za te o których po jednym przespaniu się mogłem mówić tylko dobra głupia ładna i żadnej nie mogłem bez zastanowienia bez względu na wszystko powiedzieć żeby została ze mną że nie chcę znać nikogo poza nią i za te które nie pozwalały mi nigdy zapomnieć że jestem egoistą a nawet nie potrafiły mi tego uświadomić za ich wszystkie ty mnie nie rozumiesz i pouczenia które tak śmiertelnie nużyły i za to że pewnego dnia przyzwyczaiłem się i odtąd nie starałem się już być ani interesujący ani oryginalny wiedziałem mniej więcej co należy powiedzieć i co zrobić aby mniej więcej osiągnąć to o co mi chodzi nie angażując się za bardzo ale równocześnie stwarzając złudzenie rzetelnego wysiłku za to także że tak doskonale nauczyłem się udawać nastrój którego wcale nie odczuwałem wypowiadałem pewne zdania w określonym celu zbliżałem się do ludzi gdy

121

byli mi potrzebni a kiedy ich już nie potrzebowałem odcho-
dziłem za to że starałem się nie podejmować wysiłków których
rezultat wydawał mi się wątpliwy za to że życie odtąd stało
się puste i nudne płacz pustkę samotność zachowywałem dla
siebie i za to że poznałem nawet noce godziny minuty podczas
których pustkę płacz samotność mogę dopuścić do siebie

i wszystko to było również za tamtą dziewczynę którą zatrzymałem wydawało mi się że to jest ta na którą czekałem
i na początku rzeczywiście żyliśmy swobodnie nie myśląc
o niczym wydało mi się że jestem szczęśliwy pewnego dnia zapragnąłem być sam okazało się to niemożliwe nawet gdybym
wyjechał gdzieś daleko musiałbym być przy niej myślami psu-
łaby mi wszystkie chwile swobody poczułem się niewolnikiem
i moim ideałem stał się dzień kiedy będę mógł powiedzieć
jestem sam położę się na tapczanie będę czytał książkę będę
mógł wstać o świcie lub w południe albo nie wstawać wcale to
było niemożliwe zauważyłem że jesteśmy do siebie przykuci
i że nie jest to stan wcale lepszy od samotności zacząłem więc
w sobie budować ten dzień idealny poddając się jej czułościom
idąc z nią przez miasto siedząc w kawiarni wciąż powtarzałem kiedy ona do diabła sobie pójdzie odczepi się ode mnie
czy ma zamiar siedzieć ze mną przez wieczność wszystko co
dawniej uważałem w niej za arcydzieło napawało mnie nudą
zażenowaniem wstydem z najpiękniejszej zmieniła się pewnego dnia w sentymentalną histeryczkę nachalnego intruza
głupią kobietkę która burzyła mój wewnętrzny świat wreszcie
pomyślałem że to za Annę której tamten człowiek wydał się
lepszy ode mnie i za jej list po którym wyobrażałem sobie spotkanie dla odpoczynku spotkanie z kimś kogo się lubi i za to że

ona zmusiła mnie żebym ją całował i robił z nią to wszystko
a potem zapadał się jeszcze głębiej

i kiedy już nawet przestała płakać i poddawała się wszyst-
kiemu w tępym milczeniu a twarz jej stała się zupełnie obca
zimna odrażająca wtedy zacząłem ją naprawdę nienawidzić
powiedziałem natychmiast wstań i przynieś sobie coś do picia
ja poczekam odpowiedziała mi nie mam już pragnienia wtedy
roześmiałem się tylko nie myśl za dużo powiedziałem idź się
napij to ci dobrze zrobi nie chciała się jednak ruszyć z miejsca
więc ją zmusiłem żeby wstała

potulnie poszła do szafki wyjęła szklankę i czekała aż się
napełni pod kranem a kiedy tak czekała zauważyłem że podniosła dłoń do czoła ale zaraz odjęła widząc że na nią patrzę
gdy wróciła zapytałem dlaczego nie pijesz przecież masz pragnienie rozpłakała się znowu i znowu wściekłość chwyciła mnie
za gardło krzyknąłem więc pijesz czy nie już ja najlepiej wiem
czego ci potrzeba kiedy wypiła do dna zastanowiłem się czy
dałoby się odwrócić wszystko to co stało się przed chwilą spró-
bowałem więc wszystko obrócić w żart trwało to dość długo ale
wreszcie osiągnąłem to o co mi chodziło wydawała się znowu
szczęśliwa nie mogła tylko zrozumieć co mi przyszło do głowy
tak ją męczyć i udawać złego człowieka gładziła mnie po rękach i pytała ty nie jesteś zły prawda powiedz że nie jesteś zły
proszę cię tylu ludzi złych jest na świecie ale ty jesteś dobry
powiedz proszę cię

zbyłem ją jakimś frazesem leżąc myślałem o tym wszystkim co łączyło mnie z tą kobietą i z innymi kobietami wiedziałem że jeżeli kiedykolwiek w życiu mówiłem sobie zaczyna się
coś dobrego oznaczało to że znalazłem jakieś kłamstwo kiedy

zanudzałem ludzi tym co gnębiło mnie istotnie co nie dawało mi spać kiedy zwierzałem się im jak to ja poszukuję prawdy mieli mnie za głupka pierwszy raz w ich towarzystwie poczułem się dobrze gdy zacząłem kłamać

gdy mówiłem wbrew sobie i o tym o czym wcale nie myślałem czułem wtedy jak znika obcość otaczająca mnie w życiu jak wszyscy zaczynają mnie traktować jak swego uśmiechają się skłonni są do przysług jak rozjaśniają się im twarze za każdym moim pojawieniem się

nie bardzo jeszcze zdając sobie sprawę brnąłem coraz dalej wmawiając sobie że skoro tego wymaga świat i tylko za tę cenę można się weń wkupić trzeba ją płacić równocześnie zaś zaledwie znalazłem się sam czułem jak rośnie we mnie pustka jak palą mnie coraz mocniej policzki i jak bardzo oddalam się od siebie dawnego siebie

który był naiwnym człowiekiem z szeroko otwartymi oczami z uszami nastawionymi wciąż na usłyszenie prawdy którą mi ktoś objawi z czasem zapomniałem o tym a nawet zaczęła mi sprawiać przyjemność swoboda jaką zapewnia taka postawa i dopiero kiedy mówiłem tej kobiecie słowa które mnie już zupełnie nie obchodziły a które wywoływały w niej ów płomień sprawiający mi przyjemność zauważyłem gdzie się znalazłem czułem że panuję nad nią zupełnie jak nie panowałem dotąd nad żadną z tych kobiet które kochałem naprawdę kiedy jedna ich mina potrafiła wpędzać mnie na dno rozpaczy na całe dni kiedy biegałem do miejsc gdzie mógłbym którąś z nich spotkać i bełkotałem pod nosem jakieś idiotyzmy

byłem wolny mogłem jej teraz powiedzieć prawdę lub kłamstwo jej uśmiech lub łzy zależały od tego co chcę a ściślej od tego na czym mi nie zależy ale co wywołam aby samemu sobie sprawić przyjemność

byłem wolny mogłem mówić jej nawet że jej nie kocham gdyż wiedziałem że teraz nie odejdzie ode mnie dobrowolnie jest do mnie przykuta im dalej brnąłem tym czułem się lepiej tym bardziej że pustka która do niedawna rozsadzała mnie ginęła gdzieś na dnie ustępując miejsca nowemu zadowoleniu którego nigdy nie nazwałbym miłością ale które właśnie nią było

uczyniwszy to odkrycie spostrzegłem że najlepiej będzie zniszczyć od razu tę miłość zacząłem więc winić dziewczynę za stan w jakim się znalazłem i za konsekwencje których jeszcze nie potrafiłem przewidzieć ale za które ona będzie musiała odpowiadać

wstałem i zacząłem się ubierać gdy byłem gotów powiedziałem możliwie najspokojniej więcej tutaj nie przyjdę nie potrafisz dać mężczyźnie tego co powinnaś widząc zdziwienie w jej dziecinnych oczach wybuchnąłem jesteś taką samą dziwką jak inne trzasnąłem drzwiami i wybiegłem na ganek oczywiście zaledwie zamknąłem za sobą furtkę ogarnęły mnie wątpliwości poczułem jakby żal i przez moment miałem ochotę zawrócić odwołać wszystko ale obrzydzenie do siebie obezwładniło mnie zupełnie uszedłem kilka kroków i zacząłem wymiotować pod płotem

potem wiedziałem już że nic się nie da naprawić i że nie potrafię już kochać żadnej kobiety siedziałem do rana w pustej poczekalni dworcowej oświetlonej mdłym światłem pragnąłem już tylko jednego za wszelką cenę znaleźć się w domu przestać myśleć o tym wszystkim nie za nic nie chcę tego samego z Anną nagle ogarnął mnie straszliwy smutek zapragnąłem gwałtownie dotknąć rosy na trawie rozpłakać się chciałem żeby mnie ktoś pogłaskał po głowie żebym poczuł na twarzy czyjś pocałunek na próżno usiłowałem sobie przypomnieć zapach skóry kobiecej a wiedziałem że stoi tam w ciemnym korytarzu i szuka ręką klamki byłbym sobie przypomniał ale skupienie niesłychanie utrudniał czyjś monotonny śpiew za ścianą miałem wielką ochotę zapytać kto skomponował melodię zegarek leżał tak daleko nieosiągalny wiedziałem już że spóźnię się na spotkanie ze śmiercią wtedy zapukał przyskoczyłem do drzwi wydostać się stąd uciec na powietrze ten ktoś zagradzał jednak wyjście znów był niewidoczny dla mnie przyszedł aby mi zakomunikować a nie żeby odpowiadać na jakiekolwiek pytania jak zawsze pomyślałem tylko nie zdradzić się robić wrażenie że wszystko jest zrozumiałe i jasne tylko to może nas uratować mimo to przez chwilę zastanawiałem się o co może chodzić ale dałem spokój widocznie są ludzie sprzyjający mi znający się na tym wszystkim co może leżeć w moim interesie pewnie że są czekajmy więc cierpliwie doniosą w odpowiednim czasie co trzeba objaśnią

ma jeszcze bardzo piękne ciało i potem nie byłoby wyjścia musiałbym znowu wszystko zaczynać od początku jest zupełnie odległa i tak jest najlepiej niech sobie śpi może śni się jej mąż albo kochanek leży nieruchoma i oddycha równo jest właściwie wstrętna ciężka nieżywa nawet ciepło jej ciała nie przyciąga odpycha one wszystkie są wstrętne przez te lata mogła robić ze swoim ciałem najbardziej brudne rzeczy mogła leżeć w najgorszych barłogach z najgorszymi chamami i tępakami nie zniósłbym przeświadczenia że musiałbym po nich zaczynać z nią to samo właściwie ohydna historia prawdę zna tylko ona nic mnie to zresztą nie obchodzi powinienem wstać i posprzątać trochę pokój jak się obudzi przerazi ją ten bałagan pewnie od lat nie widziała czegoś takiego ale ona musi tam mieć porządek pewnie nic nie robi tylko sprząta siedzi w domu i czeka na niego to musi być nudne można być nędzarzem nie mieć co jeść ale sprowadzić kobietę do czegoś takiego nie wstanę nie mam po prostu ochoty ostatecznie nie prosiłem jej żeby tutaj przyszła mogła zostać z tamtymi dwoma byliby ją do tego czasu urządzili dogodziliby jej pewnie może któryś by się jej spodobał i zaczęłaby w tajemnicy przed mężem romans nie jej takie mordy nie mogły się spodobać

widziałem zupełnie wyraźnie mojego ojca jak jechał na białym koniu krzyknąłem to ty nie umarłeś kiwnął ku mnie dłonią skąd ci przyszło do głowy musiałem wyjechać na spacer znudziło mi się już siedzenie w domu musiałem przez pewien czas udawać że mnie nie ma wyobraź sobie tyle lat sam ciągle sam nagle popatrzył na mnie surowo dlaczego do mnie nie przyjdziesz powinieneś mnie odwiedzić zawstydziłem się chciałem się gdzieś schować ale wszędzie było pełno ludzi pewnie dalej witali nasz garnizon powracający z ćwiczeń powiedziałem przecież nie wiem nawet gdzie mieszkasz nie podałeś mi adresu to wszystko przecież było tak dawno ach prawda krzyknął prawda rzeczywiście nie podałem ci adresu odprowadź mnie kawałek spieszę się wszystko ci wyjaśnię nagle koń ruszył kłusem ojciec zdążył mi tylko kiwnąć ręką na pożegnanie i zniknął w tłumie zacząłem biec roztrącając zbitych ciasno ludzi chciałem dogonić biegnącego konia ale nim wydostałem się na wolną przestrzeń nie było nikogo nie wiedziałem nawet skąd można by rozpocząć poszukiwania poczułem się opuszczony

oni mieli na nią ochotę widziałem wyraźnie może dlatego zgodziłem się tak szybko wyjść z nią głupia pycha żeby samemu mieć to co ktoś pragnie ale i tak nic z tego nie będzie znowu przez kilka dni czułbym się szczęśliwy a potem pustka wstrętny niesmak obrzydzenie do siebie gdyby to miało być gdyby była tą na którą czekałem moglibyśmy być razem już od kilku lat widocznie jesteśmy sobie obcy jesteśmy tylko dawnymi dobrymi znajomymi jak to się powiada nic nie możemy sobie dać nie mamy sobie nic do powiedzenia niech ona o wszystkim zadecyduje to będzie najlepsze

ach jakże lubiłem kiedy zarzucała mi ręce na szyję czułem się wtedy bezpieczny właściwie mógłbym ją zbudzić już świta widzę nawet jej twarz mówiła chciałabym jeszcze przeżyć świt jeden świt nasz świt nie ma sensu jej budzić otworzyłaby oczy zobaczyła świt i byłaby nieszczęśliwa tak bylibyśmy oboje nieszczęśliwi

nie mogę się od nich odczepić dajcie mi spokój zostawcie mnie samego wszędzie mnie szukają pewnie chodzi im o gablotkę którą rozbiłem wiem jednak co o tym sądzić wszędzie widzę żołnierzy i oficerów przecież mam oczy muszę się przed nimi ukrywać wskakuję nagle do bramy i obserwuję co będą robili przechodzą udają że mnie nie zauważyli ale ja wiem mam oczy szukają mnie doniesiono mi o tym dzisiaj nad ranem trzeba się strzec zapukał trzy razy krzyknął uważaj a kiedy otworzyłem drzwi nie było już nikogo tak zawsze bał się żeby go nie zobaczyli ze mną zaraz męczyliby pytali co my takiego możemy mieć z sobą wspólnego hę wciąż mnie szukają

tłumaczą ludziom żeby ich uspokoić dzisiaj niedziela daliśmy
więcej przepustek niech sobie żołnierze pochodzą po mieście
akurat przecież to wszystko przeciw mnie szukają mnie czasem już myślę żeby wydać się w ich ręce skończyć z tą bez-
ustanną męką wychylam wtedy głowę i wołam do idących
jeden cywil podszedł do mnie popatrzył pokiwał głową

i odszedł pomyślałem wtedy dlaczego to ja mam wydawać
się w ich ręce a nie oni w moje niech przyjdą niech powiedzą
zrób z nami co chcesz jesteśmy winni przebaczę im wszystko
mam przecież serce potrafię wiele zrozumieć nie mogę przecież
ciągle siedzieć w domu jestem głodny więc wychodzę wreszcie do sklepu coś kupić ale wszędzie ich spotykam muszę się
ukrywać zamiast pięciu minut potrzebnych aby odnaleźć
sklep krążę po mieście do zmroku dajcie mi spokój pozwólcie
zastanowić się chwilę nie mogę pędzić tak bez wytchnienia boli
mnie głowa chciałbym zobaczyć rosę na trawie chciałbym żeby
mi ktoś położył dłoń na czole dlaczego nikt mnie nie pocałuje

nie mam nikogo dajcie mi spokój nie męczcie mnie wciąż
muszę się ukrywać idę ulicą jestem czujny potykam się szukam rękami ściany nie męczcie mnie zresztą mam na to sposób zastawiłem drzwi szafą dzień i noc za ścianą kaszel kto
kaszle kto śmie kaszleć w mojej obecności kto ma siły aby
tak kaszleć bez przerwy dzień i noc może podsłuchują kto to
jest nic nie mówi tylko kaszle sucho rytmicznie cały świat jest
martwy gdzie się podziały kobiety nie spotkałem dotąd ani
jednej świat bez kobiet stał się zupełnie wymarły jak pusty-
nia rozumiem że ukryli je wobec grożącego nam niebezpie-
czeństwa mogła jednak zostać chociaż jedna tutaj przy mnie
czułbym się pewniej mógłbym coś działać na pewno poszłaby

zaraz i dowiedziała się co to ma znaczyć zrobiłaby wszystko aby mnie uspokoić

gdzie oni są dlaczego spiskują zamiast przyjść i powiedzieć jak mi zimno nie pamiętam już kiedy ostatni raz jadłem i wciąż słyszę mój żołądek jak się na mnie skarży słyszę go wyraźnie dlaczego nie ma tutaj żadnej kobiety gdzie się one wszystkie podziały czyżby zapomniały o mnie tak jest zawsze jak byłem potrzebny nie można się było opędzić a może one także są wmieszane w spisek im wszystko można wytłumaczyć wystarczy tylko położyć się z taką do łóżka już widzi świat inaczej ach gdybym mógł poczuć pod dłonią miękkie ciepło ciała byłem wtedy bezpieczny szczęśliwy otulony ze wszystkich stron miękkim ciepłem wiedziałem że nic mi nie grozi zostałem zdradzony pamiętasz Anno ten dzień leżeliśmy w niewielkim zagajniku za miastem byliśmy sami kiedy się obejrzałem w stronę stacji ty zasłoniłaś mi oczy dłonią i powiedziałaś nie tak się to zaczęło

dzisiaj już nie pojedziesz powiedziałaś ostatni pociąg ruszył odsłoniłaś moje oczy i zobaczyłem kłąb pary wylatujący nad stacyjkę powiedziałem dzisiaj nie odjadę byliśmy szczęśliwi nie potrzebowaliśmy sobie tego mówić musiałem jechać nie pojechałem czekały mnie ważne sprawy nie załatwiłem ich wszystko było nieważne byliśmy szczęśliwi to tylko było ważne pociąg wydawał się wtedy i chyba naprawdę był tak mały że zmieściłby się wraz ze stacją a nawet z całym niewielkim miasteczkiem w twojej dłoni powiedziałem ci to byliśmy szczęśliwi straciliśmy pamięć ważne było tylko teraz a przeszłość i przyszłość oddaliły się od nas i czekały cierpliwie tam za tą sosną na zakręcie ścieżki tam zostawiliśmy je i musiały czekać na nasz powrót gdybyśmy wrócili za miesiąc czekałyby gdybyśmy wrócili za rok też by czekały cóż bowiem mogły zdziałać bez nas nie my ich ale one nas potrzebowały byliśmy silni i szczęśliwi pamiętasz marzyłem wtedy o twojej dłoni chciałem wtulić w nią twarz i schować się przed światem ale ona leżała daleko odrzucona na ścieżce którą znały jedynie objuczone ciężarami mrówki wędrujące tam i na powrót początkowo myślałem o tych mrówkach że to przyjechał na ścieżkę pociąg aby mnie zabrać poczułem się nieszczęśliwy krzyknąłem uważaj przejedzie ci rękę ale ty roześmiałaś się mówiłaś nie bój się uważam chciałem czuć twoją dłoń na twarzy ale ona była daleko nie miałem siły podpełznąć byłem bezbronny widziałem jak powoli stygną twoje oczy nie potrafiłem się jednak zbliżyć tak chciałem żeby twoje źrenice znów stały się oślepiająco jasne żeby świat wokół ściemniał chciałem aby mnie znów otoczyła jasność twojej nagości nie mogłem nic zrobić byłem zupełnie mały jak tamten pociąg mknący po torach który zamknęłaś w swojej dłoni pociąg mknący po torach który obserwowaliśmy nie mogę sobie nic więcej bez ciebie przypomnieć boli mnie głowa jestem głodny chce mi się pić szukają mnie chcą mnie zabić uknuli przeciw mnie spisek za co za gablotkę zabić człowieka ale ja się im nie dam pokażę im zobaczysz Anno powiedz tylko że to wszystko pamiętasz

5 Obudziłem się, Anny nie było obok. Myśląc, że wszystko to mi się śniło, obejrzałem dokładnie łóżko. Nie ulegało jednak wątpliwości, że Anna musiała tu być. Głowa pękała mi z bólu, podniosłem się z wysiłkiem i zacząłem przeszukiwać

pokój. Znalazłem jedynie chusteczkę na głowę, której pewnie nie mogła znaleźć. Na stole leżało sto złotych. Od dawna nie widziałem takiego banknotu. Pomyślałem: „Powinienem wstać i odszukać ją zaraz, to nie ma sensu, nie jestem żebrakiem". Zamiast jednak wprowadzić w czyn postanowienie, dowlokłem się z trudem do łóżka i zapadłem w kamienny sen.

Kiedy obudziłem się powtórnie, było już późne popołudnie. Nie wiedziałem, czy to jest ten sam dzień, czy następny, czy jeszcze inny. Na bezchmurnym, ciemnym niebie świeciło jaskrawo słońce. Czuło się jednak zbliżający się chłód. Za oknem był spokój, jakby cały świat zatrzymał się w swoim biegu, pogrążył w wody, dosięgnął dna.

Leżałem z szeroko otwartymi oczami, spokojny, trzeźwy już, wypoczęty, zdumiony tym niecodziennym przebudzeniem. Zaledwie bowiem otworzyłem oczy, natychmiast stałem się przytomny. Wyglądało to nie jak przebudzenie, lecz jak przejście z pokoju do pokoju. Bałem się jednak ruszyć nawet ręką: musiałem bowiem być u kresu sił.

Przez chwilę miałem złudzenie, jakby życie cofnęło się nagle do odległych dni dzieciństwa, świeżych i beztroskich, jak te ciche godziny wolne od obowiązków, pośpiechu, męczących prac, zgiełku wielkiego miasta, ustawicznie napiętej uwagi i ciągłej troski o dzień jutrzejszy. A jednak historia z życiorysem powróciła do mnie. „Czego on chciał ode mnie?" – pomyślałem z pogardą, ale już po chwili byłem innego zdania. Jeżeli oni wszyscy domagają się tej powierzchownej spowiedzi na kartce papieru, tego rachunku, to może istotnie jest to takie ważne? Może naprawdę od tego zależy zbawienie świata? Może wszystko zależy od tych jakichś tam błahych zdarzeń, dawno zapomnianych, może już wtedy popełniłem coś, co dzisiaj nie pozwala mi żyć? Po raz pierwszy spojrzałem na swoje dawne życie z zainteresowaniem, ale natychmiast stwierdziłem z przerażeniem, że nie mam pamięci, że nic nie przychodzi mi do głowy. Pomyślałem nagle: „Umieram". Zawsze bałem się tego prostego stwierdzenia „już nigdy". Poczułem nagle pragnienie, aby zachować świadomość jak najdłużej, do końca. Stało się to punktem mojej ambicji. Starałem się skupić myśli, wyobrazić sobie ten ostatni moment, chciałem dotrzeć jak najdalej – aż do zupełnego zaniku świadomości. Śmierć to jest chyba zobojętnienie na to, co nas otacza, posunięte aż do zupełnej niezależności od świata i wolności, jaką trudno sobie wyobrazić żyjącym. Wyzwolenie z własnego „ja".

Ktoś opowiadał mi w dzieciństwie, że umarli jeszcze przez kilka godzin po śmierci widzą i słyszą. Czy to może być prawda? Nie byłem pewien, czy czuje się zanikanie tego, dokąd po śmierci będę widział i słyszał? Z jakichś względów wydawało mi się to ważne. „W każdym razie, jeżeli to prawda – pomyślałem – to lepiej od razu zanurzyć się w ciemności". Jedno wiedziałem na pewno: niedługo umrę. To tylko było pewne.

Zacząłem myśleć o chorobie polegającej na ustawicznym lęku przed przebudzeniem. Była ona pozostałością po mieszkaniu, z którego niedawno uciekłem. Nie wiem, kto wymyślił określenie „substancja mieszkaniowa", musiał to jednak być ktoś o znamionach geniusza. Niewątpliwie pokoik „z praniem" na przedmieściu, który wynajmowałem od gospodyni, nosić mógł jedynie nazwę „substancja mieszkaniowa", jeżeli pod tym rozumiemy coś, co w rzeczywistości nie istnieje, a jest tylko cyfrą lub znakiem na urzędowych formularzach.

133

Gospodyni zajmowała ciasną kuchenkę. Przylegający do niej pokój dzieliliśmy z jakimś monterem. Dzień i noc podzielone były na trzy ciasne klatki, w których wszyscy troje miotaliśmy się jednakowo zmęczeni i jednakowo przerażeni nieustannie grożącą katastrofą ustalonego porządku rzeczy. Dzień kończył się z chwilą położenia się gospodyni do łóżka. Niestety, starała się robić to możliwie najwcześniej. Z tego powodu rozmyślania o konieczności powrotu zatruwały mi najpiękniejsze momenty spacerów, nie pozwalały skupić się w kinie, teatrze, kawiarni. Wprawdzie dla dodania sobie odwagi wmawiałem w siebie, idąc od tramwaju, że oto wracam do własnego pokoju z osobnym wejściem, gdzie mogę robić, co mi się tylko podoba. Nie zmieniało to jednak sytuacji. Mimo wstrzymywania oddechu, mimo posuwania się na palcach, mimo zdejmowania butów przy wejściu do sieni – nigdy nie potrafiłem zmylić czujności gospodyni. Kuchnia wydawała mi się w takich chwilach olbrzymim polem lodowym. Gdy byłem już mniej więcej w połowie drogi, na łóżku zaczynały się szelesty. Ktoś zrywał się gwałtownie i nieodmiennie słyszałem przerażone: „Kto to?", chociaż było wiadomo, że nikt poza mną i monterem nie ma kluczy. Wówczas, wygłaszając mowę pełną przeproszeń, wyjaśnień i zapewnień, gotowałem się do skoku, aby jednym susem dopaść drzwi. Znalezienie się w pokoju nie powodowało bynajmniej odprężenia. Męczyło mnie przede wszystkim poczucie winy wobec zapracowanej gospodyni, której przerywałem najlepszy kawałek snu. Poza tym monter spał także i bałem się, aby go nie obudzić. Nie paląc światła, rozbierałem się szybko. Nie pomagało jednak ani zatykanie uszu, ani uparte liczenie do

134

miliona. Z łóżka stojącego w drugim końcu pokoju dopadały mnie nagłe pojękiwania montera i uporczywe zgrzytanie zębami. W takich momentach stawałem się częścią koszmarnej maszyny snu.

Nie potrafiłem sobie już niczego więcej przypomnieć. Zacząłem nerwowo konsumować swoje krótkie życie, pośpiesznie jak śniadanie przed wymarszem na wycieczkę. Pragnąłem zdążyć na czas, chciałem nadać memu życiu sens, móc w jednym słowie lub zdaniu pomieścić jak w tobołku wszystko, co zabiorę ze sobą, gdy dopadnie mnie śmierć. Myślałem. Tak intensywnie myślałem, że w pewnym momencie wydało mi się dziwne, że człowiek może tak intensywnie myśleć. Ale wnioski, do których dochodziłem za każdym razem, wydawały mi się nieistotne, odrzucałem je więc, aby ponownie zagłębić się w męczący korowód sytuacji, zdarzeń, epizodów. Gorączkowałem się coraz bardziej. Ale śmierć nie nadchodziła.

Kiedy otworzyłem oczy z powrotem, sufit nagle zaczął szybko wirować tuż nad głową, usłyszałem wyraźnie jakby trzeszczenie ścian. Wydawało się, że jeszcze chwila, a cały ten wirujący nieboskłon runie, przygniatając mnie swoim ciężarem. Znałem to doskonale: uczucie niewytłumaczonej ciasnoty, brak powietrza, strach nie do opanowania. Zwykle w momentach nowego ataku choroby jedynym ratunkiem wydawały się las, pole, park. Zacząłem się szybko, panicznie szybko ubierać. Ogarnęło mnie nagle przerażenie, że mógłbym zwalić się na ziemię i atak powróciłby znowu. Chciałem znaleźć się gdziekolwiek, byle nie tutaj, w tym pokoju.

Kiedy byłem już gotów, wyszedłem, zachowując środki ostrożności. Trzęsąc się z zimna, znalazłem się wkrótce na

135

głównej ulicy naszego osiedla. Musiał padać deszcz. Było mokro, a powietrze było świeże. Stałem chwilę urzeczony spokojem, który odpędzał myśli ciążące w głowie. Obserwowałem zbliżający się zachód słońca. Na razie można go było poznać po zmieniających się barwach. Zaskrzypiały gdzieś przeciągle drzwi szopy, o kamienie uderzyły kopyta końskie. Usłyszałem kroki. W moim kierunku zbliżał się znajomy młody pisarz. Pisanie zaczął od tego, na czym zwykle kończymy – od wymyślania „złotych myśli". Mówił, że tylko do tego ma talent. Kiedy go poznałem, miał ich już kilkaset. Zawsze nosił je przy sobie w niebieskiej teczce, ustawicznie szukał słuchaczy. Wszyscy znali już doskonale różnokolorowe kartki spięte spinaczami według działów i zagadnień. Pierwszych dwieście zaczynało się – o ile dobrze pamiętam – od: „Życie jest jak...". Spojrzałem jeszcze raz. Zbliżał się ku mnie jak widmo. Zacząłem biec.

Dopiero gdy minąłem drewniany mostek nad jakąś kałużą i poczułem pod nogami beton szosy prowadzącej pod górę lekką serpentyną, poczułem się pewniej. Widać stąd było całe miasto, mimo to czułem się samotny. Nie było to bowiem miasto, które oglądamy, chodząc ulicami, ta kupa cegieł i brudów; widziałem przede wszystkim dużo zieleni, a nad nią wyrastające wieże. Z boku na wyciągnięcie ręki leżała płaska zielona plama lotniska poprzecinana żyłkami pasów startowych. Widziałem to pierwszy raz z tej perspektywy i nie mogłem wyjść ze zdumienia, że te tłuste płaszczące się w zieleni robaki to szybkie, zwinne maszyny. Znalazłem się między drzewami niewielkiego zagajnika. Ogarnęła mnie wielka cisza. Przez chwilę miałem wrażenie, jakbym znalazł się na wsi. Przez pole biegł czarny kundel, goniąc zająca.

Stanąłem na szczycie wzniesienia. Tutaj widok się przeła-
mywał. Widziałem równocześnie całe miasto, a z drugiej strony
gęsto zbity masyw Nowego Osiedla. Ten widok poznałem także
dopiero teraz. Wydawało się, że to nie poszczególne bloki od-
dzielone od siebie alejkami, zielenią, piaskownicami dla dzieci,
ale jeden blok czerwonej skały wbity w horyzont. Widziałem
dym. Zupełnie jak wtedy, gdy wieczorem leżałem na plaży sam
i nagle spojrzawszy w morze, ujrzałem przesuwający się wolno
nie większy od szpilki dymek. Zapragnąłem móc podzielić się
z kimś tym widokiem, przenieść mu to tak plastycznie, tak
widomie, aby mógł jak ja poczuć nagle, że rośnie wraz z tym,
co go otacza. Pomyślałem z żalem, że w naszym dążeniu do
uchwycenia świata nigdy nie możemy osiągnąć pełni. Bieg-
niemy jedynie za jego kształtem jak dziecko goniące motyla
przez łąkę. Zaciskamy nasze małe piąstki i wierzymy, ach, wierzymy, że wewnątrz jest motyl. A przecież on już dawno uleciał.

Mijałem drzewa zbite teraz w ciasną ścianę, pozbawione
indywidualności, umundurowane. Kiedy byłem mały, zawsze
wydawało mi się, że tylko gdy patrzymy na drzewa, one stoją
z ową majestatyczną powagą, która zachwyca nas w lesie. Zaledwie zaś je miniemy – oglądają się za nami, załamują sze-
regi, aby zaspokoić swoją ciekawość. Bałem się wtedy lasu i za
nic nie pozostałbym w nim sam. Teraz nie było nawet lęku.
Ogarnęło mnie wrażenie, że wszystko, co miałem do przeżycia, jest już poza mną, nie wchłaniam już świata jak dawniej.
Tutaj – myślałem – życie także toczy się obok: jestem tylko
świadkiem, słuchaczem, w niczym nie biorę udziału, nic się
nie zdarzy, niczego nie odnajdę. Zatęskniłem do tamtych kilku
spacerów, które nie mogą się już nigdy powtórzyć. Mogę co

najwyżej marzyć, aby iść jak wtedy przed siebie i ociekać wodą. Być szczęśliwym, a więc swobodnym, naturalnym. Czy w naszym życiu nie powtarza się nic poza naszymi upadkami?

Wiatr przyniósł jakiś zapach. Nie potrafiłem go określić, ale kojarzył mi się z jedzeniem. Z trudem panowałem nad twarzą. Zaczęły się mdłości. Głód znosiłem dotąd przyzwoicie. Najtrudniejszy był do przezwyciężenia strach przed nim. Obezwładniający. Wszechmocny. Jedząc ostatnią kromkę, wypalając ostatniego papierosa, czułem, jak opuszczają mnie siły. Chleb nie sycił, papieros nie odprężał nerwowo. Pojawiały się ataki bólu.

Osunąłem się na kamień stojący przy drodze, pojękując cicho. Nie potrafiłem sobie wybaczyć, że wspiąłem się na górę. Wiedziałem już, ile wysiłku będzie mnie kosztował każdy krok z powrotem. Podniosłem na chwilę głowę, aby wiatr ochłodził spocone czoło. W moim kierunku zbliżał się mężczyzna. Dość długo nie potrafiłem sobie przypomnieć, skąd go znam. Był to dyrektor, u którego wczoraj szukałem pracy. Ostatni z długiego łańcucha dyrektorów, którzy mogli mi pomóc. Nie miałem najmniejszej ochoty na rozmowę. Ułożony kiedyś misternie wywód na temat życiorysu wywietrzał mi zupełnie z głowy. Nie chciałem pytań i odpowiedzi, nie chciałem współczucia ani pomocy. Chciałem już tylko być sam, potrzebny mi był spokój. Słyszałem coraz wyraźniej jego kroki. Zauważył mnie. Powiedział coś i w jego głosie poznałem tę samą przychylność co dawniej. Nienawidziłem go za to. „Czy nie mógłby sobie pójść?" – pomyślałem. Nie potrafiłem jednak zdobyć się nawet na jedno słowo protestu. Byłem zbyt słaby. Stanął nade mną. Zaczął przeszukiwać kieszenie.

– Może pan nie ma pieniędzy? – powiedział. – Mogę panu pożyczyć pięć złotych. Więcej nie mam.

Poczułem, jak krew przypływa mi do głowy. Zerwałem się na równe nogi.

– Ach, nie o to mi chodziło! – krzyknąłem. – Przecież nie po to byłem u pana wczoraj.

On jednak nie dał za wygraną. Wywrócił wszystkie kieszenie podszewkami na wierzch, wyciągnął portfel, otwarł go tuż przed moim nosem i wytrząsnął zawartość na ziemię. Istotnie, nie było tam ani złotówki.

– Spłukałem się, rozumie pan, spłukałem się...

Moja bierność musiała go zirytować. Twarz jego stała się nagle surowa, sina, wściekła.

– Przecież pan widzi, że nie mam więcej...

Stał się brutalny. Jego ręka starała się gwałtownie dostać do mojej, aby złożyć tam owe pięć złotych.

– Jeżeli pan natychmiast nie weźmie tych pieniędzy!... – krzyczał.

Przerażony jego gwałtowną miną zacząłem się cofać. On jednak posuwał się za mną krok za krokiem, wyciągając przed siebie rękę z owymi pięcioma złotymi. Wywrócone na wierzch podszewki kieszeni powiewały na wietrze jak małe skrzydełka.

– Proszę natychmiast wziąć – powtarzał coraz natarczywiej. – Pan rozumie, te pięć złotych są panu niezbędne...

Cofałem się, usiłując zmusić usta do wypowiedzenia jakiejś rozsądnej obrony. Wściekłość jego wzrastała z każdym krokiem, a głos nabrał tak wielkiej grozy, że pragnąc spróbować ucieczki, obejrzałem się do tyłu. Jednakże to, co było za moimi plecami, nie mogło stanowić schronienia.

Zdaje się zauważył beznadziejność mojej sytuacji, bo nagle przeszedł na „ty".

– Jeżeli natychmiast nie weźmiesz, zobaczysz... Pięć złotych, więcej nie mam przy sobie, spłukałem się. Weź je natychmiast, bo zobaczysz...

Przerażony obejrzałem się raz jeszcze, czy przypadkiem za pierwszym razem nie pomylił mnie wzrok. Jednak nie.

Za moimi plecami stał młyn. Poznałem kręcące się spróchniałe drewniane koło i znajomy staroświecki ganek, na którym zasiadało się do herbaty po obiedzie.

Nie było odwrotu. Zacząłem błagać mojego oprawcę, aby dał spokój, mówiłem, niech przestanie żartować albo, jeżeli mówi poważnie, niech zabije mnie w każdy inny sposób, jaki tylko zapragnie, byle nie opuszczał mi na głowę kamienia młyńskiego. Zacząłem krzyczeć w obłędnym strachu. Tamten jednak, zdaje się, nic nie rozumiał, bo nagle na jego twarzy pojawił się uśmiech i dalej posuwał się za mną z tym uśmiechem, który był jeszcze straszniejszy od poprzedniej wściekłości.

Traciłem chyba przytomność. Zdaje się bełkotałem coś o szklance wody, o straszliwym pragnieniu, o długim marszu. Przysięgałem, że nie wrócę już do oddziału i jeżeli tylko zechce, gotów jestem z nim zostać. Przysięgałem, że nie jestem Niemcem.

On jednak nie przystawał ani na moment. Posuwał się za mną krok za krokiem jak na początku. Pozostało mi już niewiele czasu. Szum pracujących maszyn stawał się coraz głośniejszy. Obejrzałem się. Mur młyna dotykał niemal moich pleców. Zrobiłem jeszcze jeden krok za siebie i wiedziałem już, że nie zdołam uciec.

Prawda
Tadeusza Wiśniewskiego

A więc ucieczka bezsilnych?

Odłożyłem powieść Stanucha po przeczytaniu pierwszej części, już bowiem nabrałem ochoty, żeby badać, polować, wydobywać, zapisywać cudze prawdy.

Ponieważ rano zadzwonił w jakiejś sprawie profesor Wiktor Osiatyński, teraz wpadłem na pomysł, że w kwestii prawdy wystosuję do profesora mail. (Doktor socjologii, doktor habilitowany prawa, członek Komitetu Nauk Politycznych Polskiej Akademii Nauk specjalizujący się w historii doktryn polityczno-prawnych, konstytucjonalista; wykładał na uniwersytetach Harvarda i Stanforda; założył Komisję Edukacji w Dziedzinie Alkoholizmu i Innych Uzależnień; był pomysłodawcą powstania Programu Spraw Precedensowych przy Helsińskiej Fundacji Praw Człowieka; pisarz i alkoholik po nałogu. O! Na jego prawdę warto czekać, pomyślałem).

Musiałem jednak zamówić taksówkę i postanowiłem, że zacznę od razu. Spytam taksówkarza, który właśnie nadjedzie, o jego prawdę.

Nadjechał pan Tadeusz Wiśniewski, lat 72, dorabia do emerytury.

– Oczywiście, że mam prawdę! – odparł. – Nie można żyć tylko dla siebie, zamkniętym w sobie. Więc codziennie z kolegami na kawę chodzimy. Dziś nas było sześciu, ale czasem jest nas pięćdziesięciu. Słuchałem kiedyś w radiu jednego profesora: rozmawiać, mówił, jak najwięcej rozmawiać z ludźmi.

Prawda
bez złudzeń

– Pan ciągle pilnuje telefonów?

– Ale współpracuję z innymi ochroniarzami. Kiedy do sklepu wchodzi osoba, która wzbudzi zainteresowanie kolegi przy wejściu, on już szepcze do mikrofonu przy uchu: mężczyzna w okularach, niebieski sweter... i wtedy od razu słyszą to w monitoringu, kierują kamerę, a ona za nim podąża. Dzięki temu ja w dziale z telefonami już zwracam na niego uwagę, bo jest prawie pewne, że ten człowiek przejdzie przez telefony.

– Skąd ta pewność?

– Ci najbardziej podejrzani zawsze przechodzą przez dział z telefonami komórkowymi.

– Naprawdę?

– Tak, ten dział przyciąga. Muszą zobaczyć, muszą chociaż dotknąć paru tych aparatów, nawet jak ich nie ukradną, bo się szykują na grubszy sprzęt, ale dotknąć muszą, te cacka są jak fetysze. Bardzo lubię ten posterunek. Wprawdzie większość ochroniarzy mówi, że jest najnudniejszy, jednak ja jestem zadowolony. Przyszedł na przykład człowiek, który nie wzbudził niczyjego niepokoju – mężczyzna w garniturze. Ale gdy zjawił się w moim dziale, zaczął od tego, że podszedł do mnie i przywitał się, tak sympatycznie powiedział: „Dzień dobry, witam".

Tu dygresja. Gdy byłem przyjmowany do pracy, zadałem pytanie szefowi, po czym mam rozpoznać tych ludzi, którzy coś będą mieli kraść. A on: „Tego nie da się powiedzieć, to się po prostu wie albo nie". Bardzo mi się to spodobało, ponieważ zawsze fascynowałem się fenomenologią. Nie spodziewałem się, że będę miał w sklepie elementy pracy nad sobą samym. Poczułem, że ten klient nie jest szczery, że stara się wypaść na sympatycznego. Wprawdzie garnitur ma dosyć elegancki, ale gdy jemu się przyjrzałem, był zabrudzony lekko, o, tutaj, na twarzy. Niby nic, ale mały kontrast się wkradł. Tak jak się zjawił, tak wyszedł ze sklepu. To było około południa. Ale tego samego dnia o osiemnastej przyszedł znów.

– A pan wciąż przy telefonach?

– Tak, bo to praca w trybie dwunastogodzinnym. Początkowo byłem tym systemem oburzony, ale później zobaczyłem jego sens. Bo gdy ten człowiek przyszedł po sześciu godzinach, przypomniałem go sobie od razu. Zauważyłem, że ma na swojej eleganckiej marynareczce kawałeczek liścia, jakby urwanego, maleństwo takie. Gdzie chodził w tym garniturze? Włożył do koszyka trzy najdroższe telefony, w tym dwa iPhone'y tego samego koloru. Oczywiście nikomu nikt nie broni, jest wolny rynek, ale jak ktoś kupuje dwie takie same drogie rzeczy, kupuje najczęściej dwa różne kolory. Wkładając, powiedział mi, że to będą prezenty dla żony, i poszedł sobie. Szepnąłem o nim przez radio, trochę schowałem się za filar, bo bardzo ważna jest dyskrecja. Co się potem okazało? Ze sklepu wychodził bez telefonów, nie miał w koszyku niczego. Pewnie je przełożył do swojej torby, jest taki patent jeden, nie mogę go zdradzić, i bramki nie zareagują. Więc kiedy wychodził, koledzy wywołali sztuczny alarm bramek, bo to też się robi, żeby mieć pretekst i podejść. I pan od razu się poddał. Potem w jego samochodzie w garażu podziemnym policja znalazła mnóstwo skradzionych rzeczy z różnych sklepów. Dostałem nawet pochwałę...

Kiedyś spotkałem ochroniarzy w sklepach, ale żebym ja? Człowiek, który tak stoi jak żuraw czy czapla...

– No, jest jeszcze ochroniarz przy wejściu do sklepu, co pozdrawia wchodzących.

– Pamiętam, że to witanie wzbudzało trochę niechęć pracowników, którzy uważali, że jest dla nich poniżające. Stoję w drzwiach i do każdego jak automat: „Dzień dobry, dzień dobry". Ale z czasem ujawnił się sens tego, bo pierwszy kontakt z klientem już jest jakimś komunikatem. Oj, pamiętam, jak moja dziewczyna nie była z wyboru tej pracy zadowolona...

– No bo czy ochroniarz w ogóle myśli...?

– Taka jest o nas opinia. Pamiętam, jak mój kolega był oburzony, że poszedłem do tej pracy, bo to zajęcie, które uwłacza godności człowieka wykształconego, mówił. Nadmienię, że on do dzisiaj jest bezrobotny. Skończyłem wydział elektryczny na politechnice i zajmuję się też usługami elektrycznymi, tam trochę więcej można zarobić. Z tym że w tej dziedzinie są schematy, procedura, w elektryczności wszystko z góry wiadomo. A tutaj, w sklepie, jest coś takiego... poruszającego. W tej pracy się nie udaje, że się pracuje, bo wszystko jest filmowane. Nad całością czuwa szef, obserwuje przez kamery rzeczywistość. I to daje komfort.

– Nie wierzę...

– Wydaje mi się – nie chcę mówić, że w dzisiejszych czasach, bo chyba w każdych czasach – największym komfortem, jaki człowiek może mieć, jest właśnie nieudawanie. Ja się dopiero zorientowałem podczas mojej terapii psychoanalitycznej, jak ono jest cenne. Ta możliwość robienia czegoś realnie. Wcześniej pracowałem jako ankieter telefoniczny. Oprócz tego, że słabo płacili i przy ankieterach ochroniarz jest milionerem, miałem wrażenie, że informacje, które zbieram, to iluzja. Ludzie zupełnie nie byli zainteresowani tą rozmową. Chcieli jak najszybciej się rozłączyć. Ja też widziałem, że duża część ankiet robiona jest tak, żeby sprzedać jakiś produkt, a nie zebrać opinie. My o coś pytamy, ale nie chcemy znać odpowiedzi, tylko zainteresować rozmówcę jakimś produktem. Mówimy, że to maks piętnaście minut, a wiemy, że rozmowa nigdy nie trwa krócej niż pół godziny. To są drobiazgi, tyle że otwierają drogę do życia w iluzji. Nieprawda goni nieprawdę.

– A gdzie jest prawda?

– Wiem, że w pracy ochroniarza jest. Zostałem ochroniarzem, bo miałem dość życia w złudzeniu. Ja, absolwent politechniki, a potem psychologii na uniwersytecie, znalazłem prawdę na własny temat.

– To jak ją zapisać?

– Unikać życia w złudzeniach.

Prawda
ślimaka z Krymu

Do księgarnio-kawiarni Wrzenie Świata, w której przebywam w miarę często, weszła starsza energiczna dama. Kroczyła prosto do dużego stołu pod półką z książkami. Czyli do mnie.

– To pan poszukuje prawdy? – upewniła się.

(A więc już się o tym wie! – zacząłem umysłowy onanizm narcyza. Już wzniosłem się poza cotygodniowe pisanie felietonów! Mogę sobie teraz myśleć, że stworzyłem nawet małą instytucyjkę: Poszukiwalnia Prawd).

Uśmiechnąłem się do niej zadowolony.

– Ja, proszę pana – powiedziała – mam prawdę jak cegłę. I mogłabym nią pana uszkodzić.

Prawdy nie zdradziła i wyszła.

Wiem, wiem... Brzmi to niewiarygodnie. Czasem słyszę: niemożliwe, żeby ludzie mówili ci takie zdania, musisz trochę zmyślać. Cieszę się więc bardzo, że owa dama wypowiedziała te słowa przy dwóch świadkach, których oczy – zauważyłem! – zrobiły się okrągłe ze zdziwienia. Jeden jest znanym reporterem, drugi początkującym, i mogą to potwierdzić: Filip Springer i Kamil Bałuk.

Nieuszkodzony więc żadną prawdą wycofałem się na zaplecze księgarni. Tam mój wzrok napotkał zawieszoną na drzwiach kartkę, a na niej instrukcję.

Przypięła jedna z naszych pracownic. Wzięła wolne, powiedziała, że jedzie do mamy w Żytomierzu i wróci za dziesięć dni. Instrukcja dotyczy jego/jej, którą/którego zostawiła nam na oknie w małej plastikowej klatce z ziemią. Cały zespół księgarni miał się opiekować ślimakiem obojnakiem (bezkręgowiec ten nie ma płci, choć opiekunka nazywa ją jak samiczkę) o imieniu Korosta (czyli po ukraińsku Świerzb) w sposób następujący:

„1. Do żarcia nie dawać ani cytrusów, ani słonego! Bo zdechnie.

2. Preferuje ogórki i jabłuszka (mam nadzieję, że zostaną obrane) i tylko małe kawałki, nie całe, bo zgniją.

3. Co dwa dni sprawdzać stan jedzenia i jeśli się psuje, to najlepiej wyrzucić, bo przylecą owady i Korosta nie będzie już tak samo atrakcyjna jak zawsze.

4. Codziennie psiukać ślimaczka i trochę podlewać grunt, żeby nie wysechł.

5. Jeśli ktoś jest super i nie brzydzi się takich słodkich zwierzątek, to grzecznie bym prosiła o mycie (trzymanie pod strumieniem wody, można nawet w lateksiku). Jeśli ona uśnie, żeby wodą obudzić, bo latem nie jest za dobrze, żeby ona spała.

6. Czasami po pysznym obiadku ona zostawia małe kupki (w kształcie kiełbasek) i to też trzeba sprzątnąć (łyżką jednorazową drewnianą). To nie śmierdzi, ale nie musi długo leżeć w jej domku, bo ona to zje.

7. Bardzo mile widziane bawienie się z nią, żeby nie było jej smutno!".

Jesteśmy wszyscy pod wrażeniem związku, jaki nasza Anna Krysztafowycz z Ukrainy ma ze swoim ślimakiem. Kolega Radosław, nawet gdy jest chłodniej, przychodzi do pracy w krótkich rękawach, żeby Korosta miał(a) długie trasy do swoich wędrówek. Nie pozwala mu/jej tylko wchodzić sobie na nos.

Bezdusznemu i bezosobowemu (w naszym pojęciu) mięczakowi Ania nadała osobowość. Pomyślałem, że osiemnastolatce, która w wieku szesnastu lat zamieszkała sama, bez rodziny, w Polsce i tu zaczęła studia, ślimak pozwolił dojść do jakiejś prawdy.

Kiedy wróciła, wyjaśniła nam, że ślimak jest ważny, bo to jedyne, co ma z Krymu. Urodził się tam, kiedy Krym należał jeszcze do Ukrainy. Przemyciła go w pociągu.

– Kocham Krym, jeździłam co roku na krymskie wakacje – mówi. – A dziś już żaden pociąg z Ukrainy tam nie jedzie. Trzeba dojechać do granicy, przejść ją pieszo i z drugiej strony wziąć taksówkę, która kosztuje dziesięć razy tyle co normalnie, i jechać do jakiejś stacji. Dobrze, że mam chociaż tego ślimaka.

Kiedy się o nim zapomni, on wycofuje się do swojej muszli, zaciąga zasłonę w postaci błonki i zasypia. Próbuje przetrwać w bezruchu. Ożywić można go tylko wodą. Oczywiście nie może tak przeczekiwać w nieskończoność, bo umrze.

Nie dać zasnąć ślimakowi.

I to jest moja prawda.

Prawda
ostatniego słowa

Wojtek Tochman już od drzwi oznajmił, że wreszcie ma ją dla mnie!

Był na własnym wieczorze autorskim w Teatrze Ósmego Dnia w Poznaniu. *Między powinnością a strachem* – brzmiał tytuł spotkania, chodziło o uchodźców. Wszyscy mieli głos: i ci, którzy czują powinność, i ci, którzy czują strach. Jako ostatnia zabrała głos kobieta, która powiedziała na temat uchodźców coś jadowitego. Na co Wojtek zareagował: „To, co pani mówi, jest niegodziwe". I na tym spotkanie się zakończyło. Potem podszedł do niego mężczyzna, starszy niż młodszy, i zauważył, że „niegodziwe" było ostatnim słowem tego wieczoru. Nie warto kontaktu z drugim człowiekiem zamykać złym słowem.

– I to – opowiadał Tochman, stojąc wciąż w progu – jest moją nową prawdą.

Postanowiłem odnaleźć pana od dobrego słowa, żeby spytać o jego prawdę. Wieczór prowadził Marcin Kącki, który przypomniał sobie, że do Wojtka podszedł nauczyciel języka polskiego ze Śremu Andrzej Pakulski.

Pan Andrzej upewnił się, czy czasem nie przygotowuję jakiegoś tekstu, żeby zaszkodzić Tochmanowi, co mnie nie zdziwiło. Obserwujemy przecież wielki narodowy pościg. Jedni dopadają drugich, żeby przegryźć im gardła. Jeśli Stowarzyszenie Dziennikarzy Polskich atakuje już samych dziennikarzy, bo nie drukują tego, co chce rząd, to dlaczego Szczygieł nie mógłby atakować Tochmana, mimo że piszą w jednej gazecie?

– Nie, panie Andrzeju – zapewniłem. – Wojtek dzięki panu zaopatrzył się w pewną prawdę i jest zadowolony. A dotąd nie chciał mi się zwierzyć z żadnej. Za wszystkie próby dotarcia do niej obdarzał mnie takim wzrokiem, jakbym zabił mu co najmniej kota.

– Moje doświadczenie z nim jako czytelnika – zaczął Andrzej Pakulski – nie jest łatwe. Jeśli ma empatię w stosunku do ofiar, które opisuje, to czytelnika stawia pod ścianą.

– Wiem, i niełatwo pod tą ścianą wystać.

– Cały czas myślałem, jak to spotkanie czwartego października się skończy. Bo wystąpienie tej pani na końcu dotyczyło strachu. Ze strachem jest łatwiej, z powinnością trudniej, tak przynajmniej mi się wydaje. Świetny to był wieczór i ważne, że w Teatrze Ósmego Dnia. Jestem z tym miejscem emocjonalnie związany od siedemdziesiątego czwartego roku, wtedy byłem tam pierwszy raz, miałem dwadzieścia lat. Świetny wieczór, gdyby nie koniec. Nie wiedziałem, jak pan Wojtek na moją radę zareaguje. Ale szacunek, bo spojrzał na to uważnie.

– Dlatego bardzo mi zależało, żeby teraz poznać pana osobistą prawdę.

– Moją prawdą jest właśnie ta. Nazwałem ją prawdą ostatniego słowa. Życie jest krótkie, więc nie wiadomo, czy to nie nasze ostatnie spotkanie. Nigdy nie wiemy, czy będzie drugie, a co dopiero trzecie, czwarte... Myślę, że trzeba uważność na ludzi pielęgnować.

– A jak pan do tego doszedł? W wyniku przeżyć?

– Sam odkryłem tę prawdę właśnie czwartego października, na tym spotkaniu w teatrze.

– W wieku sześćdziesięciu jeden lat?

– Może wcześniej bym jej nie mógł odkryć? Jak byłem młodszy, nie wiedziałem przecież, że życie jest tak krótkie.

– Ale są, panie Andrzeju, jakieś plusy po sześćdziesiątce?

– Mam czas. Przyszedł czas na czytanie, choć zawsze z lekturą będziemy spóźnieni.

– A gdybym miał osiemnaście lat, był pana uczniem i spytał, co mam czytać...

– To bym panu szczerze życzył, aby dał się pan unieść przez starą Nową Falę: Barańczak, Krynicki, Zagajewski... A jakby pan wypłynął, to Świetlicki.

– Istnieją ku temu jakieś szczególne powody?

– Bo mógłby się pan dowiedzieć, jakim językiem pan mówi. Jeśli żyje się w Polsce i mają być z tego jakieś plusy, to poezja jest właśnie nagrodą. Nie ma przecież przeszkód, żeby samemu się nagrodzić.

Prawda
profesora

To chyba będzie „moja" prawda o prawdzie.

Prawda nie zawsze wyzwala. Często zniewala i upadla.

Przykra „prawda" powiedziana o kimś wprost – bez empatii, bez wczucia się w drugą osobę, bez chęci pomocy i zaoferowania drogi zmiany, jest agresją i szkodzi. Tak samo jak bezrefleksyjny krytycyzm.

Mogę komuś na coś zwrócić uwagę, ale raczej dzieląc się własnymi uczuciami pod wpływem czyjegoś postępowania czy słów (czuję złość, gdy coś mówisz, robisz i tak dalej), ale nie powinienem tego traktować jako prawdy, w którą ktoś ma uwierzyć.

Jeszcze trudniej poznać mi prawdę o samym sobie. Zmierzam w tym kierunku, ale wiem, że do tego potrzebuję innych ludzi. Bo sam siebie z łatwością mogę oszukać.

Dotyczy to również kultur. Wiele lat temu Raimon Panikkar powiedział mi: „Potrzebujemy innych, by zrozumieć samych siebie". Dopiero po wielu latach i doświadczeniach mądrość tę zrozumiałem.

Zastanawia mnie również, że wśród dziesięciorga przykazań nie ma nakazu mówienia prawdy ani zakazu kłamstwa.

Bo „Nie mów fałszywego świadectwa" jest zakazem obmowy i zniesławienia w złej wierze.

Lekarze dobrze wiedzą, kiedy prawda nie wyzwala, lecz zabija.

Więc moja prawda jest taka, że nad powiedzeniem „prawdy" trzeba się dobrze zastanowić.

Tyle profesor Wiktor Osiatyński w mailu.

Prawda
tarasu

„Czy Paryż się boi?", „Francuzi nadal przestraszeni?" – odczytywałem kolejne SMS-y. Zrozumiałem, że przyjeżdżając do Paryża na wykład, dostałem dodatkową misję: wyczuć strach. Wśród tych, których kojarzymy z beztroską.

W metrze pasażerowie niepokojąco milczeli, ale uświadomiłem sobie, że zawsze milczą. Ożywią się wieczorem! W kawiarnianych ogródkach.

Dojechałem na uczelnię, gdzie zbadano zawartość mojej torby, co było przepustką do słuchaczy. W tych dniach pojawiły się nawet utrudnienia w dostępie do muzyki. Otóż zawartość toreb i kieszeni prześwietlano nam też wieczorem przy wejściu do Opery. Aby dotrzeć do Bartóka w reżyserii Warlikowskiego, trzeba stanąć w kolejce i poddać się kontroli. Państwo przedsięwzięło odpowiednie środki i gdy chcesz obcować ze sztuką, musisz udowodnić: nie chcę nikogo zabić. Warunkiem zbliżenia się do czystej sztuki są więc czyste intencje.

Dowiedziałem się, że kawiarnia, przed którą zamachowcy zastrzelili pięć osób – Café Bonne Bière – w trzy tygodnie po masakrze działa na nowo. Czułem, że muszę tam pojechać i usiąść. Po raz pierwszy w życiu miałem taką potrzebę patetyczną.

Tłumacz mojego wystąpienia Alexandre Clément zabrał mnie tam następnego dnia. Trzydziestodwuletni Alexandre mówi osiemnastoma językami: z sześciu jest tłumaczem, sześć zna, ale nie jest tłumaczem, a sześć zna na tyle, aby przeżyć. Jest nieoczywistym Francuzem. Otóż wierzy w Boga. (Ja – jak się Państwo domyślają – jestem nieoczywistym Polakiem).

Chciałem usiąść w Café Bonne Bière i dowiedzieć się, czy jest szansa na prawdę w tym miejscu. Co tu czuję?

Na ścianie kamienicy nad oszkloną na nowo kawiarnią zawisł transparent: JE SUIS EN TERRASSE, co znaczy: jestem na tarasie. Precyzując po polsku: siedzę przy stoliku na ulicy.

Na tarasie – a więc nie ulegamy strachowi. Będziemy tu siedzieć jak każdego wieczora. Nie zniszczycie naszego świata.

Połowa stolików była zajęta, miałem wrażenie, że goście przeciągają swój czas na wino. Usiedliśmy i my, zamówiliśmy koniak. Opowiedziałem Alexandre'owi o Andrzeju Bobkowskim, który w czasie wojny mieszkał we Francji, i pochwaliłem go za przenikliwość. Napisał: „Francja pierwsza odkryła człowieka". Czy to nie genialne zdanie?

Alexandre zaś opowiedział mi o Panu Bogu i też pochwalił Go za przenikliwość.

– Gdyby Bóg był nierozsądny – stwierdził – stworzyłby człowieka jako posłusznego sobie robota. Wtedy świat nie miałby sensu, Bóg dał więc człowiekowi wolną wolę.

Odnalazłem na Kindle'u myśl ze *Szkiców piórkiem*, gdzie Bobkowski pisze, że Polak czuje absolutny obowiązek umierania nie tylko, gdy jest potrzeba, lecz przede wszystkim, gdy nie potrzeba. „Potrzebna śmierć – zauważa – nie liczy się, bo to podejrzane. Umrzyk mógł mieć jakiś interes osobisty. Prawdziwe bohaterstwo to umrzeć niepotrzebnie i koniecznie z fasonem".

– Nie wiem, drogi Alexandre, czy ten wyścig Polaków do umierania wynika więc z naszej wolnej woli, czy jednak z bezmyślności.

Zapisywał sobie nazwisko autora, bo niefrancuskie książki czyta tylko w oryginale, a mnie nagle naszła obawa. Nieracjonalna, przyznajmy. Terroryści mogą przecież znów podjechać autem pod kawiarnię i nas wystrzelać. Morderca zawsze wraca na miejsce zbrodni. Specjalnie zaatakują w tym samym punkcie, zirytowani naszą hardością. A ja siedzę tu szczęśliwy, że mogłem usiąść...

Wypiłem łyk koniaku.

I nagle uświadomiłem sobie: nie czuję żadnego strachu. Mogę zginąć przed tą kawiarnią.

Proszę bardzo, mogę umrzeć z przyjemnością!

I nie cenzuruję teraz tej myśli, bo przecież przyjechałem do Café Bonne Bière, żeby usłyszeć coś, czego nie da się usłyszeć gdzie indziej.

Nie powiedziałem jednak tego Alexandre'owi. W zestawieniu z uwagą Bobkowskiego obawiałem się śmieszności.

W metrze spytałem go, czy nie bał się tam siedzieć.

– Ani przez chwilę – odparł. – Wierzę w Boga i mogę bez obawy umierać.

Prawda
kogoś, kto żyje

Propozycja J.J.: „Ustal, proszę, prawdę ludzi, którzy wymyślili biodegradowalne urny. Można je wrzucać do morza. Zobaczyłam taką na fejsie, piękna".

Najpierw ustaliłem, że urny projektuje inna J.J., Joanna Jurga, absolwentka wzornictwa na warszawskiej ASP.

– Przepraszam bardzo – pyta. – Czy pan żyje?

– No właśnie zamówiłem dla pani americano, sobie cappuccino, więc to chyba jakiś dowód, że żyję.

– Pytam, czy ma pan pewność. Kiedyś wracałam ze szpitala i na moście Gdańskim zobaczyłam napis sprejem: ZANIM UMRZESZ, UPEWNIJ SIĘ, ŻE ŻYJESZ.

– Ja, proszę pani, fotografuję widoki z okien pokoi, w których śpię. Wczoraj nocowałem w Raciborzu i zrobiłem kolejne zdjęcie z okna. Czuję, że w tym jest sens.

– A ja, żeby czuć sens, nic nie fotografuję.

– Nawet za granicą?

– Kiedyś przebyłam Azję od Tadżykistanu do Malezji, niedawno wróciłam z Górnego Karabachu i doszłam do wniosku, że muszę jeździć bez aparatu. Nie robię też zdjęć telefonem. Niektórzy są zaskoczeni: jak można nie przywieźć zdjęć z takich miejsc? Ale jadąc z aparatem, stawiam się w roli obserwatora. Kogoś z boku. A to nie jest życie. Nauczyłam się w tych podróżach być, a nie chować za obiektywem. Wracam do hasła: UPEWNIJ SIĘ, ŻE ŻYJESZ, zapamiętujmy!

– Mamy być uważni?

– Tak. Bo kiedyś twarde dyski nam padną i będzie dramat. Liczy się to, co zapisane w nas. Kosho Murakami, mistrz zen, ale i fizyk teoretyczny, powiedział mi: bądź! I mówi: bądźcie! Bądźcie w tej kawie, w tym cukrze, bądźcie. Bo za chwilę może was nie być. I nic piękniejszego od nietrwałości nie ma. Trzeba ją zaakceptować, żeby lepiej być. Sama mam problem, żeby patrzeć na kobiety po operacjach odmładzających...

– Alergia na nietrwałość jest powszechna, cóż zrobić?

– W buddyzmie panuje ogromna akceptacja nietrwałości. A u nas ludzie dążą do pomników, do utrwalania się, co w rezultacie nie ma przecież, przyzna pan, żadnego znaczenia.

– A jak nietrwałe są pani urny?

– Bardzo nietrwałe. Czysta celuloza na stelażu bawełnianym, klej naturalny, czyli skrobia. Malowane na czarno lub biało. Chciałam, żeby zatrzaski były bambusowe, ale potem doszłam do wniosku, że powinny być nasze, lokalne, więc są dębowe. Mary też są dębowe; mam na myśli stojak. A w środku papier jedwabny. Produkcję zaczynamy ze wspólniczką w połowie grudnia. Można tę urnę zakopać w ziemi, rozłoży się w ciągu sześciu miesięcy, w zależności od wilgotności gruntu. Można w zgodzie z polskimi przepisami wodować, czyli wrzucić do morza. Rozpuści się.

– Wygląda jak morska muszla.

– Ona jest i muszlą, i łonem, i całunem... Nie uderza w żadną religię. Jest uniwersalna. Chodziło mi o to, żeby nie projektować jakiegoś białego kanciastego pudełka. Bo takie rzeczy są odczłowieczone, zimne, są obiektami.

– Ktoś napisał, że ten projekt łagodzi świat ponurych drewnianych skrzynek zakopywanych dwa metry pod ziemią.

– Bo chciałam, żeby była to urna antropomorficzna: takie ziarenko, które można przytulić. Ale czy te urny się przyjmą? My nie mamy umiejętności tracenia. Każdy chce zostać!

– Pani sobie próbuje poradzić z jakąś stratą czy przygotowuje się na stratę?

– Wie pan, mam od lat chorą nerkę, więc naobcowałam się ze śmiercią. Do tego jestem córką lekarzy, którzy operują. Miałam dziesięć lat, jak w szpitalu u rodziców trafiłam przypadkiem do kostnicy i pytałam, dlaczego ten pan jest taki niebieski. Prababcia przeżyła obóz, opowiadała mi o tym. Od dziecka rozumiem śmierć. Nie potrafiłabym teraz projektować ładnych mebli.

– To może pani wie też, jak nauczyć się umiejętności tracenia?

– Niestety, nie wiem.

– I ja nie wiem.

Prawda
dla Kapuścińskiego

Idziemy tam przeważnie raz w roku. Kiedy tylko postronni dowiadują się, że szykujemy taką wyprawę, chcą nas przekonać, przekupić, przestraszyć („Umrę z żalu, jak mnie nie weźmiecie!"), żebyśmy tylko ich ze sobą zabrali. Nie ulegamy. Jesteśmy zamkniętą grupą i każda nowa osoba byłaby złodziejką naszych przeżyć. Poza tym mało komu udaje się do tego miejsca dostać.

Nie umiem powiedzieć, w jakim celu tam chodzimy. Wiem jedno: nie jest to cel praktyczny. Ale kiedy wdrapujemy się po schodach na strych, widzę u wielu, że wciągają powietrze, rozchylają usta, koniuszki języków wstawiają między górne a dolne zęby i z takim wyrazem twarzy przekraczają próg. Kiedy są już w środku, kręcą głową z lewa na prawo, potem płynnie z góry na dół, żeby od razu za jednym ruchem zobaczyć wszystko – i wtedy wypuszczają powietrze. Towarzyszą temu: „Aaaaaaaa", „Ojeeej" albo nawet: „O, maaatko...".

Znam to miejsce ponad dwadzieścia lat, od kilku – przychodzę regularnie. Zawsze ze studentami, których w naszej szkole uczymy reportażu. Każdy rocznik jest poruszony: latem odwiedzimy gabinet Ryszarda Kapuścińskiego!

– Ciebie te wizyty już nie nudzą? – spytała rok temu Alicja, żona pana Ryszarda.

– Otóż nie, droga Alicjo – odpowiedziałem. – Wierzącego chodzenie do kościoła też nie nudzi.

Za każdym razem zauważam w gabinecie na strychu coś nowego, a w tym roku (4 lipca) zauważyłem, że myśli Kapuścińskiego bledną. Mówię o myślach, które umieścił na drzwiach albo na skośnych drewnianych belkach podtrzymujących dach. Wiele małych karteczek, zapisanych piórem lub flamastrem, przypiętych pinezkami. W zasięgu wzroku, jakby chciał zawsze do nich wracać, jakby miały ułożyć się w mantrę, do której chciałby zaprząc swój mózg.

Z powodu bladości postanowiłem je sfotografować. I wtedy dotarło do mnie, że przecież są to prawdy, które wielki reporter pożyczył od innych! I że jak najbardziej nadają się do moich zapisków o prawdach, do jakich dochodzimy.

Kapuściński pożyczył więc:

„Parandowski o Petrarce: »Po sześćdziesiątce zaczął się śpieszyć«";

„L.N. Tołstoj mówił, że niewiele mu już pozostało z życia, a powiedzieć i zrobić chciałby jeszcze bardzo dużo. Spieszy się i pracuje bez przerwy" (Aleksy Suworin, *Dziennik*);

„A tak człowiekowi nic nie jest droższego jako czas, a trzeba mu strzec każdej godzinki, aby jej wszetecznie nie upuścił..." (Mikołaj Rej);

„Nulla dies sina linea – ani dnia bez kreski" (Pliniusz Starszy).

Kiedy to piszę, mam wrażenie, że nie były to tylko zdania przyczepione do belek podtrzymujących dach. To zdania, które miały podtrzymywać życie.

Obok tego zestawu do przeżycia znalazł się też telegram: PANIE RYSZARDZIE, PIJĘ ZA PANA ZDROWIE, WISŁAWA SZYMBORSKA. (Pomyślałem sobie, że w ich obecnym życiu może się tej czynności właśnie razem oddają). Gdy fotografowałem to zdanie, usłyszałem lewym uchem, jak jedna studentka pyta żonę reportera, czy można usiąść w fotelu za biurkiem.

– Bardzo proszę. Odwagi! – zachęciła pani Kapuścińska.

Prawym uchem usłyszałem, jak asystentka i archiwistka pisarza wyznaje:

– Nigdy by mi nie przyszło do głowy usiąść za biurkiem pana Ryszarda.

Wtem usłyszałem (na lewe i prawe ucho), jak córka reportera mówi:

– W fotelu taty się przecież nie siada!

I te emocje wokół fotela – szczerze mówiąc – mnie wzruszyły.

Następnego dnia studentka Elżbieta Bednarkiewicz przysłała mi mail pod tytułem *Życie po fotelu Kapuścińskiego*: „Przez kilkanaście sekund siedziałam w fotelu wielkiego pisarza, a odkryłam prawdę. Otóż odchodząc, zostawiamy po sobie pustkę, wyrwę, lukę. Opuszczeni zajmują się żmudnym jej wypełnianiem. Dlatego ludzie po śmierci stają się na nowo. Zostają nawet kimś innym. Ich nieobecność przemienia się w długo oczekiwaną obecność. Ma się wreszcie nieobecnego w domu i dla siebie".

(Telefon do Hanny Krall. Rozmawiamy o Alicji Kapuścińskiej, że taka dzielna.

– Powiem pani – mówię do Krall – że coraz bardziej nie obawiam się śmierci, skoro tam jest już tyle osób, które znam. I Kapuściński, i Beata Pawlak, i Waldek Goszcz, moje siostry cioteczne Basia, Helena, no i...

– Panie Mariuszu, ale czy te osoby nas odnajdą, skoro tam jest tyle miliardów istnień? Jednak tu, na ziemi, Krzysiek Kieślowski miał łatwiej. Odnalazł mnie bez problemów na Ursynowie, bo z Żoliborza było blisko, a jeśli tam Krzysiek jest na innej galaktyce?

– Tam chyba nie ma odległości – mówię.

– Tak bym chciała, żeby mnie odnaleźli Rysiek Kapuściński i Kieślowski. Ale to będzie fajnie, jak spotkam rodzinę, której nie znam. Wszystkich, którzy umarli za okupacji, a precyzyjniej mówiąc, zostali wybici. Na przykład ciocię Alę. I spytam ją, dlaczego jako jedyna w rodzinie była komunistką. Powiedziałabym: „Ala, co ci do łba strzeliło, żeby być komunistką. Ty, wykształcona, inteligentna, nauczycielka francuskiego i taka głupia!".

– Pani Haniu, a gdyby nie było Holokaustu, o czym by pani pisała?

– W ogóle bym nie pisała, byłabym przedszkolanką w przedszkolu francuskim jak ciocia Ala. Miałam iść w jej ślady, mówiła mi mama. No ale ciocię Alę zabili.

Na koniec Hanna Krall [sama do siebie]:

– Jaki dobry dzień. Zadzwonił pan Mariusz z informacją, że istnieje życie pozagrobowe).

Prawda
z piętra logicznego

– Dzień dobry panu?

– Dzień dobry pani.

– Pan jej nie odpowiada na dzień dobry, bo będzie cały czas się kłaniała. To okropne piętro. Tylko nasz pokój jest logiczny, czyli my dwie, ja i pani Stenia. Ale biedne leżymy na nielogicznym piętrze. Jaki oni tu teatr odstawiają!

– Czyli pani jest logiczna?

– No, ja i pana mama. Logiczni są w tym domu na pierwszym piętrze, a na drugim nielogiczni. Tylko że na pierwszym nie było miejsca i nas po złamaniach dali tutaj. Jesteśmy z panią Stenią taką wyspą logiczną wśród tych zwiędłych mózgów.

– Dzień dobry panu?

– Dzień dobry pani.

– My je, synu, z panią Sylwią nazywamy kursantki, bo kursują cały czas po korytarzu. Trzy razem. I wszystkie trzy udają, że nie jadły.

– Może naprawdę głodne?

– A co pan, panie Mariuszu! One zjadają swoją kolację, nasze kolacje i jeszcze czyhają na kanapki. I cały czas powtarzają: dajcie kawałek chleba, dajcie choć suchy chleb... Nic nie jadłam od wczoraj. Nie dla mnie, dajcie dla dzieci choć...

– Ale pani Sylwio, ona nigdy dzieci żadnych nie miała!

– No i zjada po trzy kolacje. Wojna, po prostu wojna. Można stracić pamięć całą, a wojny nigdy się nie zapomni. Pani Steniu, a pani była w obozie?

– Nie, koło mnie to tylko bomba wybuchła, bo moja mama z wujenką wysłały mnie po żelazko, że w domu zostało: Steniu, musimy mieć żelazko! No i my z tym żelazkiem między drzewami, a tu bomba wybucha, wujence spaliło włosy. Po co żelazko na wojnie?

– Dzień dobry panu?

– Dzień dobry pani.

– A dlaczego pyta pani mamę o obóz?

– Ja przeżyłam, panie Mariuszu, na boso Pruszków po powstaniu.

– I doszła pani od tamtego czasu do jakiejś swojej prawdy?

– Doszłam i dlatego nigdy nie narzekam. Bo człowiek wie już, co jest ważne. Z Warszawy do Pruszkowa nas zagnali. Spałam bosa, nie było się czym przykryć. A potem w czterdziestym piątym przez krę boso na drugą stronę Wisły. Mama wzięła dwoje dzieci na ręce i przez krę skakała po lodzie, pan sobie wyobraża? A mnie brat trzymał, bo mama rąk nie miała, i też boso przez rzekę. To teraz nawet jak leżę w tym pampersie zasikana, bo mówią, że zaraz zmienią, a zmieniają po trzech godzinach, to i tak czuję się jak pączek w maśle. To znaczy pączek w moczu.

– Dzień dobry panu?

– Dzień dobry pani.

– Pan przestanie odpowiadać na dzień dobry, bo jej to przyjemność sprawia.

– Raczej muszę, pani Sylwio, powiedzieć „do widzenia". I pani, i mamie, bo już taksówkę zamówiłem.

– Tam zamknięte są drzwi do budynku na dole, żeby nielogiczni nie uciekli. Pan poprosi o otwarcie.

Żegnam się z mamą i panią Sylwią, schodzę na parter. Starszy mężczyzna energicznie wstaje z fotela i wyciąga klucz.

– Pan tak siedzi obok tych drzwi, otwiera je i zamyka, nie nudna ta praca?

– ...ja nie umiem liczyć, proszę pana...

– Nie rozumiem.

– Miałem wylew. Mam tam na końcu swój pokój z telewizorem i nie narzekam na opiekę, ale wolę siedzieć przy drzwiach. Bo człowiek musi być przydatny. Opiekunki nie muszą latać do drzwi, a ja dyżur pełnię. Człowiek jak już nie będzie miał dyżuru, to po nim.

– A kim pan jest z zawodu?

– Dyżurny jestem, dyżur mam.

Prawda
zastępcza

Rok temu wsiadłem do pociągu do Poznania. W przedziale, w którym miałem miejsce, siedział samotny mężczyzna przed czterdziestką. Spojrzał na mnie, rozpromienił się, jakby zobaczył długo niewidzianego brata, i powiedział:

– Pan Mariusz to na pewno będzie chciał mi zaraz zadać jakieś pytanie.

– A jakie mógłbym zadać?

– Na przykład dokąd jadę.

– A dokąd?

– Do Grudziądza. I na pewno pan spyta zaraz, w jakim celu, więc od razu powiem. Metr mieszkania w Grudziądzu kosztuje jedną trzecią tego, co w Warszawie. Chleb w Grudziądzu złoty dwadzieścia, a w Warszawie dwa. Wyprowadzam się więc do Grudziądza, koszty utrzymania są tam niższe, właśnie jadę znaleźć mieszkanie. Sprzedam to, które mam w stolicy po babci, wystarczy mi jeszcze na życie i spłatę kredytów, które kiedyś zaciągnąłem. Dobry pomysł?

– Ale dlaczego do Grudziądza?

– A dlaczego nie do Grudziądza?

Umówiliśmy się, że za rok pan Maciej Piotrowski (lat 38, elektromonter z maturą, bezdzietny, kawaler) napisze do mnie maila, jak mu się w Grudziądzu wiedzie.

Napisał. Prowadzi w Grudziądzu kiosk z gazetami i papierosami. Na razie mu się nie wiedzie, bo mimo że kiosk ma trzy minuty od swojego domu, co jest atutem, to stoi on na remontowanej trasie autobusowo-tramwajowej i dopiero od 1 sierpnia zostanie ona uruchomiona, i może wrócą wtedy klienci. Na razie ledwo może przeżyć, dokłada z własnych pieniędzy i nie wiąże końca z końcem. Mógł, jak mówi, na lewo handlować tytoniem bez akcyzy w internecie, byłoby mu lżej.

– Wybrałem jednak drogę dobra i się na niej pośliznąłem. Ale poczekam, bo w ostatecznym rozrachunku będzie lepiej. Zło jest na chwilę, a dobro jest stałe i trwałe. Ja mógłbym patent sprzedawać na to, jak wydobywać z ludzi dobro.

– A jak?

– Poświęcać ludziom czas, interesować się nimi. I to wystarcza.

– Odważna była ta decyzja z wyjazdem do Grudziądza – chwalę go.

– A jaka to odwaga? – dziwi się. – Jeśli chodzi o przeprowadzkę, nic nowego. Ludzie tak robią.

– No ale kiosk...

– Jeśli chodzi o otwarcie kiosku: nic nowego. Ludzie tak robią.

– No ale jednak jakieś pozytywne myślenie w panu jest...

– Ach, proszę pana, w USA swego czasu ludzie obłędu dostawali w związku z pozytywnym myśleniem. Moda wręcz na to była. Zbadali zjawisko naukowcy i okazało się, że to stan chorobowy. Więc byłbym ostrożny.

– No ale jakoś Bóg panu sprzyja...

– Wie pan, Bóg jest, ja jestem i nie wchodzimy sobie w drogę. Boga więc bym w to nie mieszał.

– No to o Grudziądzu proszę mi opowiedzieć.

– Tu nie ma gdzie chodzić do pracy. Była fabryka piwa, padła. Trzydzieści procent ludzi nie ma roboty. Jednak ludzie są interesujący. Mieszkam na pierwszym piętrze i teraz w upały okno mam otwarte, więc słyszę, jak rozmawiają. Te rozmowy są zdawkowe, zdania urwane. Nie ma pełnej wypowiedzi. Rzadko się zdarza, żeby ktoś wypowiedział się w sposób rozwinięty, wielozdaniowy. Zbyt często widzę kobiety, które kupują cały litr wódki, a zbyt rzadko mężczyzn w ładnych koszulach i krawatach.

– Panie Macieju, a może pan doszedł tu, w Grudziądzu, do jakiejś swojej prawdy, choćby najmniejszej? Wie pan już coś, czego pan nie wiedział w Warszawie, a tu już pan wie? Bo właściwie to ja w tej sprawie dzwonię.

– Mam prawdę w sobie, ale jest to prawda zastępcza.

– Powie pan jaka, bardzo proszę...?

– No to powiem. Ta prawda brzmi: że może kiedyś dojdę do innej prawdy.

– ...

– Co pan nic nie mówi, panie Mariuszu?

– Zastanawiam się, czego mogę panu życzyć.

– Nie, nie potrzebuję życzeń, bo jeszcze nigdy nie spotkałem się z tym, żeby jakiekolwiek życzenia miały moc sprawczą.

Prawda
stówy

Na wielkim przyjęciu telewizji Polsat alkohol uderzał nam do głów. Prezentowano nową telewizyjną ramówkę, aktorzy seriali defilowali przez scenę i deklarowali tajemniczo: „W tym sezonie moja postać ulegnie zmianie".

Byłem partnerem Zosi Czerwińskiej i siedzieliśmy przy stole *Świata według Kiepskich*. Zosia znów mnie zaskoczyła. Celnie, dowcipnie i czarno (no bo mówi się „czarny humor", więc czarno):

– Gdyby mnie wywoływali na scenę, powiedzcie, że umarłam.

Pomyślałem, że dla tego zdania warto było towarzyszyć jej na tym przyjęciu w pałacu architektów, bo właśnie tam Polsat odsłaniał ramówkę. To, jak aktorka Czerwińska potrafi oswajać grozę, powinno być przeanalizowane przez naukę polską.

Zosia siedziała po mojej lewej, a po prawej siedział aktor, który nie wypił ani grama. Nazywa się Lech Dyblik i jeśli nie kojarzycie tego nazwiska, wygooglujcie jego fotosy, zaraz stanie się Wam bliski. Ma taką twarz, że może przez cały film nie otworzyć ust, a zagra wybitnie. Na tę twarz pracowały lata alkoholizmu. Aktor okazał się wyższy ode mnie o głowę, a ja przy facetach wyższych od siebie robię się mało rozmowny. Poprosiłem więc, żeby to on mówił.

– Może doszedł pan w życiu do jakiejś swojej prawdy? – zagadnąłem.

– Powiem ci chętnie – zaczął i powiedział mniej więcej (mniej więcej wstawiam z powodu ilości wypitego przeze mnie wina) tak: – Doszedłem do tego, że warto mieć przy sobie stówę.

– W jednym banknocie?

– To nie ma znaczenia. Ważne, żeby ją dać. Jadę samochodem i macha autostopowicz. Jak nie jest cycatą blondynką, to się zatrzymuję, bo nieblondynki mają małe szanse na podwózkę. I to był Czech, kierowca samochodu ciężarowego, który mu wysiadł. Chciał dojechać do granicy czeskiej. Ja na to, że mogę go dowieźć do Wrocławia. Mówi, że podróżuje stopem od wczoraj. Ja, że mam ze sobą sześć bułek, bo żona zawsze daje mi sześć bułek w podróż.

– Sześć?!

– No bo wysoki jestem. On, że chętnie zje. Zjadł wszystkie! Pomyślałem, że nie ma pieniędzy. Potwierdził: ma czterdzieści groszy. Mówię więc: trzymaj stówę, zawiozę cię do Wrocławia, tam znajdziesz autobus do granicy, starczy ci na bilet i jedzenie. Nie zdążył nic powiedzieć, a ja dostałem SMS. Oho, myślę, żona pyta, czy zjadłem bułki. Przeprosiłem i czytam. A to mój agent: reżyser czeski zaprasza cię do międzynarodowej produkcji bez zdjęć próbnych! *Malowany ptak* Kosińskiego! Szok. Nie mówię po czesku, nigdy nie grałem w czeskim filmie, jak na mnie wpadli? Skończyłem czytać, a ten autostopowicz mówi: „Chciel sem odwdzieczyt…". Ja mu na to: Chłopie! Właśnie się odwdzięczyłeś, nawet nie wiesz jak.

Druga sytuacja. Jadę pod Lublinem, macha taki wysoki jak ja, tylko nastolatek. Otworzył drzwi, pochylił się i od razu odgiął, jakby go poraziło. Myślę: wariat, lepiej nie brać. Ale znów się zgiął i wsiada. Pan mnie poznaje?, pyta. Nie. No, jechaliśmy rok temu pod Wrocławiem. *Sorry*, ale za dużo ludzi biorę do samochodu, nie pamiętam. To ja panu przypomnę. Dał mi pan stówę. Ja? Stówę? No bo mówiłem panu, że mam osiemnaście lat, wyszedłem z domu dziecka, dali mi mieszkanie do remontu i całe pieniądze w to wpakowałem. A nagle praca się trafiła, tylko że badania za dziewięćdziesiąt złotych… I nie mam od kogo pożyczyć. Stracę tę pracę, a szukałem jej strasznie długo. Pan na to: masz stówę, a za resztę zupę sobie kup. Badania zrobiłem, pracę mam i cały rok zastanawiałem się, gdzie pana znajdę, żeby podziękować. I nagle pan jedzie tą drogą, na której ja stoję przez zupełny przypadek…

Prawda
z końca świata

W zimową sobotę pojechaliśmy do Supraśla na koniec świata.

Zmierzch miał nadejść za dwie godziny, więc mogliśmy obejrzeć pewien wyjątkowy przypadek. (Tu, za Białymstokiem, prawie każde zjawisko należy do tej kategorii). Zawiesiliśmy wzrok na przypadku drewnianego modernizmu z 1934 roku. Całą fasadę Domu Ludowego obito bielonymi deskami. W Pradze czy Paryżu podobny typ domu jest murowany, a w Supraślu – drewniany.

Na drzwiach wisiał afisz, że odbędzie się tu spotkanie wokół książki o innym wyjątkowym przypadku – HOSTIA. CUD EUCHARYSTYCZNY W SOKÓŁCE. Na hostii pojawił się fragment „mięśnia ludzkiego serca w agonii", co zresztą wykazały badania patomorfologów z Akademii Medycznej. Akurat w Domu Ludowym zbierali się mieszkańcy i jakiś miły pan przy wejściu wziął nas za trzech architektów z Warszawy. Chciał pokazać, jak pięknie odrestaurowali ten klejnot. Okazał się burmistrzem Supraśla. Komplementowaliśmy jasnopopielaty kolor poręczy i schodów wewnętrznych, bo to rzadki przypadek krajowego gustu.

Potem skierowaliśmy się na ulicę 3 Maja, szalejąc z aparatami. Chcieliśmy ją ująć w zachodzącym słońcu na ultramarynowym niebie: po obu stronach niziutkie drewniane domy, przed każdym wierzba z przyciętą fryzurą i stara świecąca latarnia, a wieża kościoła w oddali... Deser dla mózgu!

Wstąpiliśmy też do baru Jarzębinka na najlepszą kiszkę ziemniaczaną, zapijaną podpiwkiem. Na barowym parapecie leżała piękna książka: *Tajemnica modlitwy. Przewodnik dla poszukujących Boga.*

O dziewiętnastej nadszedł czas na *Reportaż o końcu świata.* W maleńkim teatrze Wierszalin (wyjątkowy przypadek) obejrzeliśmy spektakl non-fiction. O tym, że nagle w latach trzydziestych, w czasach modernizmu – drewnianego, ale jednak – pojawił się w tej okolicy Syn Boży. Zmartwychwstał w postaci niepiśmiennego chłopa, niejakiego Eliasza Klimowicza. Cud rodził cud. Skądś nadeszli także car Mikołaj z carycą, których przecież mieli zabić bolszewicy, i car zaczął szyć chłopom buty. Mieszkańcy nagle okazywali się apostołami, a mieszkanki Matkami Boskimi. Koniec świata miał nadejść, ale najpierw ludzie pragnęli wywyższenia.

Po spektaklu wróciliśmy na 3 Maja. Teraz na kolację do Spiżarni Smaków, gdzie mógłbym siedzieć do rana. Na ścianach wiszą koronkowe serwetki, każda za szkłem z ramą, niczym obrazy. Właścicielka powiedziała jakiś czas temu swojej mamie: „Dawaj serwetki babci Ani". Mama na to: „Ale one są cenne". Na to właścicielka: „Teraz będą bardziej cenne".

Zamówiłem od razu dwie porcje zupy solianki, a koledzy – racuchy i barszcz. Mężczyzna obok, może trzydziestoletni, z zapałem tłumaczył coś kilku osobom przy stoliku.

– Co mówi? – spytałem cicho kolegę Cezarego Bałdygę.

– Ten pan wie – wyjaśnił konfidencjonalnie Czarek.

– Co wie? – ożywił się Robert Piotrowski znad barszczu.

– Wszystko. Pan wie, że talmudyści, kalwini i prawosławni, na dodatek z jezuitami!, są przeciwko. A prawda jest taka, że my nie wiemy, wiedzieć nie będziemy, nie podejrzewamy nawet oraz nigdy nie przewidzimy.

Zaczęliśmy słuchać mężczyzny, bo coraz bardziej zawłaszczał lokal.

– Już wiadomo – mówił głośniej – gdzie schroni się papież. Kiedyś papieże chronili się we Francji, teraz będzie to Rosja.

– Jednak jeszcze nie wiadomo – dodawał – co zrobią jezuici... Czy w ogóle będzie dla nich jakiś ratunek.

– I co teraz? – spytałem cicho kolegów.

Cezary zastanawiał się półgłosem:

– Trzeba by zacząć trenować...

– Co?

– Trudną sztukę dzielenia rzeczywistości. A także jej ostateczne wartościowanie. Ale przyjąć to? Odrzucić? Czy dopić kawę i dokończyć racucha?

Zgodziliśmy się, że w tej sytuacji dokończymy racuchy.

– Zawsze „tak" dla małych rzeczy – powiedział zadowolony Cezary.

Prawda
o niemożliwości całkowitej zmiany

– Halooo? Monstrancję? Poczekaj, wyjdę na korytarz, nie chcę państwu w przedziale przeszkadzać. Monstrancję nie, kielich, na normalnej mszy kielich.

– ...

– Dokładnie tak, a wiesz, że nastąpiło przeszukanie całego mieszkania? Wszyscy szukali kryształu. Józka szukała, ale Józka to tak na niby oczywiście. A kryształ wsiąkł. Ja tam mam swoje podejrzenia.

– ...

– Sękową...

– ...

– O czym Sękowa może rozmawiać? No w ogóle o czym, co ona ma do powiedzenia? Jakie prawdy ma, jeśli w życiu to najlepiej jej wychodzą pierogi?

– ...

– Więc mama zarzuciła nam wszystkim, czemu to Edek nie przyjeżdża. Edek może by dojechał, ale w tajemnicy przed

Zdziśkiem. Mamie to aż w głowie się gotowało, aż pospała się z tego po południu.

– ...

– Ktoś ze znajomych powiedział, że ona wyjechała, no, taki jeden znajomy, dobrze wiemy jaki...

– ...

– Słuchaaaaj, a czy ten znajomyyyy nie jest aby wykorzystywany do nawigacji?

– ...

– Do nawigacji, no, żebyśmy myśleli pod ich dyktando...

– ...

– Ha! ha! Wszystko wyjawiłam! Ale nie mamie. Nie chcę jej męczyć.

– ...

– Tak, to znaczy hostię nie, powiedz, że hostię nie, dajmy już spokój...

– ...

– Ona jak będzie mogła, będzie to robiła. Hostię nie, przecież mówię, do cholery. Bo ty o niczym innym nie możesz rozmawiać, tylko o tym?

– ...

– Zapamiętaj sobie tę prawdę! Całkowita zmiana nie jest możliwa. Nigdy nie jest możliwa.

– ...

– A czarownica nie będzie wolała zwrotu? Bardzo bym chciała, żeby ją tak dusiła. Oj, bardzo bym chciała. Uduś się! Ciekawe, czy pokazała SMS.

– ...

– Poczekaj, dziewiętnasta jestem w Szczecinie, poczekaj, sprawdzę na bilecie... Ja mówię, pani Stefanio, biorą! Biorą, żeby zabrać... Zabrać jest najważniejsze! Zaraaaz, dziewiętnasta czternaście w Szczecinie, nie, nie, padnięta będę, rano do pracy.

– ...

– Mama mówi, dlaczego taki Edek jest, że się nie odzywa, chodzi, nic nie mówi, ja mówię: on jest chorym człowiekiem, wy się odezwijcie. Myyyy? Trzeba zawsze samemu wyciągnąć dłoń, nie czekać. Jaka miłość w was jest?, pytam. Ale byli zaskoczeni, to my mamy pierwsi, no, no...

– ...

– Trzeba rozmawiać, mówię im.

– ...

– Nie. Do tych natomiast to ja się nie odzywam, ale słuchaj, czy ktoś w okolicy wie, że my nie gadamy ze sobą? Brożowa też wie? No, mamy siostra! Obcy ludzie się pytają, mówi mama, a skąd obcy ludzie wiedzą? Kto to roznosi?

– ...

– Ale kto to roznosi!?

Prawda
Nadkobiety

Zaglądałem po kolei do każdej sali. Jedne kobiety, przypięte do maszyn, spały z otwartymi ustami, inne szeptały coś pod przymkniętymi powiekami. Wszędzie zwiędłość opatulona w białą pościel. A ona siedziała na środkowym łóżku jak lalka. Rozpuszczone kruczoczarne włosy, czarny makijaż, karminowe usta.

To było w szpitalu na raka.

W szpitalu na depresję odwiedziła ją Magda Grzebałkowska. Jedne kobiety krzyczały, inne wyrywały włosy z głowy, a na środku – ona, milcząca, w gotyckim makijażu. Nadkobieta.

Chemioterapie chyba dawały skutek.

Magda G. uradowała się, że poznałem ją z Nadkobietą. Bez niej trudno byłoby zrozumieć, do kogo tęsknił Tomasz Beksiński. Bo przecież o obsesji życia z nadkobietą, a nie z kobietą, opowiadał i znajomym, i w telewizji. Bez Nadkobiety trudniej byłoby Magdzie G. napisać biografię Zdzisława i Tomasza, ojca i syna, zatrzaśniętych przed sobą raz na zawsze.

Tragicznych facetów, którzy na śmierć liczyli bardziej niż na życie.

A Nadkobieta była szczęśliwa, że może wreszcie o nich obu opowiedzieć. Kto czytał *Beksińscy. Portret podwójny* Magdy G., na pewno pamięta ten szczegół: Zdzisław znosi z pawlacza karton ze starymi zdjęciami. „Po raz pierwszy ojciec i syn przestali trzymać dystans. Siedzieli i oglądali fotografie. Wzięłam zdjęcie Tomka i mówię: »Jaki śliczny chłopczyk«. Zdzisław na to: »Hitler też kiedyś był mały«"*.

Kiedy Nadkobieta rozstała się z Tomaszem i postanowiła wyjść za jego kolegę, napisał do szuflady scenariusz filmu. O tym, jak jej mąż ginie w zamachu bombowym. Nawet w pożegnalnym liście Tomasz nie był w stanie jej tego wybaczyć: „Ze zgrozą pojmujesz, z kim żyłeś przez ponad rok. Twój zamek marzeń staje w ogniu, a potem tonie w bagnie".

Na promocję *Beksińskich. Portretu podwójnego* wyszła ze szpitala. Zastrzegła, że przyjdzie do Faktycznego Domu Kultury *incognito*, a mimo to usiadła w pierwszym rzędzie. Obiecałem jej, że jako prowadzący wieczór nie ujawnię, że Nadkobieta jest na sali. Magda G., żeby ją uspokoić, powiedziała publiczności:

– Do książki wiele wniosła Nadkobieta, chcę jej więc podziękować na odległość, bo nie mogła tu być dziś z nami.

Ale zaraz były pytania od publiczności i pani w gotyckim makijażu poprosiła o mikrofon:

– Pamiętam jak dziś, Zdzisław zniósł to pudełko z fotografiami, braliśmy je do ręki...

Jej jedyna prawda to wszystko robić na swoich zasadach.

---

* Magdalena Grzebałkowska, *Beksińscy. Portret podwójny*, Znak, Kraków 2014, s. 361.

Mąż jest o tym przekonany.

Trzynaście lat temu, gdy zacząłem pisać reportaże z Czech, Joanna (takie było imię Nadkobiety) mianowała się moim adwokatem. Bohemiści uważali, że robię rzeczy niedopuszczalne. Na przykład tłumaczę wprost z czeskiego niektóre idiomy. Jeden na sto tak mi się podobał, że nie chciałem wymieniać go na polski. Zamiast mieć czegoś powyżej uszu, wolałem mieć tego pełne zęby. Zamiast poczuć gęsią skórkę, wolałem poczuć mróz na plecach. Literackie wykroczenie! A ona, Czeszka po ojcu, Polka po matce, uważała, że dla dobra języka czasem możemy otworzyć jakiś dopływik, zrobić otwór w językowej tamie. A ponieważ była współautorką uznanej książki *Czesko-polski słownik skrzydlatych słów*, miała dr przed nazwiskiem i pracowała jako wykładowca na Uniwersytecie Jagiellońskim, zamykała moim oponentom usta. Śmiała się: „Chcesz zarazić nasz język czeszczyzną, a tymi, którzy najbardziej nie mogą tego znieść, są specjaliści od czeskiego".

W nieoczekiwany sposób odbierała to, co się do niej mówi. Kiedyś poszliśmy na kawę. Powiedziałem, że pięknie dziś wygląda, na co zareagowała bardzo nieadekwatnie: „Nie rób mi tego! Jestem w szczęśliwym związku, kocham Jarka, nie chcę tego zmieniać!". Rozumiała mnie inaczej, niż oczekiwałem.

Podejrzewam, że w ogóle życie rozumiała inaczej.

Może dlatego uparcie starała się, żeby dobrowolnie z niego odejść?

Jest takie czeskie określenie *dobrovolně odejít ze života* – myślę, że byłaby zadowolona, że po jej pogrzebie wzbogacam nim polszczyznę.

Prawda
Hollywood

Biegł po Nowym Świecie, zatrzymywał się na mój widok i oznajmiał mi zawsze to samo:

– Słuchaj, nie będę pisał żadnych scenariuszy filmowych!

Czasem nie zatrzymywał się i nie byłem jego znajomym.

Czasem wpadał do księgarnio-kawiarni, w której przebywam dość często, i obwieszczał:

– Mariusz, nie będę pracował dla Hollywood! Przemyślałem to i wolę zostać kelnerem. Szukam teraz pracy w knajpach.

Przychodził co jakiś czas do redakcji, zawsze z identyczną wiadomością:

– Wiesz, doszedłem wreszcie do wniosku, a patrz, ile lat musiało mi to zabrać, że nie ma sensu tracić zdrowia na pisanie scenariuszy. Mam pracę kelnera i jestem bardzo szczęśliwy.

Skarżył się, że musiał opuścić pokój, który wynajmował z dwoma kolegami:

– Wiesz, że dopiero po jakimś czasie odkryłem, że mieszkali ze mną moi rodzice?

– W tym pokoju?

– Nie – odparł rzeczowo. – W tym mieszkaniu.

– Rodzice? A koledzy nie protestowali?

– Nic nie rozumiesz. Pod postaciami tych kolegów ukryli się moi rodzice.

– To byli koledzy czy podszywający się pod nich rodzice?

– Nie słyszałeś, że tak sobie dobieramy przyjaciół, żeby odtworzyć pierwotny układ rodzinny? I ja tak dobrałem kolegów. Jeden był figurą mojej matki, drugi ojca. To mnie zrujnowało. Nie mogłem przez nich się usamodzielnić, grałem rolę dziecka.

Po kilku miesiącach:

– Straciłem tę robotę w knajpie, ale dalej szukam jakiegoś miejsca, mogę być kelnerem, menedżerem lokalu, oby tylko nie pisać. Bo wiesz, że zrezygnowałem z pisania scenariuszy dla Hollywood?

– Ale dlaczego? – postanowiłem o to dopytać po raz siódmy, a może siedemnasty.

– Jakakolwiek działalność intelektualna może mnie zabić, ja to wiem! Jakbyś słyszał o posadzie kelnera...

– Ja jednak wolę pisać – powiedziałem mu po roku jego nagłych wizyt. Głośniej to nawet powiedziałem, żeby przerwać tę nudną mantrę o scenariuszach.

Spojrzał mętnym wzrokiem.

– Ja wolę pisać! – powtórzyłem z nieukrywaną irytacją, ponieważ lekarz, który zapisał mi antydepresanty, wyjaśnił, że nie mam żadnego obowiązku wysłuchiwania bzdur od ludzi chorych psychicznie i pożyczania im pieniędzy, ba, nawet nie muszę się z nimi spotykać. Tyle że nie wiedziałem, jak nie spotykać się z Niepiszącym Scenariuszy. Całą frustrację związaną z jego osobą włożyłem więc w ton tego mojego oświadczonka.

– Co ty mówisz?! – Niepiszący zabrzmiał, jakby obudził się ze snu. – Po co? – pytał gorączkowo. – Komu to jest potrzebne? Czy ty na pewno wiesz, co robisz? Pisanie może zabić! Przemyślałeś to?

– Przemyślałem!

– Nie rozumiem, nie rozumiem... – zaniepokoił się.

– Wolę pisać! – znów podkreśliłem. – Teraz piszę o tym, do jakich prawd w swoim życiu ludzie dochodzą.

– Ja, nie wiem, czy ci mówiłem, pisałbym scenariusze filmowe dla Hollywood, ale się boję.

– A napisałeś choćby jeden scenariusz, choćby dla Łodzi?

– Nie! – Spojrzał na mnie jak na diabła. – No coś ty!

– No to nawet nie wiadomo, czy ty w ogóle masz do pisania scenariuszy talent.

– No tak – przytaknął skwapliwie. – Ale wiem przynajmniej, że nie chcę robić kariery scenarzysty filmowego w Hollywood.

– I to jest prawda, do której doszedłeś przez czterdzieści pięć lat życia!?

– Tak! – Ucieszył się. – To jest moja prawda! Bo posłuchaj – zaczął mówić rzeczowo jak dawniej, kiedy pisywaliśmy do tygodnika „Na Przełaj" i mieliśmy po dwadzieścia lat. – Dobrze wiesz, że karierę w Hollywood mógłbym zrobić od razu. Obawiam się jednak, że gdybym tam odniósł pierwszy sukces, to oni zaczęliby podawać mi narkotyki.

– Narkotyki? W jakim celu? – spytałem, ewidentnie naiwnie.

– No, żebym pracował nad następnymi filmami i znowu miał sukces. Ja bym o tych narkotykach w ogóle nie wiedział i straciłbym nad sobą kontrolę. Dlatego w ogóle do pisania się nie pcham. Bo najgorsze w życiu to stracić kontrolę.

Prawda
zza kasy

Chodzę tam w nocy, kiedy przypomni mi się, że nie mam mleka do kawy na rano. Wolę wyjść z domu o trzeciej, niż wychodzić do sklepu wprost z łóżka, rano o ósmej. Blondynka w okularach, przed czterdziestką, pyzata, niewychudzona, pracuje w kasie co drugą noc. Zawsze ją zagaduję, jednak pewnej nocy znienacka role się odmieniły.

– Jak tam idzie w pisarstwie? – spytała.

Ja, zaskoczony:

– O!

Ona:

– No, jakąś prawdę pan dziś znalazł?

Ja, ochłonąwszy:

– Panią wolałbym dziś spytać, do jakiej prawdy pani doszła.

– Do żadnej – ucięła i zaczęła zawzięcie kasować.

– Może jednak?

– Do żadnej!

– Eeee – nie dałem wiary.

– Ja nie mogę dojść do żadnej prawdy, bo jestem rozchwiana emocjonalnie.

– Paaaaniii?

– Tak. I to bardzo pasuje do klientów tego sklepu, bo też są rozchwiani emocjonalnie. Dlatego, proszę pana, ja się uśmiecham cały czas. Normalnie bez ustanku. Wie pan, po co?

– Nie.

– Bo ten mój uśmiech to taki pewniak. Wiadomo, że się uśmiechnę. Niech ludzie wiedzą, że zawsze to u mnie mają. Choć wolałabym się tyle nie uśmiechać.

– A co by pani chciała naprawdę robić?

– No, pisarstwo by mi odpowiadało.

Ta deklaracja zrobiła na mnie wrażenie. Pomyślałem o talencie uwięzionym za kasą. O potrzebie literackiej ekspresji, którą okiełznały zdania: „Grosik będę winna" albo: „Cytryny nie są zważone...". Tym nie da się nikogo olśnić. Postanowiłem, że pomogę kasjerce. Przecież pisarz wypełnia powszechną tęsknotę wyrażenia siebie i swojego świata. Niech więc kobieta z nocnej kasy zostanie choć raz pisarką.

Po kilku dniach wyskoczyłem wieczorem po butelkę, tym razem wina. Poczekałem, aż w sklepie nie będzie żadnych klientów. Spytałem ją o imię i wiek, skoro tak często się spotykamy, i złożyłem propozycję. Mogłaby mi napisać na kartce, o czym byłaby jej powieść. Albo krócej: „Tematy do mojej powieści".

– Pół strony wystarczy, może być w punktach – sprecyzowałem.

– Nie... ja to błędy robię, nie umiałabym napisać...

– Ale może sms-em, krótko.

– SMS-em jeszcze gorzej, a wie pan, nie mam czasu na to, bo siedzę w sklepie całą noc, a zapisałam się, tak z głupoty, do szkoły dziennej i jeszcze cztery miesiące mi zostały. Myślałam: a może zejdę na zawsze z tej kasy.

– Do jakiej szkoły?

– Opiekunów medycznych, opieka nad chorymi, starymi i tak dalej. Ale nie idzie mi, anatomia strasznie ciężka. Chyba zostanę na kasie. To nie dla mnie ta opieka. Za bardzo uczuciowa jestem. A brak uczuć wokół. Pan też czuje ten brak uczuć?

– Trochę czuję.

– A ja bardzo.

– Hmm...

– Tu, na kasie, też widzę brak uczuć, ale jest mniejszy niż tam, gdzie ci chorzy ludzie. Poza tym ja siedzę tutaj w nocy, to może w nocy ludzie mniej uczuciowi są niż w dzień. Musiałabym w dzień usiąść i sprawdzić.

Żadni klienci się nie pojawiali, tylko jakiś pan przeglądał półki z winami. Stałem dalej przy kasie i celowo nic nie mówiłem.

– A to pisarstwo to łatwo panu idzie, prawda?

– Wstyd przyznać, ale łatwo. Może dlatego, że to kocham.

– Dziwne, bo ja tej kasy nie kocham, a też łatwo kasuję.

– No to może jednak by pani napisała kilka zdań, o czym by była pani książka...

– Wolę mówić, niż pisać.

– No to ciach, od razu. O czym?

– No, wydaje mi się, że książka powinna być o tym, co... jak to powiedzieć...

– Panią dotyka, tak? Ważne jest?

– O, o, o!

– Czyli...

– O tym, dlaczego jest tylu zazdrosnych i zawistnych ludzi. Ta podłość i brak uczuć. Ja się z tym wciąż nie mogę pogodzić.

Zamyśliła się i dodała po chwili:

– Jakby pan się dowiedział coś na ten temat, to mi pan następnym razem powie.

Prawda
z krzaku jeżyny

– Stało się to w Pensylwanii, w ogrodzie. Ogród pożerała roślina poison ivy. To bluszcz trujący, jak się go dotknie, to potem ręką jad roznosi się dalej. Dotknie pan twarzy, twarz puchnie. Bolesne bąble nie schodzą przez wiele dni. Miałem w Pensylwanii dom letni z ogrodem, starałem się nie dopuścić do zagłady. Ciąłem więc ten bluszcz bez opamiętania. Po czym zrobiłem rzecz najcięższą: wrzuciłem go do ognia. Zaczął się palić i nagle usłyszałem pisk. Jakby piskląt. Potem płacz, jak u małego dziecka. Potem wrzask i skowyt przypiekanej rośliny. Oniemiałem, że chwast może mieć tak ostre przeżycia. Sąsiedzi mi dopiero powiedzieli, że poison ivy się nie pali, najlepiej zostawić na słońcu, aż zwiędnie.

Płacz tej rośliny był dla mnie objawieniem, nie mogłem uwolnić się od jej skargi.

Wewnętrzne życie roślin?

Usiadłem i zacząłem im się przyglądać. Gapiłem się na chwasty, ale i na rośliny pożyteczne, i notowałem, co mi przyjdzie do głowy. A wie pan, jak już złożę dwa słowa, to potem lecą z taką szybkością, że nie mogę nadążyć z zapisywaniem. Jednak nie interesowało mnie, co ja myślę, tylko co na przykład myśli o Bogu pokrzywa. Jestem przekonany, że pokrzywa jest ateistką.

Zrozumiałem przy pokrzywie, że nie mam w sobie cenzora, że w pisaniu jestem wolny. Czytam wiersze duchownych i widzę, jak oni nie mogą się przebić przez błonę. Dla wielu moich kolegów, myślę tu o księżach poetach, istnieją granice. Ja granic nie mam. Dojadę swoją poezją w każdy mroczny zaułek tematyki religijnej. Miłość do Boga porównuję z miłością do kobiety. Chodzi o to, żeby miłość do Boga była tak intensywna jak z kobietą. To ma być orgazm z Bogiem!

Najpierw pojawia się u mnie zbitka słowna, która jest zalążkiem. Chodzę z tą surową zbitką, chodzę, o niczym innym nie mogę myśleć, no i wreszcie jak z kłębka zaczyna się rozwijać. Druciane skarpetki... Nagle mnie to dopadło. A ponieważ mam religijną namiętność, stworzyłem wiersz religijny, że Bóg mnie kocha, dlatego dał mi druciane skarpetki, abym za daleko od niego nie odszedł.

Jak ja się cieszę, że pan do mnie zawitał, bo bez kontaktu z krajem język wysycha.

Chce pan spisać życiorys?

Bardzo proszę. Nazywam się Tadeusz Chabrowski, mam osiemdziesiąt lat, urodziłem się w Złotym Potoku koło Częstochowy. Jako chłopiec zostałem paulinem. W wieku dwudziestu sześciu lat przyjechałem do Narodowego Sanktuarium Matki Bożej Częstochowskiej w Doylestown w stanie Pensylwania, nazywamy to miejsce amerykańską Częstochową. Mnichem byłem do trzydziestego trzeciego roku życia. Potem ratowałem się studiami, filozofią, nauczaniem i malowaniem pokoi. W końcu odnalazłem się w optyce. Skończyłem kursy i założyłem zakład optyczny. Prowadziłem go dziewiętnaście lat, teraz syn ma tam restaurację.

Naprawdę tak się panu podoba ten wznowiony *Zielnik Sokratesa*? To jeszcze panu wpiszę datę i miejscowość: Nowy Jork. Jest! No proszę, badyle i Sokrates. Zgodzi się pan, że razem wytwarzają pajęczynę surrealistyczną. Arystoteles napisał o Sokratesie, że zajmował się jedynie etyką, a przyrodą wcale. No to ja ci pokażę, Sokratesie, o czym rozmyślają rośliny!

Bo jak pan pyta o moją prawdę, to ja bym wolał, żeby rośliny powiedziały za mnie. Dobrze?

Ta pokrzywa ateistka... Jej zdaniem, Wielki Byt i tak przestanie istnieć, gdy wypali się słońce, w całkowitej ciemności pogasną sny, zatriumfują entropia i nuda. Prawie każda roślina w moim zielniku próbuje określić własny stosunek do przetrwania. Do zbawienia potrzebuję tylko skrzydeł – wyznaje oset. Gdybym miał na nowo planować życie – mówi mak – stawiłbym czoło podstępnemu przemijaniu. Jeżyna nie dowierza niczemu, co wygląda na popis nieskrępowanej laickiej wyobraźni. W myśl providencji boskiej – mówi – nasze działanie nie może zmienić niczego w istocie rzeczy.

Prawda
z Ogrodu Krasińskich

W Ogrodzie Krasińskich w Warszawie wśród straganów z książkami i lemoniadą trwał festyn. Na stoisku antykwarycznym wyciągnąłem rękę po *Dziennik pisarza*, pisarza, który nie jest moim numerem jeden. Sięgnąłem po tom pierwszy z trzech, otworzyłem na przypadkowej stronie (335, wpis z roku 1873) i okazało się, że pisarz ów za to, że jest mi obojętny, potrafi się zemścić.

Mój wzrok od razu padł bowiem na akapit: „Opamiętaj się, odzyskaj wstyd. Odzyskawszy wstyd, zdobędziesz także umiejętność pisania felietonów – oto korzyść".

Ludzie!, pomyślałem, to niemożliwe...

Jednak od razu natknąłem się na: „A teraz rozstrzygnij, jeśli potrafisz: czy nie do tego samego sprowadzają się twoje felietony? Czy nie ukazujesz się publiczności co tydzień w ściśle określonym dniu nagusieńki, z wszystkimi detalami? A dlaczego, dla kogo się starasz?"*.

---

* Fiodor Dostojewski, *Dziennik pisarza. Tom 1*, przeł. Maria Leśniewska, Warszawa 1982, s. 335.

A więc mam odzyskać wstyd!

Zamknąłem tom i od razu kupiłem wszystkie trzy. Oto zemsta Fiodora Dostojewskiego za to, że nie jest moim ulubionym pisarzem: zmusił mnie w pół minuty do kupienia swojego *Dziennika*, każda część po pięćdziesiąt złotych!

Po tym wstrząsie dla mózgu i portfela pomyślałem, że Fiodor Michajłowicz chyba nie ma racji: tak, ukazuję się co tydzień, ale przecież z listkiem figowym.

No dobrze, przyznaję: wisi nade mną pytanie – dla kogo się staram? No, dla moich czytelników, zwłaszcza teraz, kiedy tropię cudze prawdy. Chcę jednych ludzi wzbogacić o prawdy innych – przecież to bardzo ładne zadanie.

Pomyślałem sobie, pijąc lemoniadę, że mam już z tego wstrząsu pół tekstu, ale na drugie pół muszę popracować. Właśnie szła alejką pani o soczystych kształtach z pokaźną niebieską różą nad biustem. Taka róża u kobiety w dojrzałym wieku jest jednoznacznym sygnałem: jeszcze o coś mi w życiu chodzi! Dlatego zagadnąłem panią, aby zdradziła mi, czy ma już jakąś prawdę (może być prawdka), która jest tylko jej.

– Oczywiście, ale jest duża!

– Może być duża.

– Doszłam do niej tak, że zrzuciłam z siebie całego człowieka.

– Zrzuciła pani z siebie człowiekaaa?

– Tak, dorosłą kobietę całą zrzuciłam. Pozbyłam się jej, bo schudłam pięćdziesiąt kilo. Pan wie, co to znaczy zrzucić takie jarzmo? Przecież to jakbym obcą osobę nosiła na sobie. I już jej nie ma! Tak zaczęłam dochodzić do własnej prawdy. Otóż trzeba mieć wszystkiego mniej. Patrzę na kobiety na lotniskach, które jadą do tropików, gdzie nosi się nic, a biorą wielkie walizy. Ja jeżdżę z reklamóweczką, w której mam wszystko, reszta to prezenty. Fajną robotę w tej kwestii robią tanie linie. Bo jak chcę nabrać tych ciuchów, tych przydasiów różnych... Bo to są takie przydasie, a w tanich liniach trzeba odchudzić wszystko. Nie tylko ciało, bo miejsca mało. Napisałam historię dziewczyny, która była gruba, książka *Lardżelka*, o, proszę bardzo. Wanda Szymanowska, miło mi. Jestem nauczycielką wiejską. Dużo publikuję też pedagogicznych rzeczy, mimo że jestem ze wsi pod Poznaniem. Ale usuwać, panie Mariuszu, usuwać!

– A skąd ta potrzeba?

– Moje życie to był jeden wielki śmietnik. Za dużo chciałam robić i mieć, ambicja głupia dziewczyny ze wsi. I gruba byłam z tej ambicji, którą mi zaszczepili rodzice. Dzieci biegały, a ja się uczyłam. Marudziłam, że chcę na podwórko, to dawali mi pudełko ptasiego mleczka i: ty czytaj. Ambicja siedmioletniej dziewczynki zrobiła się chora. Chciałam wszystkiego mieć za dużo. Widzę teraz po uczniach, jak rodzice kupują im niesamowite ilości ciuchów.

– Na wsi?

– Szczególnie na wsi, żeby nie czuły się gorsze, bo codziennie trzeba mieć coś innego. A trzeba mieć mniej. Wtedy człowiek może zmierzać do tego, kim naprawdę bez tych rzeczy jest i ile znaczy.

– Cholera, a ja łapczywie kupiłem trzy tomy Dostojewskiego, zamiast jednego. Ale sprzedawali tylko razem!

Prawda
krzesła

Paweł Sidło z organizacji Ptaki Polskie zawiadamia, że do swojej prawdy zaczął dochodzić w Warszawie, a skończył nad Biebrzą.

W Warszawie – jak pisze – zaczął tak: „Na jednej z ulic zobaczyłem, jak z kontenera na śmieci wystaje oparcie starego krzesła. Drewniane, ze zdartym lakierem, o interesującej krzywiźnie. Samotne pośród innych śmieci. Pierwsza myśl: zabrać, postawić w ogrodzie. Nawet jak się już nie da na nim siedzieć, to mogą tam przysiąść ptaki lub motyle. Nie zatrzymałem się i nie wziąłem go. Teraz żałuję. Krzesło już pewnie nie istnieje".

Nad Biebrzą, gdzie Ptaki Polskie mają biuro i walczą, by nie wysychały bagna, skończył tak: „Kilka dni później wylądowałem nad Biebrzą, gdzie na skarpie stoi stare krzesło. Obskurne plastikowe oparcie i siedzisko połatane są drutem. Pomarańczowy »element antropopresji«. Niepasujący do szerokiej panoramy doliny dzikiej Biebrzy. A jednak... Gdy przyjeżdżają do nas młodzi ludzie na szkolenia, chętnie w nim zasiadają i kontemplują przestrzeń".

To dziwne. Plastik na tym ołtarzu natury, za jaki uważa się bagna, to jak chrapanie, kiedy grają Szopena.

„Sam się dziwię – pisze Paweł Sidło – dlaczego nie opieprzyli nas jeszcze za trzymanie tego dziadostwa. Czemu sami nie zastąpili go bardziej klimaciarskimi pieńkami brzóz? Może dlatego, że chcą nadać drugie życie rzeczom, które inni spisali na straty? Potrafią zobaczyć wartość w tym, co dla innych bezwartościowe? I tak doszedłem do mojej prawdy, że albo mogę należeć do ludzi, którzy wyrzucają krzesła, albo do ludzi, którzy dają krzesłom nowe życie".

Na chwilę przerwę zadumę nad krzesłami i wspomnę o cudzie reporterskim. Cud ma miejsce tylko wtedy, kiedy piszę reportaż na temat X. Przez ten czas (muszę nazwać go pretensjonalnie „magicznym") nagle cudem trafiam na przypadki, które idealnie pasują mi do tematu X.

A może to tylko – jak chce Hanna Krall – nagroda od Wielkiego Scenarzysty za uważność? Jeśli zorientuje się, że czemuś się szczerze poświęcamy, rozpościera przed nami to, czego sobie życzymy?

Wszystko bez wysiłku: wystarczy, że intensywnie myślę o X, a pożądane sytuacje słaniają się przede mną jak łąka przed burzą. Kiedy tylko przestaję zajmować się tematem X, nic już się nie słania.

Tak było wczoraj w Złotoryi pod Legnicą.

W Legnicy miałem wieczór autorski, w hotelu napisałem początek tekstu o krześle, a rano przyjechałem do mojej siostry ciotecznej i jej męża, Ewy i Krzyśka Kostków. Mają w Złotoryi dom i ogród na skraju miasteczka. Zapuściłem się w głąb ogrodu – zadbanego jak zęby amerykańskich aktorów – i na murze z kamieni zobaczyłem wiszące krzesło. Białe, kuchenne krzesło z drewna, wiek – może z czterdzieści kilka lat, w każdym razie poczułem, że jest moim rówieśnikiem. Krzesło przylgnęło do muru na wysokości półtora metra. Wygląda, jakby ktoś rzucił nim o mur, a ono przykleiło się na zawsze swoim tylnym prawym rogiem.

I teraz – jak wyjaśnia Krzysztof – wisi nad funkią i paprocią, między choiną kanadyjską a winobluszczem. Absurdalnie wywyższone, swoimi geometrycznymi kształtami wprowadza wśród podłużnych i obłych roślin napięcie, od którego nie mogłem oderwać oczu.

Kostkowie najpierw kupili w internecie dwadzieścia pięć starych krzeseł za sto złotych. Stoją w ogrodzie pod dachem altany.

– Zobacz – mówi Krzysztof. – Każde inne, każde przez kogoś stworzone, każde dzieło sztuki. Pomalowaliśmy je na biało, żeby stały się jedną rodziną. Temu na murze złamała się noga, Ewa powiedziała: powieśmy je. I ma trzecie życie. Najpierw komuś służyło, potem u nas siedzieli na nim goście, potem złamało nogę, dostawiliśmy ją i zawiesiliśmy nad ziemią.

Na początku naszego małżeństwa, trzydzieści lat temu, nie umiałem się kłócić. Rzucałem więc talerzami o podłogę. Ale dotarło do mnie, że za dużo talerzy się rozbiło. Zacząłem więc rzucać metalową miską i postanowiłem, że żaden piękny przedmiot nie straci w naszej rodzinie życia.

Prawda
dla katechety

– Halo! Niech pan mówi, włączyłam głośnomówiący, wracam do domu z pracy, jest korek, mamy chwilę.

– Przeczytałem właśnie o pani w piśmie „Replika" i zdobyłem numer. Fajną ma pani córkę.

– O tak, a do tego moja córka ma charakterek. Na początku roku szkolnego była pewna sytuacja z panem od religii. Pierwsza lekcja, rozmowa o rodzinie. Wiadomo, w jaką stronę to szło, i nagle moja Aśka: „A co jest złego, jeśli kobieta tworzy rodzinę z kobietą? No proszę mi wytłumaczyć". Katecheta chciał się wymigać, ale ona twardo: „Ja i moja mama jesteśmy w takiej rodzinie i chcę wiedzieć, co jest w nas złego". Katecheta podobno jeszcze nie odpowiedział. Ale jak ją znam, to ona tę odpowiedź wyciągnie.

– Ale jako sołtyska swojej wsi, pani Marzeno, na pewno musi się pani z księdzem zadawać.

– I ja się zadaję. Współpracujemy, jeśli jest taka potrzeba. Osobiście jestem niepraktykująca, ale moja Dorota wierzy i praktykuje, więc my księdza po kolędzie przyjmujemy.

Wszystko opiera się na szacunku wobec drugiej osoby, drugiej strony. A jeszcze coś o Aśce powiem, że gdy kilka lat temu jakiś chłopak źle się wypowiedział na mój temat, to dostał od Aśki niezłą burę, a cała klasa była za nią. Pan sobie wyobraża?

– Ja o tej szkole właśnie chciałem. Bo zajrzałem na Facebook „Repliki" i powiem szczerze, że się wzruszyłem.

– Gdzie pan wyruszył?

– ...

– Przepraszam, bo na trasie czasem mi sygnał zanika. Pracuję w Poznaniu jako doradca serwisowy w salonie samochodowym, a na wsi mieszkamy. Jeżdżę więc codziennie dwadzieścia pięć kilometrów.

– Nie wyruszyłem, a wzruszyłem. Się. No szczerze mówiąc, to nawet byłem chętny, żeby się popłakać z radości.

– Pan też!? Ludzie kochani, ja nie rozumiem tego poruszenia. Coś, co dla nas było normalnym życiem, wywołuje przesadne emocje.

– Jak to pani nie rozumie? Patrzę, a tam list gratulacyjny na koniec podstawówki, gdzie dyrekcja szkoły gratuluje matkom wzorowego wychowania córki. I na gotowym formularzu słowo „Państwu" jest przekreślone, poprawione na „Paniom" i wpisane jesteście obie.

– No, tak było. Wie pan, istnieje jeszcze normalny świat.

– No to przecież datę wpisaną na tym liście trzeba zapamiętać jako dzień zero, od którego zaczyna się poszanowanie dla cudzego życia w Polsce.

– O, chyba nic nie słyszę...

– Widzę, że dobrze sobie radzicie w tej wsi.

– Tu jest dziewięćset osób, wszyscy wiedzą o sobie wszystko. Mieszkamy w Grzebienisku siedem lat, a z Dorotą razem jesteśmy od jedenastu. Ojciec Asi, z którym mamy dobry kontakt, żyje kilka kilometrów dalej. Mówię szczerze przy ludziach: byłyśmy, zrobiłyśmy i tak dalej. A jak wygrałam wybory jako sołtyska, to tylko jeden facet...

– ...właśnie przeczytałem, że powiedział: ciota wygrała.

– A jego kumpel powiedział podobno: bo ta ciota ma większe jaja niż ty. Tylko że na lesbijki nie mówi się cioty, ale miało prawo mu się pomieszać. A poza tym spokój. Wie pan, my z Dorotą udzielamy się i w szkole, w radzie rodziców, i we wsi. Mamy trzysta dzieciaków, a rodziców zaangażowanych społecznie jest maksymalnie z dwanaścioro, więc jest co robić.

– Pani Marzeno, dzwonię, bo szukam różnych prawd, do których ludzie dochodzą.

– No to warto może prawdę, do jakiej moja córcia doszła, upowszechnić?

– Właśnie żeby upowszechnić, dzwonię.

– Zgłosiłyśmy się do badania fokusowego „Rodziny z wyboru". Tam było sporo par z dziećmi, które nie mają żadnego wsparcia, dlatego chcemy się w najbliższej przyszłości zintegrować. Aśka na tych badaniach była oburzona, że nawet niektóre dzieci z tęczowych rodzin uważają, że o rodzinie decydują więzy krwi. Na przykład, że ojciec, który nie interesuje się dzieckiem i o nim zapomniał, jest rodziną, a partnerka matki nie. A nasza Joasia odpowiedziała, że rodziną są ludzie najbliżsi sercu. Ci, na których zawsze można liczyć.

Prawda,
która wypłynęła z tłuszczu

W przedświątecznym tygodniu doszedłem do nowej życiowej prawdy: bardzo łatwo stać się nikim.

Nawet w Czechach!

Otóż w Pradze zadzwonił domowy telefon, wyświetlił się dziwny numer – z tych, co to potem nie ma szans się nań dodzwonić. Nie wiem, co mnie podkusiło, żeby podnieść słuchawkę.

– Halo, dzień dobry, pan Holub? Czy pani domu może podejść do telefonu? Dzwonię w kwestii tłuszczów stałych.

– Niestety, pani Holubová jest w sanatorium.

– Nic nie szkodzi. Wystarczy mi pan Holub... Proszę podać wiek pana i pani Holubovej.

– Ale...

– Najpierw tylko wiek, potem pana przeprowadzę przez procedurę.

– Ja czterdzieści osiem, pani Holubová osiemdziesiąt cztery.

– Dziękuję. Czy pana małżonka lub pan używacie tłuszczów stałych?

– Pani Holubová nie jest moją małżonką, a nie do końca się orientuję, które tłuszcze ma pani na myśli, czy roślinne stałe, czy zwierzęce stałe.

– Nic nie szkodzi. Zaraz wyjaśnimy sobie tłuszcze. Czyli mamy do czynienia ze związkiem partnerskim, sekundę, zaznaczę... Czyli teraz upewniam się: ja nie rozmawiam z panem Holubem, jednak zamieszkuje pan to gospodarstwo domowe?

– Zamieszkuję od czasu do czasu. Nie jest to zamieszkiwanie stałe, w przeciwieństwie do tłuszczów.

– Nic nie szkodzi. Nie musimy w to wchodzić. Ważne, że państwo używają razem tłuszczu! Prawda?

– To zależy, kto jest aktualnie w kuchni.

– Nic nie szkodzi. Podchodzą państwo pod nasze badania, to najważniejsze.

– Tak, ale czasem do kuchni to się pchamy wszyscy troje.

– Nic nie szkodzi... Nawet lepiej, bo dziecko państwa uczone jest też gotowania! Edukacja tłuszczowa w edukacji kulinarnej jest odrębną dziedziną i warto się nad nią pochylić, zresztą do tego zmierzają nasze badania, żeby tłuszcz spożywać świadomie...

– Przepraszam, ale tu nie ma żadnego dziecka.

– Nic nie szkodzi. Już wpisuję... Zaraz! Czyli ustalmy: kto jeszcze zamieszkuje gospodarstwo domowe? Bo ja jestem w wypełnianiu bardzo dokładna.

– Partnerka.

– Nic nie szkodzi. Zaraz... Co proszę?

– Nasza partnerka.

– Biznesowa?

– Nie, moja partnerka i pani Holubovej jednocześnie.

– Jeszcze raz gdyby mógł pan powtórzyć...

– Żyjemy w trójkącie. I raz pani Holubová używa tłuszczu, raz nasza partnerka, raz ja. Zależy, na kogo wypadnie. Zresztą powiem pani, że to jest nawet ciekawe, bo mamy różne poglądy na używanie tłuszczu w naszym trójkątnym związku.

– Przepraszam, ale ja nie mam takiej pozycji... Zupełnie nic nie mogę zaznaczyć.

– Nic nie szkodzi! Chętnie opowiem o tłuszczach, bo przecież w tej sprawie pani dzwoni...

– A nie, nie, jeśli nie mam rubryki, to państwa jakby nie było.

– Jak to jakby nas nie było!? Żyjemy sobie we troje przecież. Co pani szkodzi przyjrzeć się tłuszczom w naszym związku?

– Bardzo przepraszam, ja nie mogę jednak z panem rozmawiać!

– Nic nie szkodzi! Chętnie odpowiem, przecież my też używamy tłuszczów stałych i ciekłych, i to musi być jakoś zapisane!

– Tak, ale... Jak nie ma takiej pozycji, to ja nawet nie mogę rozmawiać. Bo to jakbym z nikim rozmawiała... przepraszam, nie rozmawiała... To znaczy nie z nikim, ale z kimś, a jednak z nikim.

Prawda
po dwudziestu trzech słowach

Jechałem przy samych drzwiach – na początku wagonu bez przedziałów. Pociąg był wczesny. Jeżeli mam wstać o szóstej rano, żeby wyjechać, nie śpię w ogóle, więc co chwilę opadała mi głowa. Ledwo przymknąłem oczy, budził mnie tuż przy uchu dźwięk drzwi, które działają na fotokomórkę. Takie „pszszszszszszszszszsz". Ktoś wciąż wchodził i wychodził: „pszszszszszszszszszsz".

Między dwoma „pszszszszszszszszszsz", przy otwartych przez chwilę drzwiach, ze szczeliny między wagonami dochodził dźwięk: „trptttrptttrptttrptttrptt".

Tym kimś w kółko wychodzącym okazał się gość może sześćdziesięcioletni. Wkurzył mnie maksymalnie, pasażerkę obok też. W ciągu pierwszej godziny wyszedł i wszedł czternaście razy, od Warszawy do Zawiercia – sześćdziesiąt pięć, myślałem, że zwariuję: „Pszszszszszszszszszsz", „trptttrptt-trptttrptttrptt" , „pszszszszszszszszszsz"...

Wszystko zaczęło mi w nim przeszkadzać. Był nalany na twarzy i wyglądał jak na chwilę przed wylewem. („Chyba zaraz pękniesz na tej gębie" – pomyślałem). Miał o wiele za długą marynarkę. („Kiedy ci faceci w Polsce będą efektownie wyglądać, tak jak wyglądają faceci w ich wieku na Zachodzie? Czy gość koło sześćdziesiątki, który podróżuje pierwszą klasą InterCity, nie wie, że w za dużej marynarce wygląda jak dziad?"). Biegał do tego przedsionka cały czas z komórką i gadał. („Człowieku, wmontuj ją sobie w mózg, nie będziesz musiał wysilać ręki!"). Dwa razy poszedł po piwo do Warsu. („Chleje od dziewiątej rano...").

„Pszszszszszszszszszszsz", „trptttrptttrptttrptttrptt", „pszszszszszszszszszszsz".

A do tego cały czas robił tymi drzwiami wiatr, który hulał nam po twarzy. Pasażerka obok spojrzała na mnie błagalnie:

– Nawet pan nic z tym nie zrobi?

– Obiecuję, że będę go nienawidził – szepnąłem.

Pociąg stanął w Zawierciu, gość w korytarzu kończył rozmowę, którą teraz dało się słyszeć. I stało się coś nieoczekiwanego. Coś, co całkowicie zmieniło mój stosunek do tego człowieka. Znikły wszystkie uprzedzenia i cały Elliot Aronson wyklarował mi się na przykładzie, i wszystkie idee Kapuścińskiego. Jeśli poznasz – jest szansa, że zrozumiesz. Jeśli zrozumiesz – jest szansa, że pozbędziesz się uprzedzeń i złych emocji.

Jak to możliwe, że mężczyzna, którego nienawidziłem, nagle odmienił moje emocje? Prysła niechęć, a twardość, którą z irytacji czułem od brzucha do grdyki, puściła?

Na stacji w Zawierciu podniesionym głosem kończył rozmowę przez telefon:

– SŁYSZYSZ, KURWA, SŁYSZYSZ, SYN MI UMIERA NA RAKA, KURWA, SYN MI UMIERA, MA RAKA W SZYI I MÓWIĄ, ŻE NIE MA RATUNKU, KURWA.

Pomyślałem... Właściwie różne rzeczy kłębiły mi się w głowie. Najprostsza, że nic nie jest takie, jak się wydaje. Że... Byłem oszołomiony tym, że wszystko, co we mnie złe, wyparowało w ciągu kilkunastu sekund, w których wypowiedział te dwadzieścia trzy słowa.

Kiedy pociąg zatrzymał się w Katowicach, wysiadając, spojrzałem w stronę mężczyzny. Siedział na swoim miejscu, łokcie miał oparte o stolik, dłońmi zasłonił twarz. Jego głośny szloch zwrócił uwagę nowych pasażerów, którzy wsiedli do wagonu. Zaczęli na ten obrazek robić dziwne, a niektórzy nawet głupie miny.

Prawda
samotnego bohatera miasta

Prośba od francuskiego fotografa, którego nie znam osobiście. Jean-Marc Caracci ukończył projekt, chce wydać album *Homo urbanus europeanus* (HTTP://HOMO.URBANUS.FREE.FR/ PORTFOLIO).

Zrobił zdjęcia w trzydziestu jeden stolicach Europy – z każdej metropolii wejdą dwa. Tak fotografował, jakby te sześćdziesiąt dwa zdjęcia były z tego samego miasta. Zawsze jest na nich jakiś architektoniczny detal, najczęściej nowoczesny, najczęściej powtarzający się, zestawiony z sylwetką pojedynczego człowieka. Niekoniecznie konkretnego i rozpoznawalnego. Większość miejsc na fotografiach jest dość onieśmielająca i zimna.

Jean-Marc poprosił trzydziestu jeden pisarzy z tych miast o teksty do zdjęć. Tyle że tekst ma mieć do stu pięćdziesięciu słów. Prosił autorów, aby nie używali nazwy swojego miasta. Nie muszą nawet o nim pisać. Mogą przysłać impresję, wiersz, obserwację. Najlepiej, żeby napisali o jakimś „samotnym bohaterze miasta".

Tekst o bohaterze z Warszawy to zaledwie sto dziewięć słów:

„Moje miasto ma 2 186 234 mieszkańców. Mój ojciec ma siedemdziesiąt dziewięć lat i przed końcem życia chciał być bliżej syna. Przeprowadził się tu z małego miasteczka, gdzie wszyscy się znali. Duże miasto okazało się dla niego odpychające i pozbawione życzliwości, a ludzie skupieni na sobie. Często kiedy ojciec na przystanku czeka na tramwaj, wyciąga z kieszeni cukierki owocowe i częstuje nimi nieznajomych. Najczęściej grzecznie odmawiają, zdumieni prowincjonalnym zachowaniem starszego człowieka. Ojciec mówi wtedy:»Proszę się nie bać, jestem już stary, a starzy ludzie dziecinnieją. No a czym się żywią dzieci? Cukierkami!«. Wtedy nieznajomi uśmiechają się i biorą.

Miasto musi być oswojone.

Mój ojciec Jerzy Szczygieł – samotny bohater miasta”.

Prawda
przy sałatce

Wieczorem w krakowskiej knajpie Guliwer nie dało się szpilki włożyć, za to przy jednym stoliku siedziała samotna kobieta. Na wózku inwalidzkim.

– Przepraszam – spytałem. – Nie przeszkadzałoby pani, gdybym obok na chwilę usiadł? Szybko zjem zupę i sałatkę i znikam.

– Ależ bardzo proszę – zachęciła. – Czekam na koleżankę, Monika jestem. A może chce pan wiedzieć, dlaczego siedzę na wózku?

– Pewnie, że chcę!

– O! Nie ma pan uprzedzeń?

– Pani żartuje! Jestem oswojony, często odwiedzam mamę w ośrodkach rehabilitacyjnych. O seksie z kobietą bez nóg dowcip opowiedziała mi kobieta bez nóg.

– Jaki?!

– Nie mogę powtórzyć, bo mi nie wypada.

– No, w naszym kraju nie wypada nawet myśleć, że człowiek na wózku uprawia seks. Pochodzę ze Szczytna i kiedy urodziłam dziecko, to sąsiedzi pytali moją mamę, dlaczego pozwoliła, żebym zaszła w ciążę. Mama miała mi pozwolić! A co moja mama ma do mojego życia seksualnego!? Ale żeby uprzedzić pana pytanie, czy syn, czy córka, powiem, że syn i że zmarł w wieku trzech lat na białaczkę. No i wróćmy teraz do mnie. Na wózku siedzę od czterdziestu trzech lat, niedługo będę miała złote gody z tym panem. Moim pechem jest to, że lekarz, wyciągając mnie kleszczowo, przerwał rdzeń. Z tym że jestem w dobrej sytuacji, nie odczuwam straty, bo nigdy nie chodziłam. Nie mam porównania. Ale coś o stracie wiem, pracuję z niepełnosprawnymi. Jako wolontariusz, bo jako inwalidka pierwszej grupy nie mogę zarabiać. Skończyłam rehabilitację na Uniwersytecie Warszawskim, a w ubiegłym roku automatykę i robotykę na AGH, bo będę wymyślała ulepszacze życia. Wymyśliłam na przykład urządzenie do otwierania okna z pozycji siedzącej, to moja praca dyplomowa. Na uchwycie od parasola zrobiłam taką szczękę jak do otwierania weków. I nie kosztuje to siedem tysięcy jak pilot niemiecki do otwierania okien. Teraz myślę o odzieży przeciwdeszczowej dla wózkowiczów, która nie wkręci się w kółka i pozwoli nam śpiewać deszczową piosenkę. Na razie impregnuję materiał. Lubię wynajdować. Jakby nie było Pana Boga, to trzeba by go było wynaleźć...

– Zdecydowanie to najgenialniejszy wynalazek ludzkości!

– Ale Bóg nie wystarcza w pewnych sytuacjach. Na obozie w Ciechocinku dostałam pod opiekę pięciu skoczków do wody. Wszyscy tuż po wypadkach, leżeli plackiem. Oczy im się ruszały, nic więcej. Czterech mnie zaakceptowało, a piąty nie. Spadaj, babo, mówi, ale w gorszych słowach. I że on się zabije. A moje starania to o kant kulki rozbić. Koordynatorka: „Monika, tylko ty go możesz zdopingować do pracy". Następnego dnia znów idę, ale zachciało mi się do toalety. Na jego szczęście! Tam była taka ciągana spłuczka na sznurek i to miało duże znaczenie. Zajrzałam do szafki, patrzę: spłuczka zastępcza! Wzięłam ją, owinęłam nadgarstek, zasłoniłam swetrem. On znów, że musi umrzeć. Ja na to po cichu: „Chcesz? Przyniosłam ci sznurek, żebyś się powiesił". Zaryzykowałam, choć i dla mnie mogło to się źle skończyć. Powoli zaczął mi ufać. A moje największe szczęście, to jak cztery miesiące po obozie przysłał mi zaproszenie na ślub.

– A pani najmniejsze szczęście?

– Muszę widzieć ludzi. Dlatego tu sobie przychodzę. Poza tym artyści krakowscy tu wpadają i dają mi rzeczy na aukcję. Pojawiła się szansa rekonstrukcji rdzenia za pomocą komórek macierzystych i zbieram środki. Koszt zabiegu w Monachium to siedemdziesiąt tysięcy złotych, a brakuje mi dwudziestu pięciu. Jestem już po kwalifikacji i mam siedemdziesiąt procent szans na odzyskanie sprawności. Dla kogoś, kto nigdy nie chodził, to byłoby jak druga data urodzenia... Lata bym zaczęła liczyć od nowa, jakby się udało. Bo przecież najpierw musiałabym pełzać jak dziecko...

– A jak się nie uda?

– O, już ma pan sałatkę!

Prawda
z pikniku na Golgocie

Każdy rozdział książki Magdaleny Rittenhouse *Nowy Jork. Od Mannahatty do Groud Zero* sprawiał, że natychmiast po jego przeczytaniu chciałem poznać miejsce, które z erudycją opisała. Lubię książki, które sprawiają, że chce mi się wyjść z domu. Przeczytałem więc o słynnej nowojorskiej księgarni Strand, znanej z hasła 18 MIL KSIĄŻEK (długość wszystkich półek przy ostatnim mierzeniu miała osiemnaście mil) i od razu wyszedłem z hotelu, żeby ją poznać.

Po lewej stronie od wejścia stoją kasy, a za nimi półki z książkami w tych samych kolorach. Czerwone, różowe, pomarańczowe, żółte, zielone, niebieskie... Kto chce sobie umeblować mieszkanie książkami w jednym kolorze, może to załatwić od razu przy kasie, nie musi wchodzić dalej i poznawać czterech pięter księgarni.

Nie meblowałem, więc wszedłem. Na jednym ze stołów zobaczyłem książkę, którą chwyciłem impulsywnie i w ciągu kilku sekund okazała się najciekawszą książką, jaką widziałem w życiu.

Była to Biblia.

Holy Bible w czarnej oprawie, z cienkimi kartkami o pozłacanych brzegach. Taka, jaką można znaleźć w hotelach. Tylko że w tym wydaniu na wersetach Starego i Nowego Testamentu nadrukowano fotografie. Na 721 stronach – setki zdjęć kataklizmów, ofiar, trupów, seksu, przemocy, wojny, ale i miłego życia bez katastrof. Chociaż uważam, że to obrazy cierpienia są najlepszymi ilustracjami tej książki. (Tutaj zostały wyjęte z Archiwum Konfliktów Współczesnych).

Każde zdjęcie autorzy projektu – Adam Broomberg i Oliver Chanarin – opatrują cytatem, często tylko urywkiem wersetu. Podkreślają go na czerwono.

Człowiek, który w Księdze Ezechiela spada z World Trade Center, dostał cytat: „Wasze ołtarze opustoszeją, a wasze stele słoneczne zostaną rozbite; waszych poległych rzucę przed bożków" (6,4).

W Księdze Sędziów dwaj amerykańscy żołnierze klęczą i obejmują się za szyję. Uklękli nad tym, co zostało z ich dwóch zabitych kolegów: cztery buty i dwa portrety, płaczą – „Zmiażdżyła mu głowę..." (5,26).

W Księdze Psalmów młody, dumny i nagi blondyn (młody w latach siedemdziesiątych, co widać po fryzurze) prezentuje stojącego penisa – „[...] po wszystkie dni" (93,5).

W Ewangelii świętego Marka motocykl ciągnie na sznurze za nogi nieżywego człowieka, z którego odpadło ubranie. Wyrostki na motocyklach obok krzyczą coś do robiącego zdjęcie. Z wersu: „Czuwajcie i módlcie się, abyście nie ulegli pokusie; duch wprawdzie ochoczy, ale ciało słabe", które wypowiada Jezus w Ogrójcu, podkreślono tylko „ciało słabe" (14,38).

Czasem biblijny komentarz jest bardzo wprost. W Księdze Liczb: mały, rozebrany chłopiec, przywiązany sznurem do drzewa, uśmiecha się niepewnie do aparatu – „Zabijecie więc spośród dzieci wszystkich chłopców..." (31,17)*.

Całe to dzieło można potraktować jak wizualno-tekstowy poemat. Do długotrwałego namysłu i wielopłaszczyznowej interpretacji. Jednak kiedy kilka dni temu przeczytałem, co w głośnej u nas sztuce Rodriga Garcii *Golgota Picnic* mówi Jezus, zrozumiałem, o czym jest moja Biblia z Nowego Jorku.

„Siać zamętu nie chcę – mówi Jezus – już wy to uczyniliście. Rozmieszczać broni na Ziemi nie mogę: już wy to uczyniliście. Nauczyć was ruchać dzieci nie mogę: już wy to uczyniliście. Nauczyć was zabijać z głodu nie mogę: już wy to uczyniliście. Nie mogę wprowadzić więcej obsceniczności, ponieważ byście mnie wyśmieli, powiedzielibyście: już to umiemy. Nie mogę nauczyć was niszczyć miast i całych nacji, nie mogę nauczyć was technik dokonywania holokaustu: już wy to uczyniliście. [...] Nie mogę zesłać na was nowych chorób, nie mogę tracić czasu, spadając na ziemię jak ogień, plaga i pogrom, aby was dręczyć: już sami dobrze to robicie przeciwko sobie samym"**.

Tak, są książki, są przedstawienia, które sprawiają, że możemy wyjść z domu. Ale są też książki i przedstawienia, które pomagają wyjść z siebie.

---

* Wszystkie cytaty z Biblii Tysiąclecia.

** Rodrigo Garcia, *Golgota Picnic*, przeł. Agnieszka Kwiatek, „Gazeta Wyborcza. Magazyn Świąteczny", 28.06.2014.

Prawda
Jezusa

– A na przykład prawda kogoś z marketingu? – zasugerowałem nieśmiało w redakcji.

– Spodziewam się oczywistości – odparł redaktor.

– Ja też – dodałem.

Z tym większą przyjemnością sprawdziłem to przy okazji najbliższej rozmowy z dyrektorką marketingu, lat 45.

– Jezus spadł na moje kolana z krzyża nad drzwiami – zaczęła opowiadać. – Był lekki, plastikowy i dosłownie poszybował, usłyszałam tylko taki szelest. Zdałam sobie sprawę, że muszę go znów powiesić.

– Jezus na pani kolana? I coś to oznaczało?

– Tak, klej był słaby.

– A metaforycznie?

– Nie wiem, czy metaforycznie, ale zrozumiałam, że teraz ja osobiście mam go ukrzyżować, a nie ktoś tam dawno temu, tylko ja, Ela, teraz. I przez chwilę było mi bardzo gorąco, i mi się w głowie kotłowało, że może chciał mi coś powiedzieć. Tylko co? Może, że jestem złym człowiekiem? Myślałam, że chodzi o nauczkę, że teraz w ramach kary muszę osobiście przybić Jezusa do krzyża. Ale dość szybko uspokoiłam się. Bo przecież to niemożliwe, że wszyscy ci ludzie, którzy codziennie tego Jezusa na krzyże naklejają czy przybijają, a potem na różne ściany i na groby, są wszyscy źli. A przecież krzyżują Jezusa kilka razy dziennie.

– Dlaczego mieliby być źli?

– Pana pytanie jest logiczne, tyle że wtedy uczyłam się w liceum sióstr urszulanek, miałam szesnaście lat i włączone emocje i wiarę. Bardzo chciałam znaleźć jakąś odpowiedź, a miałam tylko pytanie „dlaczego?". Dlaczego na mnie?

– I odpowiedź jest rzeczowa, banalna czy symboliczna?

– Oceni pan sam. Po męczarniach i analizie różnych wątków uznałam, że przydarzyło mi się to po to, żebym męczyła się z tym pytaniem, żeby mnie prześladowało. I tak jest do dziś. Dokądkolwiek bym poszła, zawsze znajdę jakieś zdeformowane krzyże z odczepionym Jezusem.

– Ale gdzie je pani znajduje?

– Na przykład leżą na cmentarnych śmietnikach. Lubię cmentarze, w ubiegłym tygodniu byłam we Florencji, poszłam więc na grób Oriany Fallaci. Gdyby żyła, na pewno byśmy się nie zaprzyjaźniły, ale teraz ją odwiedziłam. Na jej grobie akurat nie ma krzyża. Ale kazała sobie założyć zegarek do trumny. To mnie dziwi, bo niby niewierząca, więc po co jej zegarek? Ja jej położyłam papierosy, takie jakie palił Wałęsa i każdy w stoczni, czyli Mocne bez filtra. Też nie wiem, czy dobrze, w końcu zmarła na raka płuc. Dostała fajki robotnicze, lubiła przecież robotników walczących, takich jak on, choć uważała, że on jest bufonem.

– Może Jezus czasami musi się odkleić od krzyża? Bo nie wytrzymuje?

– Jezus spadł z krzyża w kościele Frankowi Underwoodowi w trzecim sezonie *House of Cards*, widział pan? Jezus nie wytrzymał na swoim stanowisku. To nawet brzmi jak uzasadnienie wypowiedzenia w korpo. Powiem szczerze, że wtedy nie szukałam prawdy, dopiero teraz zaczęłam się zastanawiać. I mam: że trzeba zawsze pomyśleć: czy to będzie przyjemne zadanie osobiście przybić Jezusa do krzyża? Czyli zdecydowanie więcej myśleć o konsekwencjach!

(Przerwaliśmy dialog, bo spieszyłem się znów na przyjęcie do Polsatu. Pamiętacie? Jakiś czas temu siedziałem na takiej imprezie obok aktora Lecha Dyblika, który opowiedział mi o swojej prawdzie ze stówą. I teraz znów zdarzył się cud reporterski: miejsce wyznaczono mi obok Lecha Dyblika. To znaczyło, że musi zaistnieć w tej historii. Opowiedziałem mu wszystko.

– Ale zastanawiam się, panie Lechu – dodałem – czy to dobrze, że chrześcijaństwo zatrzymało Jezusa na krzyżu. Jak w jakiejś stop-klatce. Przecież on zmartwychwstał i ta historia wychodzi poza krzyż. Z niewiadomych powodów ludzie ją urywają, a istotą jest zmartwychwstanie, a nie umieranie. Za wcześnie postawiliśmy kropkę.

– Nie widzę tu błędu ludzkości – odpowiedział. – Kochać to przecież umrzeć dla kogoś. Miłość nie jest pasmem rozkoszy. Człowiek, który kocha, umiera dla swojego ukochanego. Rodzice przecież tracą zdrowie i życie dla swoich dzieci. I nie ma nagrody za miłość. Jest śmierć).

Prawda
z Piątej Alei

Szedłem Piątą Aleją do Central Parku, kiedy na chodniku zobaczyłem cztery żyrafy. Stały nieruchomo, ogrodzone barierkami. Były malutkie, pomyślałem, że to żyrafy dzieci, wystawione bezlitośnie na pokaz. Do tego jednej z żyraf ktoś powiesił na szyi planszę. Wokół czuwali policjanci.

Im bardziej się zbliżałem, tym żyrafy były bardziej nieruchome. Okazało się, że są sztuczne, a za nimi kryją się jacyś ludzie.

DZISIAJ MĘŻCZYZNA POŚLUBIA MĘŻCZYZNĘ. JUTRO MĘŻCZYZNA POŚLUBI ŻYRAFĘ – głosił napis. Za tą konstatacją chowało się czterech facetów. (Ja bym ją jeszcze bardziej uoczywiścił, na przykład że jutro poślubi krewetkę, to przecież nie ulega wątpliwości, dobrze wiemy, jak rozwija się nasza cywilizacja).

Czterej mężczyźni za żyrafami byli młodzi, każdy miał na głowie czarny kapelusz, spod którego wystawały mu długie kręcone pejsy. Mimo nieznośnego upału, jaki tego dnia panował w Nowym Jorku – wszyscy ubrani byli w czarne płaszcze.

Pierwszy raz w życiu zobaczyłem z bliska ortodoksyjnych Żydów.

Po raz drugi zobaczyłem ich dwa dni później w Williamsburgu. Zwiedzałem tę dzielnicę z Kamilą Sławińską (*Nowy Jork. Przewodnik niepraktyczny*, W.A.B.), która tak pokazywała mi to miasto, jakby je sama zbudowała. Zapowiedziała, że zobaczę mieszkańców Lubartowskiej w Lublinie, przeniesionych tu sprzed ponad stu lat. Ze światem niemych kobiet i głośnych mężczyzn. Ze światem kobiet, które nawet podczas własnego ślubu nie mają prawa odezwać się, żeby powiedzieć „tak".

Moją uwagę, poza dziewiętnastowiecznym wyglądem mieszkańców, zwróciły dwie rzeczy. Pierwsza – wielu malutkim chłopcom wystawały spod miniaturowych kapeluszy długie blond pejsy.

– Holokaust – wyjaśniła Kamila. – Przeżyli ci, którzy mieli jasne włosy.

Druga – wszystkie okna we wszystkich domach bez wyjątku, nawet te na ostatnich piętrach, były okratowane. Ceglane domy mieszkalne w dzielnicy żydowskiej wyglądają jak więzienia.

– Czy tu jest aż taka przestępczość? – dziwiłem się.

– Holokaust – wyjaśniła Kamila. – Nie ma znaczenia, że minęło siedemdziesiąt lat, lęk mają do dzisiaj.

Na Piątej Alei wyminąłem żyrafy i poszedłem do MoMy. To smutne, pomyślałem, że mniejszość, którą spotkało tyle pogardy, widzi w miłości człowieka i człowieka coś godnego pogardy.

Po trzech godzinach, wracając z muzeum, zobaczyłem tych samych ortodoksów – także otoczonych barierkami i policją.

Teraz Żydów w kapeluszach było więcej i mieli więcej transparentów.

JUDAIZM – TAK! SYJONIZM – NIE!

PAŃSTWO IZRAEL MUSI ZNIKNĄĆ!

POKOJOWO ZLIKWIDUJMY IZRAEL!

Wokół barierek stali inni Żydzi, głównie młodzi, w jarmułkach na głowach. Jeden z nich zarzucił sobie jak pelerynę flagę Izraela. Ci krzyczeli na ortodoksyjnych, że są idiotami, wyśmiewali ich, wymachiwali rękami, ale zaraz do akcji wkraczali policjanci.

I nagle pojawiła się kobieta. W dżinsach i żółtym T-shircie, blondynka, matka dwojga dzieci. Zostawiła je z koleżanką, doskoczyła szybko do barierki. Zaczęła Żydów z pejsami dotykać na oślep. Jednego – w ramię, drugiego w piersi. Tak przerażone twarze widziałem tylko na filmach. Młodzi mężczyźni w grymasach, jakby ich palił ogień. Jednemu spadł kapelusz, drugi wpadł na stojących z tyłu towarzyszy. Ci podnieśli lament, a ich przeciwnik z flagą Izraela śmiał się w głos:

– Teraz tydzień będziesz się mył! Kobieta cię dotknęła! Stań się normalny!

Pomyślałem sobie, że stojącym z żyrafą pewnie do głowy nie przyszło, że tworzą bardzo homoseksualną kulturę. Tak jak islam czy Kościół katolicki. Pisząc „homoseksualną", nie myślę o seksie. Myślę o kosmosie mężczyzn.

Prawda
Zapatrzonych

– Spójrz w moją stronę! – usłyszałem wydzierającego się mężczyznę. Tym bardziej więc patrzyłem przed siebie. Bo mam uraz. Kiedyś kilku wyrostków krzyczało: „E, Szczygieł!". Krzyczeli tak długo, że w końcu spojrzałem w ich stronę, bo połowa ulicy zaczęła się interesować, który to ten Szczygieł. Jak tylko się odwróciłem, jeden z nich cudownie się dowartościował: „A w dupę nas pocałuj!", i zarechotali. Oczywiście nie zawsze jest niemiło. Raz jacyś młodzieńcy krzyczeli: „Panie Mariuszu, panie Mariuszu!", a kiedy się odwróciłem, dodali: „Nie umył pan uszu!".

– Spójrz w moją stronę! – nalegał teraz głos przy stacji metra Centrum w Warszawie, a ja już główkowałem, czy ze słowem „stronę" coś się rymuje, lecz zabrakło mi talentu.

– Słyszysz! Nie bój się spojrzeć na Jezusa!

Nie bałem się. Wisiał na krzyżu, który trzymał w dłoni młody brodaty mężczyzna. Spojrzało nas wielu, mówił nie tylko do mnie. Zatrzymałem się.

– Powiem ci coś, o czym może nie wiesz – oznajmił brodacz niby do mnie, niby do innych. – Jezus cię kocha. Czy wiesz, co to dla ciebie znaczy?

– Nie jestem zainteresowany tą miłością, proszę pana – odpowiedział facet młodszy ode mnie ze dwadzieścia lat. – Nie lecę na tę *love*.

– A On i tak cię kocha – powiedział z przekonaniem brodacz.

– Jak może mnie kochać ktoś, kto nie istnieje?

Brodacz zawahał się, ale nie poddał:

– Niewierny Tomaszu! Możesz w Niego nie wierzyć, możesz Go lekceważyć, możesz Go przeklinać, możesz Go poniżać, możesz Go... A On i tak będzie cię kochał. On cię kocha! Zapamiętaj to.

– Miłość masochisty? To mi nie imponuje – powiedział facet młodszy ode mnie ze dwadzieścia lat, poprawił krawat i odszedł zdecydowanym krokiem w stronę ruchomych schodów.

Brodacz nie zareagował na te słowa, bo chyba nie uczono go, co robić w zetknięciu ze stylistyką, której dotąd nie spotkał. Znów jak automat zaczął powtarzać:

– Spójrz w moją stronę!...

Też odszedłem. Nie lubię, gdy o czymś tak intymnym jak wiara mówi się przez megafon, bo brodacz z krzyżem trzymał go przed ustami. Byłem kiedyś na wykładzie Olgi Tokarczuk o utopii i zapamiętałem wymyśloną przez nią utopię, w której dwie sfery będą wyłącznie prywatne – tak osobiste, że można o nich mówić tylko w domu: seks i religia. Wychodzenie z tym na ulicę byłoby karalne. Podoba mi się to. Religia, którą wymachuje się publicznie jak orężem, sama od tego oręża polegnie.

Niedługo potem dostałem w prezencie album fotograficzny wypełniony rozmowami. *Zapatrzeni* (wydawnictwo Święty Paweł). Podtytuł: *Znanych polskich aktorów próbował poznać i uwiecznić twarzą w twarz Michał Góral*. Klimatyczne, czasem tajemnicze portrety i rozmowy. O aktorstwie, ale i metafizyce, Bogu, tajemnicy. Takie, jakich nie znajdziemy w kolorówkach. Zwraca uwagę skromność i umiar. Rozmówcy nikogo nie potępiają, nie grożą, nie przestrzegają. Nic nachalnego i żadnej agitacji. Robiąc swoim rozmówcom portrety, Michał Góral – operator filmowy – starał się, aby w ich spojrzeniach było coś, co nie zatrzymuje się tu i teraz.

„Wciąż jestem w drodze, wciąż czegoś mi brak" – tak Teresa Budzisz-Krzyżanowska definiuje swoją religijność. Wiesław Komasa: „Trzeba być cierpliwym i czujnym". Anna Milewska: „Kiedy już dojdzie do Sądu, może się okazać, że nie jestem tak wspaniała, jak to sobie wyobrażałam". Marian Opania: „Czuję w sobie niedostatek wiary, który staram się pokrywać działaniem. Mianowicie rzeźbię w drewnie w dziewięćdziesięciu dziewięciu procentach rzeźby sakralne. To jest taka intymna rozmowa z Najwyższym".

Na pytanie, czy jest zaprzyjaźniona z Bogiem, Alina Janowska odpowiada: „Tak. To kolega. Wszystko o mnie wie".

Bohaterowie tej książki mówią bez megafonu. Mówią o swoim życiu tak, że aż chce się w Boga uwierzyć. Choć ja – niestety – nie mam takiego kolegi.

Prawda
czerwonego światła

Stanęła w długim płaszczu barwy łososiowej, pod nim miała kwiecistą sukienkę. Włosy blond zmierzały prosto do góry, co jej imponującą strzelistą sylwetkę zbliżyło do katedry. (Na przykład w Ulm, widok z frontu). Usiadła przy stoliku, niedaleko stoiska wydawnictwa Dowody na Istnienie. Wydawca położył na blacie stosik jej dowodów na istnienie i zaczęła je podpisywać.

Poznaliśmy się dwadzieścia lat temu w telewizji. Była szczera, bezszelestna i ujmująca. Kiedy tylko zaczęliśmy razem pojawiać się na ekranie, jakiś starszy pan z Wałbrzycha, który uważał, że musimy być parą, przysłał mi radę: „Niech pan się raczej zwiąże z dziewczyną porządną, typu krawcowa". Opowiadaliśmy to z Iloną jako anegdotę.

Ilona Felicjańska była ogólnopolską miss piękności, wziętą modelką. Zdobyła popularność jako modelka, która mówi, bo występowała w pierwszym polskim *talk-show*. Wyszła za mąż za jednego z najbogatszych Polaków. Urodziła mu (co to za głupie określenie – czas z nim skończyć!; dlaczego powtarzam bezmyślnie: „urodziła mu", jakby była maszyną, którą wypożyczył?), urodziła sobie i jemu dwoje dzieci. Założyła fundację, która pomaga dzieciom upośledzonym umysłowo. Wizerunek Ilony był nieskazitelny, a jej miasto Bełchatów z niej dumne. Aż spowodowała kolizję samochodową. Została za to skazana na rok więzienia z zawieszeniem na trzy lata. Ujawniła w telewizji, że jest alkoholiczką. (Zosia Czerwińska mawia: „Człowiek potrafi mieć tyle twarzy, że Światowid może się schować"). Ze wzruszeniem podglądałem więc, jak Ilona na targach książki podpisywała swoje dziecko pod tytułem *Jak być niezniszczalną*.

„Przez alkohol – pisze w trzecim zdaniu – straciłam przyjaciół, pieniądze, dobre imię, prawo do mieszkania z własnymi dziećmi". Gdyby nie interwencja męża, nie przekroczyłaby progu poradni. Czasem okazuje się, że mężczyznom, którzy sami wypchnęli swoje żony na terapię, nagle zaczyna to przeszkadzać. Kobieta się zmienia, ale niekoniecznie tak, jak najbliżsi by sobie życzyli. „Od mojego męża usłyszałam, że odsunęłam się od niego, bo nie mogłam mu wybaczyć, że to on mnie do terapii zmusił. Nie! Odsunęłam się, bo zaczęłam na niego patrzeć na trzeźwo"*.

Pomyślałem, że Ilona ma już swoich prawd na pęczki. Spotkaliśmy się więc, żeby pogadać.

Mówiła o znajomych, że niektórzy wątpią. (– Ten alkoholizm to ci agencja PR doradziła? Przecież nigdy pijanej cię nie widziałem. A ja imprezę potrafiłam przechodzić z jedną lampką wina, żeby pojechać do domu i wypić całą butelkę).

---

* Oba cytaty: Ilona Felicjańska, *Jak być niezniszczalną*, Burda Publishing Polska, Warszawa 2014, s. 5 i 155.

Mówiła o życiu, że ono chce naszego szczęścia. (– Tylko jak ma nam powiedzieć, że tego chce? Musi nami potrząsnąć). Mówiła, że kłamstwo ma swoje konsekwencje. (– Ale nie, że kogoś okłamiesz i to się wyda, ale że ktoś ciebie okłamie i poczujesz, jak to jest). Mówiła, jak może zmieniać ludzi. (– Tylko zmieniając siebie, swoje życie na lepsze, pokazując innym swoją zmianę, możemy wpłynąć również na nich...). Mówiła, że alkohol jest tylko dla tych, którzy mają odpowiednie poczucie własnej wartości.

Zorientowałem się, że prawd Ilona uzbierała już chyba więcej niż Coelho w swoich książkach.

– Podaj jakąś datę z przyszłości – poprosiła nagle.

– Datę?

– No, na przykład 16 września.

– Nie, ja wolę 2 października.

– To teraz możesz sobie powiedzieć: do 2 października nie napiję się ani kropli alkoholu.

– Cooo? Do 2 października?! Jest przecież 5 sierpnia!

– Jeśli będziesz odbierał tę datę jak w wojsku: o, jeszcze tyle dni do końca, jak ja to wytrzymam, o, jeszcze dwa tygodnie, o, jeszcze jeden dzień!, to musi ci się zapalić czerwone światło!

– Jeszcze przez trzy dni biorę antybiotyk i biję się z myślami: napić się białego wina czy nie? Kurczę, za trzy dni dopiero...?

Prawda
wioski

Opowiadałem tu o pani Monice, poznanej sobotniego wieczoru. W krakowskiej knajpie wszystkie stoliki były pełne gości, a przy jednym siedziała tylko ona, na wózku inwalidzkim. Spytałem, czy mogę na chwilę się dosiąść. Szybko zjem i znikam. Powiedziała, że jak najbardziej, koleżanka się spóźnia, mogę jeść kolację, ile mi się podoba.

Umiem sobie wyobrazić, że obie osoby przy tym stoliku natychmiast wyciągają smartfony i toną w ekranach. Inwalidka, bo nie chce się narzucać. A patrzeć, jak obcy facet wypluwa pestki z oliwek w sałatce, też nie będzie. On, bo nie wie, co powiedzieć. Nie będą przecież komentować pogody, sztuczność rozmowy na taki temat zażenowałaby oboje (są wszak inteligentni).

Pani Monika przed rozmową z obcymi nie odczuwa jednak żadnych lęków. Spytała więc od razu: „A może chce pan wiedzieć, dlaczego siedzę na wózku?".

Chciałem, i miało to – Drodzy Państwo – fantastyczne skutki.

Jeszcze nie wiedziałem, że nasze zachowanie załapuje się na efekt wioski.

Kto czyta tę książkę po kolei, wie, co pani Monika mówiła o sobie. Wspomniała, że zbiera pieniądze na operację wszczepienia komórek macierzystych do przerwanego rdzenia kręgowego. W niemieckiej klinice. Ma siedemdziesiąt procent szans, że po raz pierwszy w wieku czterdziestu trzech lat stanie na własnych nogach. Po wydrukowaniu tamtego tekstu w „Dużym Formacie" reakcje czytelników były natychmiastowe – udało się szybko zebrać brakującą sumę! Zabieg wyznaczony został na 8 stycznia 2016 roku.

Bardzo za to Państwu dziękujemy!

Rozmawialiśmy wczoraj przez telefon i powiedziałem pani Monice, że właśnie wyszła książka na jej i mój temat. Napisała ją psycholog z Montrealu Susan Pinker. Tytuł: *Efekt wioski. Jak kontakty twarzą w twarz mogą uczynić nas zdrowszymi, szczęśliwszymi i mądrzejszymi* (przełożyła Magdalena Szymczukiewicz, Wydawnictwo Charaktery). Spotkania twarzą w twarz nie zastąpi żaden portal społecznościowy. Bliskość twarzy drugiego człowieka wpływa na chemię naszego organizmu w taki sposób, że organizm ma siłę żyć i walczyć z przeciwnościami.

Zrozumiałem z niej, że Facebook nie zaspokaja naszej biologii.

– Ja mówię zawsze i wszędzie o wszystkim – skomentowała pani Monika. – Właśnie to ja zupełnie zachowuję się, jakbym żyła na wsi. Każdą osobę traktuję jak znajomą. I może dlatego po czterdziestu trzech latach życia na wózku żyję.

– Dzięki jednej rozmowie – mówiła dalej podniecona – wydarzyło się tyle dobra w tak krótkim czasie!

Opowiedziałem jej, co zapamiętałem z pierwszego rozdziału *Efektu wioski*:

Gęste sieci bezpośrednich relacji wytwarzają barierę, która chroni przed chorobami. Kontakty społeczne (nie mówimy o wrogości czy agresji) dają organizmowi sygnał do wytwarzania większej ilości opioidów, które działają jak środki przeciwbólowe. Także do zmniejszenia produkcji tych hormonów, które są destrukcyjną odpowiedzią na stresory. To dlatego babcia, która widzi wnuczkę po długiej nieobecności, mówi, że nagle przestało ją boleć w krzyżu. Pojawia się coraz więcej naukowych potwierdzeń, że bogate życie towarzyskie może spowolnić, a nawet zatrzymać postęp choroby nowotworowej. Istnieją dowody, że czas przeżycia osób o najliczniejszych kontaktach bezpośrednich jest średnio o dwa i pół roku dłuższy niż w przypadku osób odizolowanych, a cierpiących na tę samą chorobę. Dotyczy to też szczurów – one dzielą z nami prawie wszystkie geny odpowiedzialne za choroby i tak jak my są zwierzętami wybitnie społecznymi. W badaniach nowotwory złośliwe wystąpiły u pięćdziesięciu procent izolowanych samic, podczas gdy wśród żyjących w grupie zachorowalność wyniosła ledwo piętnaście procent. Guzy szczurzych pustelniczek były nie tylko bardziej liczne, lecz także większe niż u ich towarzyskich koleżanek. Potęga więzi społecznych ma tak samo zbawienny wpływ na walkę z nowotworami u ludzi.

– Kurczę… – westchnęła pani Monika. – To znaczy, że mój organizm poradzi sobie z tymi guzami na tarczycy?

Prawda
o kupie z róży

W amoku polowania na cudzą prawdę doszło do wielu prze-kroczeń. Nie są to tylko prawdy, z których ktoś zwierzył się reporterowi. Pojawiają się prawdy wyczute, prawdy wyczy-tane, prawdy wykradzione. Prawdy wydobyte czasem na siłę. A także prawdy, które w efekcie okazują się prawdkami. Od-kryłem też prawdy, które znienacka rodzą się we mnie, kiedy ktoś mnie sprowokuje.

Czułem, że nieznajomy (koło trzydziestki) chce mi coś powiedzieć. Spod czapki, naciągniętej niemal na powieki, usi-łowały wydostać się dwie źrenice. Jakby miały przylgnąć do mojej twarzy i zrobić jej USG. Ułatwiam takim ludziom życie. Mam ukryty nieszkodliwy pocisk, który rozkłada ich na ło-patki.

Brzmi: „A co taaam?".

– A co taaam?... – spytałem.

Ważny jest ton, który musi być tonem do mamy, do brata, do męża czy do córki. Nie będę się wdawał w psychologiczny rozbiór zależności między tym tonem a intencjami obcego człowieka, który chciał wam powiedzieć coś niemiłego, ale jedno jest pewne: to działa. Osłabia.

Rzeczywiście – zaniemówił na chwilę, potem przymrużył oczy i spytał:

– Chodzi mi o to, czy musi być pan tak cholernie miły?

– A woli pan, żebym dał panu w mordę?

– Nie o to chodzi, tylko ciągle jest pan dla wszystkich taki uprzejmy. Ostatnio widziałem pana w telewizji, jest pan rozczulający jak pierwszy ząb niemowlęcia, tiu, tiu, tiu. Nie męczy to pana?

– Aaa! Że kupę robię różami, tak?

– Nooo, to mi się podoba! Myślałem, że traktuje pan siebie nabożnie.

– A jak pan ma na imię?

– Jarek.

– Mariusz.

– Wiem, inaczej bym pana nie zagadnął. Miło mi.

– No widzi pan! Pan też uprzejmy.

– Ale naprawdę mi przyjemnie!

– To ja panu powiem, panie Jarku, że u mnie to, niestety, część wyrachowania. Jestem uprzejmy z dwóch egoistycznych powodów. Pierwszy jest taki, że oszczędzam energię. Nie angażuję się nigdy w coś, co mi zabierze za dużo sił. Na przykład mógłbym zrobić komuś na złość, ale złość wymaga większego nakładu środków niż radość. Powiedzmy, że chce pan napisać jakiejś parze na drzwiach: AIDS WAS ZJE! Trzeba kupić farbę, rozrobić ją, mieć do tego pędzel. Trzeba nie spać do trzeciej trzydzieści, wyjść na klatkę schodową i po ciemku, ze świeczką w dłoni, napisać w miarę czytelne litery. Za dużo stresu, za dużo nerwów. Po co mi to? Wolę akceptować ludzi, bo to nie wymaga takiego wysiłku. A niech pan pomyśli, jakie skutki ze sobą niesie nieuprzejmość. Zrani pan kogoś złym słowem, potem może mieć pan wyrzuty sumienia. W nocy myśli pan sobie: trzeba go przeprosić. Ale jak go znaleźć, jeśli to był nieznajomy? A ile w takie przepraszanie trzeba włożyć energii! Ja jak tylko mam przepraszać, to tak się pocę pod pachami, że zaraz muszę do domu jechać, koszulę zmienić. Uprzejmość jest łatwa jak mrugnięcie okiem. Jeśli tylko się o niej specjalnie nie myśli, nawet jej się nie zauważy.

– O ku...

– ...rczę! A jeszcze mam drugi powód egoistyczny. Otóż, panie Jarku, jestem uzależniony. Nie wiem, czy pan zna mechanizm uzależnienia. Co się wtedy w mózgu dzieje, kiedy dawkuje pan sobie alkohol, seks albo czekoladę.

– No te wszystkie hormony się wydzielają, odpowiedzialne za przyjemność, te całe dopaminy, serotoniny i inne sraniny, i chcemy to powtarzać częściej.

– Otóż to! Jak widzę oczy drugiego człowieka, kiedy robi się zadowolony, jak czasem nie może wydobyć słowa, bo usłyszał coś miłego, jak tylko jego twarz nagle, w sekundę, przestaje ciążyć do ziemi, to na mnie działa jak narkotyk. Uzależniłem się od zadowolonych twarzy. Hormon szczęścia wtedy ma wyrzut. Od razu w mózgu mi buzują te sraniny, bardzo ładnie pan je nazwał, wykorzystam w druku, OK?

– To niech pan napisze: pieprznąłem swoją prawdą w jednego gostka z Ursusa.

Prawda
Isaaca Bashevisa Singera

Coraz więcej szlachetnych prawd przysyłają mi nieznani ludzie.

Na przykład pan Tomek Radzikowski pisze: „Na podstawie mojego dwudziestojednoletniego życia, które staram się przeżywać świadomie i uważnie, doszedłem do dwóch przemyśleń".

Drugie z nich: „Skrajności nie dzieli od siebie przepaść, ale mała subtelna granica, której dostrzeżenie wymaga wprawy. Ustawienie antagonizmów na biegunach można porównać do mapy świata: jej dwa skrajne punkty w rzeczywistości są obok siebie. Dlatego tak trudno odróżnić geniusza od szaleńca, bandytę od wybawcy czy też szaleństwo od rozsądku".

Pan Tomasz Krasiński przysłał mi cały traktat o tym, że grzech jest kategorią subiektywną (zgadzam się z tą prawdą w zupełności).

Nawet redaktorka „Dużego Formatu" Ariadna Machowska przysłała mi prawdę ze swojego biurka. „Ktoś ją nakleił na szybie. Nie wiem, kto, ale bardzo mi się ta odziedziczona prawda przydaje. Jak to dobrze zajmować biurko po kimś szukającym ideału (a może pociechy?) w życiu".

Ta naklejka to myśli Leszka Kołakowskiego, który zaleca: „Po pierwsze, przyjaciele. A poza tym: chcieć niezbyt wiele. Wyzwolić się z kultu młodości. Cieszyć się pięknem. Nie dbać o sławę. Wyzbyć się pożądliwości. Nie mieć pretensji do świata. Nie pouczać. Nie szukać szczęścia. Nie wierzyć w sprawiedliwość świata. Z zasady ufać ludziom. Nie skarżyć się na życie. Unikać rygoryzmu i fundamentalizmu".

Z nadmiaru prawd, gdy w sobotę zadzwonili do mnie świadkowie Jehowy i przez domofon kobiecym głosem spytali: „Czy nie chciałby pan porozmawiać o niepokoju", odparłem: „Ale ja już nie mam miejsca w notesie".

Niestety, prawda jest inna: prawd dużo, jednak napisać z nich dobry tekst nie jest łatwo.

Kiedy dostaję od czytelników prawdy-deklaracje, jak od obu Tomaszów, szybko o nich zapominam. Nie trzymają się mojego mózgu. Otóż najbardziej skuteczne jest, kiedy ktoś opowiada, jaką drogą doszedł do swojej prawdy. Kiedy siada przede mną i chce zdradzić swoje myśli, proszę najpierw: zacznijmy od historii, która cię do tych myśli doprowadziła.

Można powiedzieć, że szukam przypowieści.

Moim wzorem w tym względzie jest Isaac Bashevis Singer. W 1992 roku moja szefowa, reporterka Małgorzata Szejnert zaprosiła do redakcji legendarnego reportera Krzysztofa Kąkolewskiego. Aby nam powiedział, jak pisać. Kąkolewski za to powiedział, co czytać, żeby nauczyć się pisać. Opowiadania Bunina i Singera. I to na mnie podziałało tak, że postanowiłem przestudiować całą metodę Singera.

Mówił (Singer, i nie do mnie, ale do Richarda Burgina w książkowym wywiadzie):

„Człowiek może godzinami opowiadać o tym, co myśli, ale o tym, jaki jest naprawdę, przekonać się można lepiej, obserwując jego postępowanie. To prawdziwa herezja w naszych czasach psychoanalizy, gdzie wszystko jest oceniane przez myśli i nastroje człowieka. [...] Prawdziwa literatura koncentruje się na zdarzeniach i sytuacjach. Strumień świadomości szybko staje się oczywisty, a przez to nudny. [...] Kiedy czyta się Biblię, to nigdy nie dowiadujemy się, co człowiek myślał. Zawsze jest mowa o tym, co zrobił"*.

Najbliżej mojego ideału jest wiadomość od redaktorki: znalazła na swoim biurku naklejone prawdy. To już jest jakiś zaczątek akcji. Znalazła coś, co było dla kogoś ważne. Może zapomniał odkleić? Może dowiedział się, że jest zwolniony, wrócił do biurka, na którym stał już zablokowany komputer, i w pośpiechu, pakując się, nie zabrał prawd Kołakowskiego? A może kiedy oddawał biurko do innego działu, bo sam dostał nowe, znał już te myśli na pamięć i nie były mu potrzebne?

Z tego można stworzyć historię.

Pamiętajmy: czasowniki w mózgu zostają, przymiotniki od niego odpadają! Myśl najlepiej się upowszechnia, jeśli wokół niej ktoś coś robi.

O, to też jakaś prawda. Formy.

---

* Richard Burgin, *Rozmowy z Isaakiem Bashevisem Singerem*, przeł. Elżbieta Petrajtis-O'Neill, Atext, Gdańsk 1992, s. 48.

Prawda
artystyczna

– Czy chciałby pan powspinać się po framudze? Może pan wróci do dzieciństwa?

– Wie pani, szczerze mówiąc, to ja nawet w dzieciństwie się nie wspinałem po framugach, bo i łamaga byłem, i do niczego mi to nie było potrzebne.

– Ale wejdzie pan na nasze piętro? No, nie można oglądać galerii bez naszego piętra. Tutaj jest sztuka interaktywna, proszę bardzo, może pan zaśpiewać przed mikrofonem, my to zaraz nagłośnimy. Może pan stanąć na głowie, o, tutaj mamy taką wersalkę do stawania, framuga też jest, artystka proponuje, żeby pan nie był gościem u nas, tylko włączył się.

– A co to za blachy tu leżą w takim nieładzie?

– A to są takie pogięte blachy ze starego dworca w Toruniu, teraz trwa remont i dworzec będzie nowy. Boże, pamiętam, jak w siedemdziesiątych latach były mocowane po raz pierwszy jako ozdoba dworca... Artystkę bardzo rozczuliły te blachy. Człowiek to by nie wiedział, co z nimi zrobić, a artysta to od razu do galerii...

– A tutaj stare pizze?

– No, kiedyś były świeże. To wspaniała idea, wie pan, z tymi pizzami. Artysta z Dublina je upiekł, ponieważ na Szerokiej powstała Pizza Hut, a wcześniej tam był Dom Dziecka...

– No to Pizza Hut niech piecze, a nie artysta.

– Ale właśnie Pizza Hut zniszczyła tam przepiękne płaskorzeźby z lat pięćdziesiątych, przedstawiające dzieci. A to z łódeczką, a to z latawcem, coś pięknego. Wybitni rzeźbiarze z Torunia je zrobili, Woźniak i Murlewski, i proszę sobie wyobrazić, że zostały skute na gruz. Serce mi krwawiło, kiedy się o tym dowiedziałam, człowiek już nie nadąża za destrukcją. I proszę spojrzeć, te płaskorzeźby są teraz u nas w pizzach. Zostały odtworzone jako pizze.

– Piękne, choć przed chwilą mi się nie podobały.

– To jest właśnie artystyczne podejście: pizzą uczcił. Upamiętnił ten straszny brak.

– Widzę, że pani jest bardziej interaktywna niż ta wystawa.

– Naprawdę tak pan uważa? O, jak się cieszę. Do emerytury mi troszkę zostało, ale ja jestem taka szczęśliwa, że na stare lata odnalazłam sztukę w swoim życiu. Centrum Sztuki Współczesnej w Toruniu... No, to brzmi! Prawda?

– A gdzie pani pracowała wcześniej?

– Ech, nie warto mówić.

– A może jednak?

– Ale ja tam nie miałam tyle przyjemności, co tu.

– No to gdzie?

 (Chwila milczenia).

– No... na poczcie.

– Też pracowałem na poczcie w 1986 roku! Najpierw w ekspedycji listów.

– I uciekł pan, najlepszy dowód!

– Widzę, że ja bym bez pani niewiele tu zrozumiał.

– A to jeszcze zapraszam do sali projekcyjnej i spojrzy pan na film. Proszę bardzo, na filmie artystka naciera farbą schody. Stare schody na osiedlowym podwórku, donikąd już nie prowadzą, i ona je koloruje ręcznie. Ach, to fajna dziewczyna, torunianka. I barwnik wybrała amarantowy.

– A po co je tak naciera?

– Jako osoba nieheteroseksualna żyjąca w Polsce plami miasto sama sobą.

Nagle wtrąca się postawny pan z brodą, który też zwiedza wystawę:

– Jako lesbijka demonstruje coś i jako kobieta. Może tą czerwienią demonstruje kobiecość?

– To amarant, nie czerwień, przepraszam, że zwracam uwagę. Artyści to są inni ludzie, proszę państwa, oni wiedzą, po co coś robią. Człowiek by położył blachę i nic. A oni kładą z ideą. Wie pan, bardzo korzystam, kiedy przychodzą tutaj artyści i czego się od nich dowiem, to potem te wszystkie prawdy chętnie przekazuję.

Prawda
o Polsce

Pociąg czekał na stacji, było jeszcze pięć minut do odjazdu. Już myślałem, że będę jechał sam w wagonie bez przedziałów.

Wskoczył w ostatniej chwili. Wyglądał na trzydziestkę, zapachniało Burberry London. Zdążyłem tylko zobaczyć, że ma drogie granatowe dżinsy, połyskujące lekko, dobrze wciętą w talii marynarkę, dłuższe ciemne włosy, ale usiadł tyłem do mnie, więc już nic nie widziałem. Za to zacząłem słyszeć.

Pociąg ruszył do Poznania, on wyciągnął laptop, iPhone'a piątkę, słuchawki i zaczął mówić o Polsce. Dzwonił po kolei do różnych osób i zawsze chodziło mu o Polskę:

– Martyna, ty musisz pamiętać, że Polska jest najważniejsza. Ja sobie nie wyobrażam, żeby było inaczej. A dla ciebie nie jest to jasne.

– Karol – mówił do następnego rozmówcy. – Ja powtarzam tobie to już piąty raz, i w ogóle po co na spotkaniach tyle mówiliśmy o Polsce, jeśli ty zapominasz o Polsce...

Jak słyszę „tobie" zamiast „ci", zawsze chce mi się ingero-
wać, ale był tak pochłonięty Polską, że nie miałem jak się wbić.
Za to notowałem.

– Marcin, ja tobie raportuję, że nasze szkolenia są do dupy,
dla nich każde gówno jest ważniejsze niż Polska, już więcej
tego olewania kraju nie zniosę. To się odbija na wszystkich,
a na kraju szczególnie.

Jego ton stał się zdecydowany, głos się podwyższył. Gdy
zamknąłem oczy, bez trudu wyobraziłem sobie, że facet wydaje tym głosem polecenia na wyjazdowym obozie szkolenio-
wym patriotów.

– Martyna, rozmawiałem z Marcinem, ty masz się budzić
i myśleć o Polsce. Ty bez Polski nie istniejesz. Zapiszesz sobie?
Nie, nie robię sobie jaj, tylko napisz wielkimi wołami nad łóż-
kiem: POLSKA. Przeliterować tobie?

Prawica ma takie poczucie humoru czy lewica? „Przeliterować Polskę?", dobre!

– Martyna – ciągnął po dowcipie – nie ma sensu, żebyś
z nami pracowała. Wymyśla się koncepcję, tobie się ją wbija
do głowy, a ty zaczynasz od czegoś innego. Od jutra nie tylko
myślenie, lecz także działanie zaczynasz od Polski, rozumiesz?
Inaczej nie chcemy cię w grupie.

Rozłożył się na siedzeniu: prawą kostkę nogi założył na
lewe kolano. Przez chwilę się zastanowiłem, czy prawica by
tak usiadła, zwłaszcza w InterCity do Poznania... No jasne, że
tak, prawica jest już na luzie, mają nawet swoich hipsterów,
właściwie mogliby nawet jechać, kucając.

– Karol, jeszcze raz dzwonię! Omówione z Marcinem: najpierw Polska, potem inne zadania. Jesteśmy Polakami i dla

nas to przyjemność myśleć od rana o Polsce. Przyślij mi zaraz, słyszysz: zaraz!, zmodyfikowaną listę naszych działań.

Miałem ochotę przedstawić się patriocie w połyskujących lekko dżinsach, a do tego błyszczących czarnych adidasach, adidasowych lakierkach właściwie, i spytać o tę Polskę. Zrobię sobie wywiadzik...

Minęła godzina podróży. Już miałem wstawać i zagajać, kiedy usłyszałem:

– Filip, rozmawiałem ze wszystkimi, jest jasność. Wpisujemy to do zasad. Do godziny dwunastej trzydzieści każdego dnia Polska ma być zafakturowana. Najpierw fakturujecie Polskę, wysyłacie raport obrotów, a potem dopiero Niemcy, raport obrotów, na końcu Turcja.

Prawda
powolności

Chcę przedstawić prawdę, do której doszedł mój kolega Artur, ale już zniesmaczyłem się rutyną. Znów przy nazwisku cytowanego powinienem napisać wiek, zawód albo ostatnio wykonywane zajęcie. Ponieważ Baťa uważał, że Amerykanie odnoszą sukcesy, bo są wolni od jakiejkolwiek rutyny, ja też się od niej tym razem uwolnię. Nie napiszę, czym zajmuje się Artur Baranowski z Kołobrzegu. Nie będzie jak na mieszczańskim przyjęciu: „Przedstawiam pani pana mecenasa...". Przybliżę Państwu Artura jego własną opowieścią:

„Wczoraj – napisał mi – w pustej beczce na deszczówkę znalazłem szczura, który nie mógł się wydostać. Skakał dość wysoko, ale plastikowe gładkie brzegi go pokonywały. Zabić? Wypuścić? Szkodnik i pasożyt. – Chcesz zabić inteligentne zwierzę? – spytała żona. – Nie wypuszczę go tutaj! – uparłem się. Stanęło na tym, że złapałem szczura, włażąc niemal do beczki (oczywiście, że się obawiałem ugryzienia) i wyniosłem go w wiaderku kilometr dalej. Po drodze popiskiwał. Wypuściłem w zaroślach koło rzeki. Wiem, że gdyby chciał, wróciłby pod mój dom szybciej ode mnie. No, ale zabić kogoś inteligentnego...".

Pomyślałem, że Artur, który nie umie zabić szczura, na pewno doszedł do jakiejś swojej życiowej prawdy, choćby najmniejszej. Doszedł. Na moją prośbę napisał, do jakiej:

„Pytasz mnie o prawdę życiową? Być w porządku i być szczęśliwym. Czyli być dobrym człowiekiem (małą literą, bez patosu). Pierwsza myśl towarzyszy mi od zawsze. To lekko skorygowane słowa mojej Mamy, która mówiła, że »trzeba dobrze żyć z ludźmi«. Ileż wzbudzało to we mnie buntu, kiedy byłem młody! Siebie z tamtych lat widzę dziś jako kierowcę rajdowego, który oprócz celu nie widzi nic, no bo jak dostrzec choćby kształt czyjejś twarzy, skoro na liczniku dwieście kilometrów na godzinę? Przy tej prędkości nie widzi się także przeszkód i po jakimś czasie potłuczona rajdówka jedzie już dużo wolniej. Zresztą okazało się, że ci, którzy obiecali mi opiekę serwisową, po kolei okazywali się oszustami.

Wtedy dotarły do mnie słowa mojej Mamy. Pożałowałem poprzedniego tempa. Dziś jadę już dużo wolniej i mam fajnych pasażerów. I tu jest miejsce na drugą część prawdy – szczęście. Bo kiedy żyjesz wolniej, masz czas na Prawdziwe Szczęście (tu wielka litera i może nawet wykrzyknik). Na rozmowę, na uśmiech, na patrzenie, na słuchanie i na siebie. Tak, masz czas na siebie".

I trafił Artur swoją prawdą w (moją) dziesiątkę!

Dostałem kiedyś na ten temat znak. Od człowieka, który nie komunikuje się ze światem. Od lat prawie nikt go nie widział i nie słyszał. Dlatego jego gest odczytałem jako przekaz.

Byłem jeszcze wtedy redaktorem w „Dużym Formacie" i asystentka Małgosia Łubińska jak zwykle czule położyła mi na biurku kopertę (to jedyna osoba w moim życiu, która nawet koperty kładzie czule). Jako nadawca przesyłki z Paryża widniał – wpisany dużymi literami – KUNDERA. Zatkało mnie na dwie minuty. Kiedy ją otworzyłem, zatkało mnie na dwie godziny. Było tam przysłane mi przez Milana Kunderę, którego nigdy nie poznałem, polskie tłumaczenie jego książki *Powolność*. Nie była to nowość, ale wydanie sprzed piętnastu lat.

Dlaczego właśnie ta?

Zrozumiałem z tej książki, że szybkość jest formą ekstazy, a ekstaza ma to do siebie, że mija. Szybko.

To musiał być znak.

Prawda
do spalenia

Nad Pragą znęcała się trąba powietrzna, w ogrodzie u pani Heleny Stachovej przewróciła czteropiętrowy świerk. Ojciec Heleny posadził go osiemdziesiąt dwa lata temu, dokładnie wtedy, kiedy córka przyszła na świat. Kilka dni po trąbie ekipa porządkowa pocięła gruby pień na kawałki i wywiozła, a pani Helena zaczęła coraz częściej zadawać mi jedno pytanie:

– Mam to spalić?

Helena Stachová tasuje stare papiery. Prawie wszystkie skazuje na piec. Jeśli akurat jestem u niej w domu, czasem coś uratuję. Tym razem chwyciłem kopertę z napisem: „Uwodzące listy mojego dziadka Karela Teigego do panny Teresy Štětkovej". W środku – trzy małe bilety wizytowe z wydrukowanym imieniem i nazwiskiem. Na jednym widnieje „kandydat profesury", a na dwóch już tytuł doktora nauk filozoficznych. Wokół nadrukowanego nazwiska – jak rzędy mrówek – biegną mikroskopijne litery zostawione piórem. Musiało mieć bardzo cienką stalówkę, ponieważ treść, w którą ułożył je autor, jestem w stanie odczytać tylko przez lupę. Pani Helena dostała ją w prezencie od burmistrza – jak każdy osiemdziesięciolatek w dzielnicy Dejvice, którego władza zaprasza na kawę i wręcza mu lupę.

Bilet pierwszy:

Monachium, 8 VIII 1885

Czcigodna Panno!

Z niecierpliwością liczyłem każdą minutę od momentu, gdy zdecydowałem się wrócić do Pragi. W Monachium i w Szwajcarii dużo widziałem, lecz myśli moje miały tylko jeden cel: jutro. Miałem bowiem nadzieję, że będę miał prawo spotkać się z Panną w Kanalce. Los zadecydował jednak inaczej. Kiedy wyjechaliśmy wczoraj z Monachium, przed pierwszą stacją pękło koło od lokomotywy, przez co bawarski pociąg spóźnił się o cztery godziny. W wyniku tego nieszczęśliwego wypadku mogę się teraz cieszyć dopiero na środę z Panną w Małostrańskiej Biesiadzie.

Z najszacowniejszym pocałowaniem ręki i prośbą zwracam się do Czcigodnej Panny o przekazanie Jej Rodzinie, że jestem Waćpanny wielbicielem. Wczoraj byłem w pewnej rezydencji, gdzie znajdują się dwa pokoje („cabinete") z podobiznami najpiękniejszych kobiet. Wisi ich tam trzydzieści sześć, jedna piękniejsza od drugiej. Proszę mi jednak wierzyć, że wszystkie one razem nie mogą się z Panną równać. Takiego anioła jak Waćpanna tam naprawdę nie ma.

Drugi:

Praga [bez daty]

Czcigodna Panno!

Jeszcze wczoraj chciałem przesłać Waćpannie oba tomy *Biesiady poetyckiej*, aby udowodnić, jak szczęśliwym czyni mnie to, że mogę Waćpannie w czymś być pożyteczny. Było wszak już zbyt późno (prawie szósta godzina), kiedy wiersze te do mnie dotarły, i nie byłoby przyzwoite o takiej porze, mimo Waćpanny łaskawości, Pannę niepokoić. Pragnąłem, aby książki te swym zewnętrzem były piękne i godne swej czytelniczki, lecz introligator nie chciał mi ich oprawić, tak jak tego oczekiwałem, przed ośmioma dniami, które wydawały mi się czasem zbyt długim, mogącym spowodować, że Waćpanna pomyślałaby, iż moje zapewnienia, jak to każde życzenie Waćpanny świętym jest dla mnie rozkazem, stały się pustymi frazami. Z największym podziękowaniem za wczorajszą Waćpanny łaskawość – najszczerzej rękę całuje – Panny najbardziej oddany wielbiciel.

Trzeci:

Praga [bez daty]

Uwielbiana Panno!

Zaiste cieszyć się mogę radosną nadzieją, że raczy Waćpanna być już zupełnie zdrowa. Proszę pozwolić jednak, abym jeszcze dziś miał prawo uznać Waćpannę za chorą. Przysięgam, że dziś będzie to ostatni raz. Jednocześnie proszę pozwolić, abym Waćpannie mógł podziękować za wyrozumiałość, jaką w chorobie swej raczyła mi Panna objawić, jakoż i za list, którym wczoraj mnie Waćpanna uszczęśliwiła. Zgodnie ze wskazaniem Pana Ojca Waćpanny pozwalam sobie posłać kilka książek. Proszę jednak o wybaczenie, że w lekturze tej jest tak mała różnorodność. Może już jutro będę mógł posłużyć czemś bardziej interesującem, a dziś wysyłam to, co mam w domu pod ręką, aby nie wydawało się, że w wykonywaniu Panny rozkazów się waham.

Rękę całuję…

Gdyby Helena Stachová miała dzieci, może te trzy bilety wizytowe – raz na jedno pokolenie – byłyby odczytywane na głos. Dziś słuchałoby tego już pokolenie trzecie – prawnuki, urodzone gdzieś w roku 1990. Ponieważ prawnuczka zaszłaby w ciążę, bawiłaby się myślą, że zawartość koperty przekaże swojej córce na osiemnaste urodziny.

Tak właśnie trzeba kochać, mówiłby wzruszony mąż pani Stachovej, trochę zazdrosny, że to nie liściki jego dziadka. Cierpliwość, moje dzieci, to też forma miłości – podkreślałby to, co dla nich jest już jak telefon na korbkę. Oczywiście podkreślałby tak przed rozwodem z panią Stachovą, bo po rozwodzie miałby pewnie inne mądrości. No, ale nie było żadnych dzieci, a i męża nie ma od lat.

Pod papierami pani Helena znalazła ślubne menu. Ślub dziadków odbył się 18 lipca 1889 roku. Jedzono w takiej kolejności: zupa francuska, pstrąg z majonezem, gęś z kapustą i sałatką ogórkową, kotlet cesarski z młodą marchewką, ragoût z kurczaka, udziec sarny w sosie własnym, lody.

Małżeństwem byli niecałe siedem lat, na dnie szuflady leżały nekrologi:

Karel Teige *23.10.1859 †20.2.1896

Teresie Štětková *12.5.1859 †17.12.1920

– Mam to spalić?

Prawda
samoluba

Najbardziej cenię pisarzy, którzy stwarzają Kosmos.

Może być gigantyczny jak Kosmos Kafki, interpretowany na miliony sposobów, a każdy, kto w nim na chwilę zawiśnie i rozejrzy się wokół, widzi, że jest dokąd lecieć, dalej, w górę, w dół, można szybować, można sobie też wisieć bez końca... Może być ogromny jak Kosmos Hrabala, w którym piwo zalewa nam komórki mózgowe, a one wypuszczają wtedy z siebie małe niewstydliwe myśli, jakich by nigdy nie uwolniły bez piwa... Może być wielki jak Kosmos Máraia, w którym istnieją wszystkie odpowiedzi, do jakich dojdą w tym tygodniu psychoterapeuci świata... Może być duży jak Kosmos Bernharda, gdzie są setki pokoi, urządzonych w stylu biedermeier, w których kanapy się zapadają, a drzazgi ze złamanych krzeseł wchodzą nam pod paznokcie...

Niekiedy na naszych oczach wybuchają Kosmosy nieduże.

Jeszcze nie można w nich pławić się w nieskończoności, ale jeśli pisarz pożyje i porzuci komfort, w który wpycha go zadowolenie jego czytelników, Kosmos nagle mu się rozszerzy.

Ucieczka galaktyk nabierze przyspieszenia i będziemy mieli gdzie wisieć.

Mam nadzieję, że tak stanie się z Czechem Petrem Měrką. Na razie ma zgrabny kosmosik. Pozbierał w nim spermy, gwałty, gówna, morderstwa, odbyty, apokalipsy, pizdy, totalitaryzmy... I jak w kosmogonii Anaksagorasa* nous/nus wprowadza ład wśród rozproszonych pierwiastków. Dotąd były zmieszane w pierwotnej brei, ale wyłoniły się. Umysł nadał im ruch. Mógł być to tylko umysł boski. I pisarz Měrka, lat 37, z Wołoskiej Polanki na Morawach w Republice Czeskiej, jest takim bogiem. W jego kosmosiku ludzie są od tego, aby trzymać mordy na kłódkę i robić, co się im każe. Nie są istotni, są raczej kulą u nogi. Człowiek, który ma czelność urodzić się, zasługuje na karę śmierci. Tylko niektórzy nie mają zamiaru godzić się z tym i wolą się wzbogacić. Człowiek nie ma czasu na istnienie. Tylko je i waha się. W związku z tym nawet nie zauważa, kiedy nadchodzi koniec.

Pewien konkretny człowiek z jego książki *Jestem egzaltowaną lentilką* (Dowody na Istnienie, 2015) wszedł w innego człowieka rodzaju żeńskiego. „W jej jelicie grubym spędził cały tydzień. Było mu lepiej niż na urlopie" – pisze Měrka, w tłumaczeniu Elżbiety Zimnej.

Jeśli chodzi o czytelników, to wielu z nich czyta na przykład: „Panie przedszkolanki są piękne i ponętne, chodzą nago, a w oczy rzuca się przede wszystkim ich włochate przyrodzenie"**. I zamiast zauważyć, że jego literatura

---

* Dziękuję Janowi Parandowskiemu za trop.

** Oba cytaty: Petr Měrka, *Jestem egzaltowaną lentilką*, przeł. Elżbieta Zimna, Dowody na Istnienie, Warszawa 2015, s. 112, 66.

jest pornograficzną krytyką społeczną, zapamiętują, że w nie-moralnym opowiadaniu *Dorastanie jest gówno warte* lekarz zaleca pacjentce seks z własnym synem, co jest bardzo ko-rzystne finansowo, bo można nadawać go na żywo w sieci i w ten sposób zarobić na studia dla tegoż syna.

– Jeśli ktoś jest zaopatrzony tylko w mieszczański intelekt, nie zauważy, o co mi naprawdę chodzi – powtarza pisarz.

– A swoją drogą, Petrze – spytałem – dlaczego przedszko-lanki paradują z włochatym przyrodzeniem?

– Bo dzieciom ustawionym w szeregu muszą oznajmić: „Gnojki, od dziś zaczniemy was pomału zapoznawać z porno-grafią dnia powszedniego, która jest też znana pod pojęciem systemu". Wybacz, ale nie będą mi tego w książce wygłaszały przedszkolanki ubrane.

Studiował muzealnictwo na wydziale historycznym w Opa-wie, ale nie mógł go skończyć, bo trafił do szpitala psychia-trycznego, w którym mieszka co jakiś czas.

– Możesz tam pisać?

– Nie. W szpitalu jestem pustką.

– Ota Pavel najpiękniejsze opowiadania stworzył podczas terapii w psychiatryku.

– Która nic nie dała poza tymi opowiadaniami, jak był wa-riatem, tak wariatem pozostał i wariatem umarł. Być może lekarze dawali tam Ocie Pavlovi przestrzeń na twórczość. Ja tej przestrzeni na oddziale nie dostaję, choć nasza choroba chyba jest identyczna. Szprycują mnie lekami, które nawet nie pozwalają mi myśleć. W wielkiej sali leży nas kilkudziesięciu, każdemu wydaje się, że jest kimś innym. Dziesięciu krzy-czy, dziesięciu płacze, dziesięciu się śmieje, a dziesięciu jest zobojętniałych. Jak ja. Czuję się tam człowiekiem w częściach, każda leży oddzielnie. Znaleźć je, rozpoznać, poskładać w całość – to zajmuje tygodnie. Potem wracam do domu i dopiero wtedy mogę pisać. Mam małą rentę inwalidzką, właściwie pół, bo po skończeniu szkoły nie zdążyłem pracować. Szukanie pracy jest bez sensu. Jakakolwiek nadzieja szybko zostaje zabita przez odkrycie: „Aha, pan się leczy psychiatrycznie...", wolę więc pisać, bo to jedyna wolność. W książkach można wszystko, prawda?

– No tak – potwierdziłem. – Tam jesteś swoim Bogiem.

Ta rozmowa odbyła się we wrześniu.

W styczniu Petr napisał mi, że jest najszczęśliwszy na świecie, bo jego dziewczyna jest w ciąży.

W marcu napisał, że go porzuciła.

„To jest dobry moment – napisałem mu ja – na dojście do własnej prawdy".

„Doszedłem! – odparł. – Mam nadzieję, że nie jest ona jakimś rzygiem. Masz ją w załączniku".

Mam:

„Odeszła ode mnie Dita w szóstym miesiącu naszego związku, a w czwartym miesiącu ciąży. »Stan odmienny« to także rozpad relacji. Przestała mnie kochać, odegnała mnie od siebie i w ten sposób pozbawiła bliskości dziecka. Złamało mi to serce, padłem na kolana, i padłbym jeszcze niżej, żeby sobie rozbić mordę o krawężnik i krwawić. Jednak koleżanka Hela zwróciła mi uwagę na prawdziwą miłość i zasugerowała, żebym ją odróżnił od zwyczajnego uzależnienia od drugiego człowieka, jak to uczucie mylnie interpretuje większość ludzi. Właśnie to zbliżyło mnie do konceptu, że jesteśmy sami dla siebie największym darem i nie mamy nic cenniejszego, bo przecież bez siebie nie istniejemy.

Rozróżniam samolubstwo i egoizm. Między jednym a drugim jest zasadnicza różnica. To pierwsze skłania nas, żebyśmy siebie szanowali i czcili – i z tym wchodzili w relacje ze światem. To drugie tworzy wyłącznie iluzje na nasz temat, w które wierzymy, ale są one tylko sugestywnymi autokłamstwami.

Człowiek musi być samolubem, żeby mógł siebie naprawdę pokochać, a potem tę miłość naturalnie i szczerze dzielić z innymi istotami.

Tego mnie nauczyła Dita, którą kocham, z którą oczekuję dziecka, dla którego nie będę takim ojcem, jakim bym pragnął być".

Prawda
syna sprzedawcy obwoźnego

Przejechał ze swoim bufetem, wstawił go do pierwszego przedziału z napisem SŁUŻBOWY, usiadł. Kiedy ruszyliśmy z Czeskich Budziejowic, podniósł klapę zmyślnego wózka i z wnętrza wysunęły się butelki z wodą. Wyciągnął go na korytarz, gdzie stało dwóch chłopaków z plecakami. Zachęcił ich, żeby weszli do jego przedziału i zajęli miejsca.

– Ale to jest służbowy – zauważyli.

– Panowie się nie obawiają, kierownik pociągu z drugiej strony ma swój, a ja swój.

– Ale dalej też są wolne miejsca, może my tam...

– Po co się męczyć z plecakami, tylko proszę nikogo nie wpuszczać, ja coś sprzedam i zaraz wracam.

W tym „zaraz wracam" usłyszałem cień obietnicy.

Dwaj blondyni, ciemny i jasny, wysportowani, w krótkich spodniach, umieścili się w przedziale. Spojrzał na nich od góry do dołu, wyszedł i zaczął rejs. Wrócił szybko i nie zauważyłem, żeby ubyła choć jedna butelka coli. Mimo to wyglądał na zadowolonego. Spojrzał na ich nogi i zaczął je komplementować:

– Jak byłem w waszym wieku, też miałem takie umięśnione nogi, bo startowałem w pięcioboju...

Wyjaśnili, że oni wspinają się i biegają w maratonach.

– Pewnie jeszcze studiujecie?

I zainteresował się, na jakim wydziale, czy mieszkają w akademiku, a czy pokój mają razem, czy osobno. Po chwili, mimo że stałem na korytarzu, wiedziałem, że jeden ma dziewczynę, drugi – nie. I nie chce mieć. Już się do niego zaczął dobierać słowem, a dlaczego nie, lepiej mieć, chociaż może lepiej, żeby nie.

Przez wagon przeszedł chłopak w krótkich spodniach, młodszy chyba od tamtych. Bufetowy spojrzał na niego przez drzwi, jakby chciał go zapamiętać na zawsze.

Chłopcy z plecakami wysiedli, teraz na korytarzu pojawił się wysoki trzydziestolatek. Stał jakieś trzy okna dalej, ale bufetowy wyszedł i zamierzył się na niego wzrokiem jak moja kotka Afonia na wróbla:

– Chce pan coś zobaczyć?

Wysoki nawet się nie odezwał.

– Pan zobaczy. – Wskazał za okno i zaczął opowiadać, że wyremontowali perony, między wszystkimi są przejścia, a między trzecim i czwartym nie ma, trzeba iść górą, a jak się idzie górą, to... Opowiadał o tych peronach jak Bogusław Kaczyński o Marii Callas. Obiekt adoracji nie odzywał się, wreszcie wydukał „taaak" i poszedł sobie.

W przedziale obok służbowego siedzieliśmy z jedną panią, ale nam nic nie opowiedział. Pomyślałem, że ja nie mam krótkich spodni, a pani płci. Usiadł obok wózka, nie domknął drzwi. Wyciągnął telefon i zaczął:

– Maruszko kochana, ja nie mogę, nie wytrzymuję życia z nim! Nie przerywaj mi, muszę ci powiedzieć, co się stało, dałem mu tysiąc koron, masz, zapłać za miesięczny. Nie kupił biletu, wrócił po trzech dniach. Ale poczekaj. Wracam przedwczoraj, mieliśmy spóźnienie, o dwudziestej trzeciej byłem w domu, a tam ani kawałka chleba, mnie tak kręgosłup boli od tego wózka, jeżdżę, poniżam się, Czeskie Koleje zasrane, mówię mu: idź, proszę, do Wietnamczyka, kup mleko na rano i chleb, jeszcze do północy jest czynne, i daję mu dwieście koron. Maruszko, on wrócił o trzeciej w nocy! Siedzę, czekam, a na szóstą mam znowu na dworzec, nie przyniósł nic, ja o herbacie głodny, pytam, gdzie pieniądze, on nie wie i śmieje się, a ja wiem, dlaczego się śmieje, bo już się naćpał i żadna z nim rozmowa, Maruszko, on nas oboje oszukiwał rok, że studiuje, a ty mu wybaczasz jako matka, mieszkaj z nim, to zobaczysz, on mógłby sport jakiś, wspinać się, ja już nie wiem, co mógłby, a on nas oszukuje, a głównie mnie, bo zostawiłaś mnie z nim, a ja nie daję rady! Spotykam inteligentnych młodych ludzi i łzy mam w oczach, że mój syn też wyjątkowo inteligentny, wiesz, co on mi ostatnio inteligentnie powiedział? Narkotyki są dlatego, że tatuś nie zainteresował mnie wystarczająco życiem!

Prawda
z cennika

Chciałem skopiować moją ulubioną marynarkę u krawca. Uszyć nową identyczną. Pod mostem Poniatowskiego w Warszawie był mały zakład, gdzie krawiec staruszek ma całą kolekcję fantastycznych materiałów brytyjsko-francuskiej firmy Dormeuil. Niestety, powiedział, że nie wiadomo, jak długo będzie żył, i nie chce się zobowiązywać, że uszyje, bo jest chory.

– Proszę sprawdzić w listopadzie, czy jeszcze żyję.

Kto mu dostarcza te materiały, to tajemnica.

Wygooglowałem więc firmę i okazało się, że najbliższy diler, którego internet umie znaleźć, jest w Pradze. Diler jest jednocześnie krawcem. Napisałem do niego maila i dzisiaj poszedłem. Niestety, nie przyjmuje jak tamten pod mostem, tylko na najdroższej ulicy w Czechach – Paryskiej.

Doszedłem do właściwej kamienicy. Ochroniarz z bronią pokazał mi drzwi i zszedłem do eleganckich podziemi.

Najpierw kelnerka przyniosła kawę.

Potem objawił się dwudziestoośmioletni Paul Newman, tyle że mówił po czesku.

Potem dwie godziny rozmawiałem z nim o czeskich książ-kach i filmach.

Potem opowiedział, jak mu się mieszkało i pracowało w Londynie, Paryżu i Nowym Jorku.

Potem wytłumaczył, dlaczego zakład krawiecki jego ro-dziny, który od 1676 roku nazywał się tu Krawiec Mosze syn Mendla, teraz nazywa się Rexim. (– Wielu, proszę pana, Arabów przychodzi do nas szyć, bo to najdroższa ulica w całym kraju).

Potem dowiedziałem się, dlaczego luksusowy zakład działa w piwnicy. Otóż po „nocy kryształowej" z 9 na 10 listo-pada 1938 roku z powodu bezpieczeństwa przenieśli go tutaj i tak zostało.

Potem Paul Newman prezentował materiały.

– Wyciągnę może te na pana poziomie, to znaczy na pozio-mie, o jaki pana podejrzewam. – Uśmiechnął się.

Wyciągnął piękne, takie po dwieście euro za metr. (Na ma-rynarkę trzeba trzy metry).

Poprosiłem, żeby może pokazał coś na innym poziomie.

Wyciągnął takie po trzy tysiące euro za metr. (Tkaniny, które wyglądają jak trójwymiarowe).

Wróciliśmy jednak do mojego poziomu, a krawiec zadał mi następujące pytania:

– czy kiedyś już coś szyłem sobie w życiu?

– czy wiem, że cena nie jest proporcjonalna do trwałości materiału?

– czy wiem, że rzecz uszyta może bardzo źle wyglądać na wieszaku?

– na której ręce noszę zegarek?

– którą ręką piszę?

– czy komórkę mam małą, czy większą?

– czy zawsze mam komórki podobnej wielkości?

– czy mam jakiś kompleks związany ze swoją figurą?

– czy się odchudzam?

– ile w sumie przewiduję stracić kilogramów?

– czy zawsze się garbię?

– czy marynarki z materiałów letnich noszę tylko latem?

– czy w miejscu, gdzie pracuję, jest klimatyzacja?

– czy marynarkę zamierzam nosić zawsze do dżinsów, czy chciałbym do niej włożyć inny typ spodni?

I jeszcze dwa razy tyle pytań.

Gdy obliczy koszty całości, przyśle mi SMS-em.

– A proszę mi pokazać swój telefon przy okazji – wystrzelił.

– Do czego panu potrzebny?

– Dopasujemy go do wewnętrznej kieszonki w marynarce.

Tyle że w Pradze nosiłem wtedy drugi aparat, na kartę czeską, stary i pęknięty z boku, ze zdartymi cyframi na klawiaturze. A ten bardziej elegancki miałem na polski numer i nie brałem go ze sobą do miasta. Nie mogłem wyciągnąć z torby tej szajsowatej komórki, bo spaliłbym się ze wstydu. (Ja, który tak kocham formę i opowiadam te wszystkie pierdoły, że bez formy wszystko traci godność! Ech...).

Powiedziałem, że telefonu zapomniałem. I nagle sobie uświadomiłem, że przecież ktoś może w każdej chwili do mnie zadzwonić! Spytałem o toaletę, żeby szybko wyciszyć aparat. Okazało się jednak, że w całej tej luksusowej suterenie nie ma zasięgu, ufff!

Umówiliśmy się, że wieczorem podeśle mi SMS z ceną za całość.

Wiadomość nadeszła i miała wiele wspólnego z cudami Jana Pawła II. Nie mogłem w nią uwierzyć. Pamiętałem, że firma ma na swojej stronie WWW cennik. Wszedłem do internetu, żeby zobaczyć, czy naprawdę wszystkie modele są tak bardzo drogie.

Klikam w zakładkę CENNIK, a tam zamiast cen – prawda: „Dżentelmen nigdy nie mówi, ile kosztowało jego ubranie".

Prawda
pisarzy świata

Francja zaprasza pisarki i pisarzy w ramach imprezy Les Belles Étrangères (Piękne Cudzoziemki, a jedna z nich to ja!).

Chodzi o to, żeby Francuzi poznawali literatury (dlatego „piękne" w wersji żeńskiej) ze wszystkich krajów świata. Co roku po dwóch autorów z dziesięciu kolejnych krajów objeżdża Francję.

Objeżdżaliśmy więc. Kiedy nie było mojej tłumaczki, a na horyzoncie pojawiał się nowy pisarz, mówiłem tylko:

– Aj dont spik inglisz, but aj anderstent, litl. Ajm sorry...

W ogóle ich to nie zrażało. Każdy z literatów, gdy to usłyszał, otwierał szerzej oczy, unosił policzki i widziałem, że koniecznie musi mi powiedzieć coś po angielsku.

Pisarz z Korei Południowej poinformował mnie, że Korea i Polska mają dużo poetów.

Pisarz z Kanady, że nie może zrozumieć, jak w Polsce mogli wygrać Kaczyńscy.

Poeta z Portugalii, że Kraków jest cudowny.

Pisarz z Albanii, że Herbert jest cudowny.

Pisarka z Portugalii, że ucho od walizki jej się urwało.

A para pisarzy z Nowej Zelandii, że targ jest niedaleko.

Prawda
z baru

Na targach książki w Katowicach podszedł gimnazjalista z dyktafonem i spytał:

– O czym pan pisze swoje książki?

Zamurowało mnie, choć umiem mówić na każdy temat.

Zacząłem coś kręcić, na co rezolutny chłopiec zaproponował następne pytanie:

– No to proszę powiedzieć, dlaczego pan zaczął czytać książki, kiedy był pan młody.

– Bo były mądrzejsze od ludzi, których wtedy znałem – odparłem bez zastanowienia, gdyż to mój gotowiec.

Gimnazjalista był bardzo tym zafrapowany.

Za chwilę obok stoiska przechodził Eustachy Rylski, autor mojego ulubionego zbioru esejów o literaturze i życiu (życiu jego, Eustachego) pod tytułem *Po śniadaniu*. Zagadnąłem:

– Panie Eustachy, czy dobrze odpowiedziałem temu chłopcu?

– Powinien pan dodać, że książki są też bardzo często mądrzejsze od ludzi, którzy je napisali – odparł i odszedł, trzymając głowę jak arystokrata ciała.

Wieczorem tego dnia wróciłem do Warszawy na urodziny przyjaciółki. Impreza była duża, głośna, w lokalu z dobrym barem i dobrą kuchnią. Urodzinowi goście J.J. mogli zamawiać drinki przy barze, z którego korzystali też inni goście lokalu. Po północy w kolejce po drinka stanęło przede mną dwóch blondynów – mogli mieć z pięć lat więcej niż gimnazjalista z Katowic. Rok, dwa po maturze. Owładnęła nimi potrzeba rozmowy tak silna jak potrzeba napicia się.

– Cześć, a ty to jakiś prezes jesteś. – Spojrzał na mnie jasny blondyn.

– Jaaa? – spytałem tonem porzucającym subtelność, żeby troszkę ukompatybilnić głos do możliwości blondyna i atmosfery baru.

– No! Wyglądasz na jakiegoś prezesa.

– Nieee... Żyję z pisania książek – wyjaśniłem, co jest lepszym wyjaśnieniem, niż „piszę książki", ponieważ „piszę" nie zawiera w sobie sukcesu. Raczej osłabia moją pozycję w oczach nieznajomych, a w dzisiejszej kulturze nawet naraża mnie na śmieszność. Może i na żałosność.

– A o czym piszesz? Wyglądasz na prawnicze – stwierdził drugi, ciemniejszy blondyn.

Pamiętałem, że rano odpowiedzią na to właśnie pytanie rozczarowałem gimnazjalistę. Dlatego kiedy tylko chłopiec odszedł do następnego autora, który przyjechał na targi, wymyśliłem sobie, co będę mówił w takich sytuacjach. Stworzyłem komunikat na uniwersalnym poziomie i teraz trafiała się okazja, żeby go nadać.

– Piszę o śmierci, o szczęściu, o miłości, o odwadze, o tchórzostwie, o upadku i tak dalej... – starałem się mówić bardzo tonem właściwym kolejce do baru.

Przez chwilę mój mózg stał się areną walki, czy najpierw wymienić „szczęście", a potem „śmierć", czy odwrotnie. W ułamku sekundy podjął jednak decyzję, że „śmierć" jako pierwszą, bo słowo „szczęście" wydało mi się – jeśli chodzi o oczekiwania obu blondynów – nietrafione. „Szczęście" wpasowałoby mnie w wizerunek naiwniaka i miękkich klusek.

– Aa! – stwierdził ciemny blondyn. – Czyli jednak prawnicze książki piszesz.

Pomyślałem, że zaryzykuję, i skoro do barmanki zostały nam jeszcze trzy osoby, powiem tak:

– Piszę o tym, do jakich prawd ludzie w życiu dochodzą. Może doszliście, koledzy, do jakiejś swojej prawdy?

Zdanie ominęło chyba ich uszy, bo blondyn jasny przybliżył swoją twarz do mojej i spytał:

– Ty, prezes, znasz tu jakieś wolne laski na przemiał? Musimy coś dzisiaj przelecieć.

– Wolne są wszystkie, zaprosili same bez facetów, nie słyszeliście? – Ratowałem się, jak mogłem.

– No co ty! Zaczepiliśmy jedną przy wejściu, czy jest wolna, a ona mówi, że dwa miesiące temu urodziła dziecko. Daj spokój!

– Koledzy, bo trzeba zaraz zamawiać, macie jakąś swoją prawdę życiową do mojej książki czy nie macie?

– Mamy – ożywił się drugi blondyn. – Zawsze zakładaj dwie prezerwatywy zamiast jednej.

Prawda
Coup de grâce

– Ja tylko na dół, na Rozbrat poproszę. Ooo!

– Co? Przepraszam?

– Wie pan, jaka to rzadkość, że taksówkarz słucha Trójki?

– A czego najczęściej słuchają koledzy?

– Eski, i ja jako pasażer chcę wtedy oszaleć i prosić o odwiezienie do psychiatryka. Zdarza się, że czasem jakiś kierowca, ale to jeden na dwudziestu, RMF Classic słucha i wtedy kurs jest przyjemny. Przez plac Trzech Krzyży najlepiej.

– Z klasyką wolę jednak Dwójkę. Nie jestem już w stanie, proszę pana, słuchać tego szatkowania utworów. Tej sieczki w Classic. Przez nich znienawidziłem nawet *Bolero* Ravela.

– *Bolero*?

– No właśnie! Swojego ulubionego francuskiego kompozytora się wyrzec! Niesłychane, a jednak! Co oni z tym *Bolerem* wyprawiają!

– A co?

– Nie chce pan wiedzieć! Więc teraz tylko Dwójeczka, bo utwory klasyczne są tam szanowane. Przy okazji, czy dobrze mi się zdaje, że to panu mam dziękować za zainteresowanie mnie Czechami? Wie pan, kogo cenię? Haupta pan zna? Nie do zdobycia, poluję i poluję.

– Zygmunt Haupt, zapomniany pisarz. O, chyba za daleko zajechaliśmy!

– Bo przyjemnie się zagadałem. Zaraz tu na alei Róż oberka zrobimy, policzę taniej. Idąc dalej, Dostojewskiego na przykład bardzo cenię. Kiedyś wsiadł facet z dwiema córkami chyba, one z tyłu, a on siada na przednie i patrzy, że książka leży. A co to? Huxley, proszę pana, mówię. Zaczęliśmy rozmowę o literaturze i od razu mu wyjaśniam, że nie znoszę Coelho. To żaden pisarz dla mnie, bardzo przepraszam. Ten od *Ptaśka*, niestety, też żaden. A pasażer mówi: ja też piszę. Myślę sobie: każdy inteligentny człowiek umiejętność pisania posiadł, to nic takiego. Ale on mówi, że nazywa się Janusz Wiśniewski.

– L.!

– L.! Ja mu na to: przepraszam, ale o literaturze ze mną pan nie porozmawia...

– Jak pan mógł?!

– ...z tego powodu, że *Samotności w sieci* nie znam. On: „I dzięki Bogu, że pan nie czytał, bo by mnie pan objechał jak burą sukę". Jak mi tym zaimponował! Jaki dystans do siebie! No, takich pasażerów z klasą to lubię. Bardzo proszę: czternaście pięćdziesiąt wyszło.

– Ale chciałem tylko spytać na koniec: jak pan ma na imię?

– Robert.

– A doszedł pan, panie Robercie, może do jakiejś swojej życiowej prawdy? Dzięki taksówce albo literaturze?

– Wiedziałem! Wiedziałem...

– Że...?

– No, miałem pewność na sto procent, że do tego pan będzie podstępnie zmierzał.

– Zawsze zmierzam do prawdy, cudzej.

– Pan zdobędzie sobie zbiór opowiadań Zygmunta Haupta *Pierścień z papieru* i przeczyta to z francuskim tytułem. Nie dosyć, że genialne, to jest tam ta najważniejsza prawda. Gwarantuję.

Nie mogłem wytrzymać i zaraz poszedłem do biblioteki w okolicy. Nie mieli. W drugiej – też nie. Zajrzałem więc na Allegro. Jest! Jeden egzemplarz za... sto dwadzieścia złotych. No i mam.

Tytuł *Coup de grâce* – czyli cios miłosierdzia, kiedy chcemy kogoś dobić, aby ulżyć jego cierpieniom. Opowiastka z 1950 roku, kolejny dowód na to, że sztuka pisarska nie zna granic.

„Więc było to małżeństwo, pewnie młode, mogę sobie ich wyobrazić, byli to może nauczyciele albo może on był urzędnikiem akcyzy, może dependentem adwokackim, można to sobie wyobrazić, i ją także, pewnie była bardzo sobie polska kobieta, szare włosy i trochę wystające kości policzkowe, i jakaś tam sukienka, z owych czasów może, bo także i kapelusz z wielką szpilą, i pocerowane rękawiczki. On musiał być młody, pewnie miał dobrze utrzymane wąsy i uczciwe oczy, może miał włosy »na jeża« i mieli walizy, walizkę, która nazywa się »Gladstone«, i kosz z zawiasami, i na trzcinowy skobelek zamykany na kłódkę, i palto do tego, i trochę austriackich koron wszytych w kołnierz surdutu...”*.

---

* Zygmunt Haupt, *Coup de grâce* [w:] *Pierścień z papieru*, Gładyszów 1997, s. 43.

Jednak, Państwo wybaczą, nie mogę ujawnić prawdy z tego opowiadania. A nuż nadarzy się okoliczność, że kogoś wciągnie to literackie bolero Haupta. Zakończone ciosem, rzecz jasna. We wszystkie oczywiste prawdy, jakie sobie hodujemy.

Prawda
Akropolu

Na dzień przed Bożym Narodzeniem weszła do ich mieszkania nieznana pani i powiedziała, że jest jego mamą.

Miał pięć lat, chyba jej nie uwierzył.

Nim umarła, spędzili ze sobą jedenaście zim. Potem, jako dorosły, usiłował odtworzyć jej życie, ciągle to robi, i przekonał się, że najbardziej przylega do niej przymiotnik: opanowana.

Była opanowana, kiedy zaczęła się selekcja. Oficer spytał, czy są w transporcie lekarki. Podniosła rękę.

Była opanowana, gdy skierowano ją do pracy na bloku dziesiątym obozu w Auschwitz, gdzie lekarze SS wstrzykiwali młodym kobietom toksyczne płyny do macic, a pacjentki zużyte w eksperymentach zabijali dziesięcioma gramami fenolu.

Była opanowana i rzeczowo opowiadała o życiu w obozie. W domu przy biurku spisywała relację. Nawet w zdaniu: „Miałam wrażenie, że umieszczono mnie w miejscu stanowiącym połączenie piekła i domu wariatów" czuje się opanowanie. Szesnastoletnia więźniarka Anna Heilman, która w nocy potajemnie przyszła do niej po lekarstwo, zanotowała: „Bije z niej niewytłumaczalna siła, która mnie dosłownie hipnotyzuje. Pod wpływem jej spojrzenia, brzmienia głosu czuję, że tracę nad sobą kontrolę".

Była opanowana latem 1931 roku, kiedy z Kielc w Polsce wyjeżdżała do Pragi, żeby studiować medycynę. Ojciec – malarz pokojowy – zaopatrzył ją w zdanie: „Bądź człowiekiem".

Była opanowana, a nawet uszczęśliwiona, gdy w 1937 roku wychodziła za mąż za mężczyznę, którego w dniu ślubu widziała po raz pierwszy i ostatni. Komitet Pomocy Demokratycznej Hiszpanii w Pradze wysyłał na wojnę szpital polowy. Żeby stać się członkiem zespołu lekarzy, musiała mieć czechosłowackie obywatelstwo. Znajomi wyszukali kandydata i wzięła ślub z panem Kleinem.

Była opanowana, kiedy pisała na zapas fikcyjne listy do rodziców. Zostawiła ich całą paczkę, a przyjaciele z Pragi mieli wysyłać je do Kielc.

Była opanowana podczas ewakuacji szpitala w katalońskim Benicàssim. Naczelny lekarz wydał polecenie, że jako najmłodsza z całego personelu ma wyjechać z pierwszym transportem, ale odmówiła.

Była opanowana w trakcie aresztowania w lutym 1951 roku w Pradze za szpiegostwo na rzecz imperialistycznych mocarstw. Zwolniono ją po czterech latach (wtedy jako nieznana synowi pani weszła do mieszkania), a po sześciu zrehabilitowano.

Była opanowana, kiedy usłyszała, że państwo nie chce jej jako lekarki. Dostała stanowisko pakowaczki w fabryce lekarstw.

Opanowanie przydało się rok później, w Warszawie – miała czterdzieści cztery lata i wszystko zaczynała od nowa.

W Instytucie Gruźlicy. Franciszkanki z Lasek co roku słały jej opłatek, wyrażały wdzięczność za opiekę nad jedną z sióstr. Zapewniały, że modlą się za panią doktor Dorotę Lorską – ateistkę i komunistkę.

Jeden raz syn był świadkiem, jak matka panowanie nad sobą straciła.

– Gdy skończyłem podstawówkę – opowiada Józef Lorski – mama zorganizowała nam wakacje na Zachodzie. Paszport można było dostać tylko na podstawie zaproszenia od najbliższej rodziny, która musiała zobowiązać się, że pokryje koszty pobytu. Zaprosił nas wujek z Paryża. Statek, którym płynęliśmy po Morzu Śródziemnym, zatrzymał się w Pireusie. Chętni wyjechali na wycieczkę do Aten. Myśl, że będziemy w takim miejscu, przyprawiała nas o zawrót głowy. Byliśmy wtedy oboje przekonani, że w Atenach, kolebce naszej cywilizacji, nie będziemy już nigdy w życiu. Że to jedyna okazja i nikt nas więcej z Polski nie wypuści. Na Akropolu niektórzy turyści zaczęli się głośno domagać, żeby skończyć już z tymi kamieniami i pojechać wreszcie do sklepów.

I wtedy matka wpadła w szał.

Nagle zaczęła krzyczeć na obce kobiety. Rzucała przekleństwa. Zamarłem z przestrachu, a krzyk mamy i to, co wyrażał, będę pamiętał do końca życia.

Prawda
zakazów

1

Trzydzieści minut przed północą w Kraju Miliona Słoni ktoś nagle i bezwzględnie gasi światło. Właściciele barów w pośpiechu chowają butelki i kieliszki, a za chwilę zamykają drzwi. Na nocnym targu sprzedawcy zwijają swoje kramy. O dwudziestej trzeciej trzydzieści zaczyna się godzina policyjna i do rana trzeba tkwić w domu lub hotelu. Jednak jesteśmy jakieś dziesięć stopni od równika, zmierzch zapada tu chwilę po osiemnastej, więc i tak mamy poczucie, że wieczór trwał długo. Bez bólu wracamy na nocleg.

Zresztą zakazy w Laosie są dla przyjezdnych bezbolesne. Wyraża się je w postaci próśb i sugestii na tablicach informacyjnych.

Laotańczycy chcą, żebyśmy u nich nie podnosili głosu.

Do nikogo nie krzyczeli.

Nie kłócili się.

Nie słuchali głośno muzyki.

Nie chodzili brudni.

Nie okazywali sobie publicznie uczuć.

Nie głaskali dzieci po głowach.

Nie wspinali się po posągach Buddy.

W Tajlandii sprawdzamy w portfelach, czy nie zlekceważyliśmy majestatu króla. Ponieważ portret władcy jest na wszystkich banknotach, trzeba je składać z szacunkiem. W żadnym wypadku nie zgniatać i nie niszczyć, bo można mieć kłopoty. Wtedy najlepiej spokojem łagodzić sytuację. Krzyk uważany jest za oznakę słabości.

Nad Kambodżą unosi się niepisany zakaz. Wyjaśniał to Andrzej Muszyński w książce *Południe*. Otóż w państwie Khmerów „nie wypada pytać »dlaczego?«. »Dlaczego?« w wielu przypadkach może zabrzmieć nietaktownie, nachalnie. Lepiej zapytać »jak?«, »co widziałeś?«, »skąd wiesz?«, żeby nie urazić rozmówcy i okrężną drogą poszukać odpowiedzi".

Jednak „dlaczego?" nas cały czas podgryza. Nigdy nie zapomnę sceny z książki *Kampucza, godzina zero* Zbigniewa Domarańczyka: wygłodniała kobieta rzuca się na ziarenko ryżu, które spadło na ziemię, i łapczywie je połyka. Dowódca rozkazuje trzynastoletniemu Czerwonemu Khmerowi rozpruć jej nożem przełyk i ziarenko wydobyć.

2

W Phnom Penh od rana panuje lepki upał.

Jedziemy do katowni Czerwonych Khmerów S21. To szkoła, najpierw zamieniona w więzienie, a potem – w muzeum ludobójstwa. Zginęło w niej szesnaście tysięcy ludzi, cudem uratowało się siedmiu. „Nie mogliśmy sobie pomóc, byliśmy przykuci do metalowych prętów na podłodze.

Jeśli poruszyliśmy się, a nie zapytaliśmy wcześniej strażnika o zgodę, byliśmy potwornie bici. Załatwialiśmy się do puszek po nabojach, zresztą najwyżej dwa razy na miesiąc – dostawaliśmy dziennie tylko dwie łyżki zupy, które często jedliśmy, siedząc w kucki obok trupów. Bez żadnych wyrzutów. Byliśmy dzikimi zwierzętami. Wpatrywaliśmy się w sufit i czekaliśmy, aż spadnie nam do ust jakiś robak" – wyznawał Chum Mey, jeden z tych, którzy przeżyli S21*.

W pustych szkolnych salach można dziś obejrzeć szkielety metalowych łóżek z kajdankami. I przesłuchiwanych – na setkach zdjęć. Zadziwia, jak są młodzi, za wrogów uznawano nawet trzyletnie dzieci. Reżim zakazał rodzin, spółkowano z wyznaczonymi osobami, dzieci były natychmiast odbierane matkom, a potem wcielane do brygad pracy. Przed wejściem do biura, z napisem OCALONY, siedzi każdego dnia Chum Mey i opowiada.

Na ścianach muzeum wisi jeden jedyny znak zakazu. Twarz w uśmiechu przekreślona na czerwono.

Do sal wchodzą turyści, przeważnie młodzi. W klapkach, w krótkich spodniach, w mini. Jakaś dziewczyna w halce, udającej T-shirt, robi sobie zdjęcie z ocalonym. Mężczyźni bez koszul eksponują swoje muskularne torsy. Kobiety – zalotne pępki z kolczykami.

Nadzy i żywi z wizytą u nagich i martwych.

I właśnie uświadamiamy sobie z Julią, że wyglądamy inaczej niż wszyscy. Co założysz?, spytałem rano. Długie spodnie i koszulę, odparła.

---

* Oba cytaty: Andrzej Muszyński, *Południe*, Wydawnictwo Czarne, Wołowiec 2013, s. 19, 34.

Ja też, dodałem.

Nie musieliśmy nawet mówić na głos dlaczego.

Do katowni S21 przywieźliśmy swój własny zakaz, z Polski.

Prawda
Rosjan

Zamówiłem drinka na plaży, kiedy podeszła para jasnowłosych ludzi w średnim wieku. Osiem tysięcy kilometrów od Polski usłyszałem znajome dźwięki.

– Polacy?

– *Niet, my nie Polaki* – odparł on.

– Aaaa, bardzo mi miło – powiedziałem po rosyjsku, żeby coś powiedzieć. I zaczęło się: a jak Kambodża, a skąd ja, a skąd oni (z Moskwy), a czy Polska... Matko, żeby tylko nie wdawać się z nimi w rozmowę o wojnie i Ukrainie – pomyślałem i aby temu zapobiec, zaśpiewałem: *W Pietierburgie siegodnia groza, na riesnicach zastyła sleza...* („W Petersburgu dzisiaj burza, na rzęsach zastygła łza...").

Zbaranieli!

– Uwielbiam rosyjskie piosenki – wyjaśniłem i uciekłem z kieliszkiem.

Nie wiem, jak to możliwe, ale ciągle pojawiali się obok. W restauracji, w spa, na śniadaniu. Powiedziałem Julii, żeby zawsze sprawdzała, gdzie są, i wybierała miejsce jak najdalej.

Nie chcę gadać o wojnie i Ukrainie, a na to zawsze zejdzie. Nie przyjechałem nad ciepłe morze, żeby się denerwować na Rosję.

Raz po zmierzchu zgubiłem drogę między bungalowami a nocnym barem. Wyrośli spod ziemi. Pokażą mi przejście. A ta młoda dama, żona czy sąsiadka, a zna rosyjski, a skąd ja znam...

Kak-nibuď, gdie-nibuď, s kiem-nibuď ... ("Jakkolwiek, gdzie-kolwiek, z kimkolwiek...") – zacząłem im śpiewać, aż doprowadzili mnie do naszego domku i okazało się, że niestety zamieszkują domek obok.

– Jak fajnie, że jesteśmy sąsiadami – powiedziała ona.

– Rosja i Polska to sąsiedzi i my sąsiedzi – dodał on, rozpromieniony.

– *Kak-nibuď, gdie-nibuď, s kiem-nibuď* ... Dobranoc – powtórzyłem i zniknąłem za drzwiami.

– Proszę cię – powiedziałem Julii. – Nie daj się zaprosić pod żadnym pozorem. Nie chcę się do nich zbliżać, bo na pewno na wojnę zejdzie.

Rano już mi pokazali kalmary, jakie kupili w mieście za dolara, i pytali, czy lubimy. Na kalmary mamy uczulenie, powiedziałem, plus: *Tri sczastliwych dnia było u mienia, tri sczastliwych dnia s toboj...* ("Spędziłem trzy szczęśliwe dni z tobą...").

Następnego dnia w restauracji był wieczór grillowanych ryb i oczywiście stolik obok naszego musiał być wolny. Zobaczyłem, że idą, skuliłem się w sobie. Uff, nie zauważyli. Tak usiedli, że nie widzieli nas przez całą kolację. Wychodząc, musieliśmy jednak przejść obok ich stolika. Wtedy on spojrzał na nas chciwie, więc żeby nie było niemiło, ale żeby iść sobie, zaśpiewałem: *Ja nie budu cełować chołodnych ruk, w etoj osieni*

nikto nie winowat, nie winowat, ja ujechał, ja ujechał w Pietier-
burg, a prijechał w Leningrad... („Nie będę całował zimnych
rąk, ta jesień nie jest niczyją winą, wyjechałem do Petersburga,
a przyjechałem do Leningradu"). I odeszliśmy od nich krokiem
lekkim.

– Dlaczego właściwie nie chcesz z nimi się zbliżyć? – spytała Julia.

– Raz zbliżyłem się z jednym Rosjaninem w kolejce do
Muzeum Puszkina w Moskwie. „Co Rosja wam zrobiła najlepszego..." – westchnął. Walery miał na imię, robotnik budowalny,
ale ubrany w garnitur i krawat. W sobotę chodzi na wystawy
do Puszkina. Nagle w tej kolejce do sztuki wyciągnął pier-
siówkę z wódką Stolicznaja, przymusił mnie, żebym się napił,
i oświadczył, że kupi mi bilet do muzeum. „Bo mamy wielki
dług wobec Polski..." – tłumaczył. „Dług?" – zdziwiłem się. „No,
jak mogliśmy was tak zostawić samym sobie? Oddać w osiem-
dziesiątym dziewiątym Zachodowi? Polska dziś w ogóle nie interesuje Rosji, nie liczycie się dla niej i ma was głęboko w dupie.
Pytam się, dlaczego?! Jak możemy zachowywać się tak podle!".
Julia, ja nie chcę zbliżenia z rosyjską duszą. Znam ją na wylot.
Dzięki Bogu ta nasza para jutro wyjeżdża do Phnom Penh.

Jutro przy śniadaniu podszedł on:

– Oto moja wizytówka. Zapraszamy do Moskwy, jest gdzie
spać, i pośpiewamy sobie.

Prawda
wyobraźni

Kierowca wyjął bagaże i zaczął je ciągnąć do hali odlotów. Dreptaliśmy za nim. Odwrócił się i poprosił o nasze paszporty. Powiedział coś niewiarygodnego:

– Ja zrobię *check-in*.

U nas nigdy nie oddalibyśmy nikomu paszportów, zwłaszcza komuś, kto znika nam z oczu. Obserwowaliśmy, jak inni taksówkarze przejmują paszporty swoich pasażerów i też za nich idą się odprawiać. Nasz wrócił za parę minut z kartami pokładowymi. Serdecznie się pożegnał i wyszedł z lotniska. Mogliśmy lecieć z jednego miasta Birmy do drugiego.

– Wiesz – powiedziałem do Julii. – Oni tu byli bardzo długo izolowani przez reżim i kiedy nastąpiło otwarcie, musieli wszystko na nowo wymyślić. Także, a może przede wszystkim, jak mają wyglądać kontakty z obcymi. To, że przy locie krajowym nie musisz sama dokonywać odprawy, wynika z tego, że sobie to tak wyobrazili.

– Aaa – podchwyciła J. – Czyli to nie jest lotnisko, tylko fantazja na temat lotniska.

Godzinę wcześniej płaciliśmy za hotel. Coś się zepsuło i nie można było użyć karty. Recepcjonistka poprosiła, żebyśmy zapisali jej numer naszej karty, ona dokona płatności sama, kiedy prąd wróci, a my możemy odjeżdżać. Zapisaliśmy, ale nawet nie spojrzała, czy zgodnie z prawdą.

– Może damy pani też mail – zaproponowała J.

– Nie trzeba – odparła. – Szczęśliwej podróży.

Wyobraziła sobie, że nie podamy fałszywego numeru karty, a nam ciężko było się z tym pogodzić.

Dwa dni wcześniej pojechałem rowerem do miasteczka Thandwe. Na peryferiach znalazłem sklecioną ze wszystkiego knajpkę, gdzie wodę ze studni donosiło dwóch chłopców. Mył się przy niej – od dołu do góry – sąsiad. Goście knajpy mogli wszystko widzieć przez okno, on im śpiewał przy tej czynności, a kiedy doszło do mycia części intymnych, to tak manewrował spódnicą, że mu nie spadła, a się umył. Na moje wejście tubylcy zareagowali zachowaniem nieoczywistym (dla mnie). Otóż każdy ucieszył się, że wszedłem. Machali mi wesoło i pozdrawiali po birmańsku. Starszy chłopiec przyniósł gar ryżu, a w małych talerzach – kiszoną fasolkę szparagową, fasolę z curry i szafranem oraz trzy kawałeczki smażonego kurczaka. Do tego głęboki talerz pełen gorącej wody. W niej – sztućce. Siedziałem bezradny: ryż wrzucić do tej wody? Rozłożyłem ręce. Teraz podbiegł młodszy chłopiec, oddał mi łyżkę i widelec, zabrał talerz z wodą, wystawił za okno i wylał. Wrócił i z uśmiechem nałożył doń ryżu. Zrozumiałem, że sztućce w gorącej wodzie miały świadczyć o higienie. Chodziło o to, bym jadł bez obaw. Potem obserwowałem zamawiających lokalsów, ale im higieny już nie udowadniano.

Właściciele wyobrazili sobie, że jednak cudzoziemców należy pozbawiać lęku.

Dolecieliśmy z J. do stolicy. Pod samolotem roiło się od mężczyzn w różnym wieku. Kilku miało służbowe kamizelki, ale kilkunastu wyglądało na ludzi z ulicy, których ktoś przypadkowo wpuścił na płytę lotniska. Dobiegali do pasażerów i krzyczeli: *Ticket! Ticket!* Zaskoczeni podróżni oddawali bilety, na których były też poświadczenia bagażowe. Oddała i J. Tyle że ci w kamizelkach kazali nam zaraz przechodzić do budynku.

– Jezusie! – zdenerwowałem się. – Oni znikają z naszymi kwitami na bagaż!

– Co miałam zrobić? Wyglądał, jakbym mu ten kwit bagażowy była winna całe życie!

Jakiejś hiszpańskojęzycznej damie oczy powiększały się ze zdziwienia, a jej towarzyszka złapała się w przerażeniu za głowę. Obfity Anglik szeptał:

– *Oh my God!*

Minęło pięć minut i mężczyźni zaczęli przynosić bagaże. Każdy pamiętał swoich pasażerów. Wstawiali je na wózki, mówili „dziękuję" i znikali.

Wyobrazili sobie, że właśnie tak powinno funkcjonować lotnisko.

A nam – nazwę nas białymi – którzy tylnymi drzwiami wracamy, żeby znów kolonizować Azję, tyle że teraz nowoczesnymi, zachodnimi i komercyjnymi wartościami – zabrakło wyobraźni.

Że obcych ludzi można obdarzyć zaufaniem.

Prawda
wysnuta z ryżu

Siedziała z nami przy jednym stole, czekała na śniadanie. Chciała koniecznie powiedzieć coś nieznajomej z naprzeciwka. Ach, cały czas czymś się tu truję, wszystko mi szkodzi... Oj, to nieszczęśliwa okoliczność, powiedziała ta druga. Jedna mogła być Brytyjką, druga Amerykanką albo odwrotnie. Poproszę tylko croissanta... Ludzie! Przejeżdżać tysiące kilometrów, żeby jeść to, co koloniści francuscy zostawili tu po sobie? Do Paryża nie bliżej? W każdym razie ona zatruta... Potem co ranka patrzyliśmy na nią ze współczuciem, bo być w kraju, który ma najlepszą kuchnię świata, i nie wiedzieć tego, to pech. Mało tłuszczu, mnóstwo warzyw. Sałatka luang prabang – od nazwy miasta – jest najprostsza na świecie, a oferuje orgazm. Przepraszam państwa, orgazm kulinarny to bardziej w gardle czy w głowie się rodzi? Chociaż mniejsza o to. Obrane ogórki w plasterkach, pomidory, sałata, białko z ugotowanych jajek i liście świeżej mięty. Posypane rozmłóconymi orzeszkami ziemnymi. Że nic takiego? Pewnie, że nic, bo znaczenie nadaje sos. Tu sosy w daniu są tym, czym ubranie na człowieku.

Bardzo proszę: ugotowane na twardo żółtka miksuje się z sokiem z limonki i dodaje cukru, trzcinowy lepszy niż buraczany. I tyle, i koniec. Trzeba tylko pamiętać, że sos nie ma być pastowaty ani kremowaty, ale płynny. Dla mnie takie odkrycie, które przywozi się z podróży, jest jak obejrzenie *Guerniki* Picassa, ewentualnie *Panoramy bitwy pod Borodino*. To jak chorągiew zdobyczna! A ona zatruta... I „ona" może mieć też i męską płeć, i nijaką, jak najbardziej, mówię to, żeby uwag potem nie było. Spotkaliśmy ją wieczorem w knajpie średniej jakości przy bazarze. To znaczy nie tę dokładnie od croissanta, lecz inną, ale taką samą. Przyszła z wnuczkiem. Było jej więcej, soczysta taka, bo ta z rana to jak liść pomarszczony, a ta jak jabłko, które samo dopiero co spadło w trawę i zwiotczałość jeszcze przed nim. Choć na marginesie powiem, że największym szczęściem byłoby spotkać takiego poetę, który pisał, że człowiek musi dożyć z czterdziestu pięciu lat, aby dokonał odkrycia, wcześniej mu niedostępnego. Że w pewnym momencie najbardziej pociągające w kobietach są ich zmęczenie, ślady starości, ta drobna sieć zmarszczek, którą dni coraz bardziej rozciągają na ich policzkach. Aż słodka ryba twarzy cała uwięźnie w tej sieci. I nie należy pociągu mylić ze współczuciem. Właśnie zmęczenie twarzy wywołuje emocje erotyczne. Podniecenie nad znikaniem, które przed oczami patrzącego staje się raz na zawsze... Więc ta jabłkowa, której poeta niedługo by zaczął pożądać, stoi z wnuczkiem przy wejściu i pyta kelnera: *Do you have sticky rice*? No, przepraszam bardzo, pytać w Azji o ryż to jak pytać w Polsce, czy jest w pobliżu kościół. Powiedział, że *sure*. Ucieszyła się. Bo ona boi się zatrucia. Zamówiła więc ryż, wnuczkowi sok z mango i z napięciem lustrowała jedzących. I oczekiwała. Przynieśli, ona otwiera to bambusowe naczynie z ryżem, spogląda chciwie, odsuwa pałeczki, odsuwa łyżkę i... wkłada tam palce! Zaczyna wpieprzać ręką! A wcześniej jej nie umyła. Luuudzie! Przedzierała się przez bazar, odsuwała krzesła, wiązała wnukowi sznurówkę, a teraz wpakowała palce w ten ryż i dawaj sobie aplikować do jamochłonu. Robiła to tak łapczywie, że wyglądało, jakby ludzkie ciepło wreszcie znalazła. Normalnie monodram jednej konsumentki! I dawaj lepić kulki, i te palce oblizywać! Na taki stan to mówię, że była już hen daleko, poza geografią i społeczeństwem. Wszystko w swoim życiu zastąpiła teraz lepkim ryżem.

A może, mówimy do siebie, ona właśnie chciała się zatruć? Utwierdzić w obawach i poczuć szczęście? Że oto wszystko, co przewidziała, wreszcie się ziszcza? Może chodziło jej o ulgę śmierci? Śmierć od tego, czego się najbardziej boimy, jako zbawienie? Oto już nastało i nie trzeba się więcej bać?

Prawda
z knajpy Monmalay

Zsiadłem z roweru, bo spodobały mi się ryby. Setka srebrnych ryb lśniła na zielonej macie. Poukładane w równych odstępach, suszyły się w słońcu, piachu i spalinach. Mata leżała na poboczu i w obłokach przydrożnego pyłu ryby przypominały starożytne sztylety odsłaniające się przed okiem archeologa.

Obok zobaczyłem wejście do restauracji. Wszedłem i jakimś cudem mała chatka pod dachem z bambusa stała się dużą halą pod dachem z bambusa. W Laosie, Kambodży czy Birmie trudno nieraz odróżnić mieszkanie od garażu, a garaż od knajpy. Lokal Monmalay był jednak bardziej knajpą niż garażem. Właściciel przyniósł butlę lagera z nazwą państwa, w którym się znajduję. Nie zdążyłem jeszcze pomyśleć, czy na piwo Polska byłbym gotowy tak, jak jestem gotowy na piwo Myanmar, a już zacząłem poznawać rodzinę. Żonę w ciąży, matkę, a nawet nieżyjącego ojca.

Mogłem dogadać się z restauratorem tylko dlatego, że znam dziesięć słów po angielsku, a on – szczęśliwym zbiegiem okoliczności – znał dziesięć tych samych słów.

Przy nonszalancji, z jaką w Azji traktuje się przestrzeń, ściana główna restauracji była imponująca. W płytę ze sklejki, gdzie wycięto wejście do kuchni, włożono duży wysiłek i uwagę. Oklejona była powiększonymi zdjęciami krewnych. Poza jednym chłopcem pod krawatem przeważali na nich mężczyźni w spódnicach, czyli longyi. Zresztą tak samo ubrani wchodzili co chwilę do lokalu. Drobnej budowy motocyklista w kasku założył oliwkową spódnicę, idealnie dobraną do kurtki w panterkę khaki. Wysoki, zarośnięty gość z wąsem w niebieskiej koszuli w białe wachlarze miał na sobie kieckę ciemnoniebieską. Portfel wcisnął za spódnicę na plecach. To kraj, gdzie mężczyźni traktują spódnice tak jak u nas traktują je kobiety: na równi ze spodniami. Często poprawiają węzeł na pępku, który ją podtrzymuje, co nie znaczy, że longyi im spada, ale że dostrajają sobie samopoczucie, jak my, kiedy przejeżdżamy palcami włosy na głowie.

Chciałem sfotografować ścianę główną, jednak pomyślałem, że nie mogę tego robić bez pytania o zgodę, a pytać bez bliższego poznania się. Takie podejście jest najlepsze. Najpierw pytam, jak spotkany człowiek ma na imię. Kiedy nie rozumieją, pokazuję najpierw na siebie: „Aj Marius. Juuu?". Chętnie powtarzają i podają swoje imię. Wtedy wymawiam je nawet kilka razy, upewniając się tonem, czy dobrze. Sprawia to radość i im, i mnie.

Właściciel Monmalay przedstawił całą rodzinę, ale nie byłem w stanie dobrze wypowiedzieć tylu trudnych imion. Pokazał więc, że napisze mi je w telefonie. Wystukał.

Kyawlyawkhing – on,

Eleikhing – małżonka,

Dyawthannyunt – matka,

Uanguthan – ojciec.

Przy wpisywaniu asystowały obie kobiety, a kiedy doszedł do ojca, były bardzo zadowolone, że wszystko się udało. Kiwały głowami, jakby odbyła się jakaś korzystna urzędowa procedura.

Teraz mogłem spytać o mój interes: foto okej?, i przyłożyłem telefon do oka. Pan Kyawlyawkhing jeszcze bardziej pojaśniał i zaczął pokazywać ręką, co mam fotografować. Zrozumiałem, że chodzi o to, aby zdjęcia były ważne. Wskazał dużą fotografię mamy i jego dwóch braci w strojach mnichów na ścianie.

– *Good* – skomentował, kiedy zrobiłem fotkę i teraz wskazał na trójwymiarowy (!!!) portret twórcy niepodległej Birmy, generała Aung Sana nad wejściem do kuchni. – *Good*. Potem – na stojący przy stole motocykl. – *Good*.

Na koniec podszedł do ludzkiej figury pod ścianą. Na początku myślałem, że to jakaś reklama – wycięte z kartonu postaci wielkości człowieka reklamują a to linie lotnicze, a to napoje. Ta postać miała jednak na sobie prawdziwą jedwabną koszulę.

– Mój ojciec – powiedział z dumą. – *Photo, please* – zaproponował.

– Nie żyje? – upewniłem się.

– Nie żyje.

Zrobiłem zdjęcie.

– *Very good*! – stwierdził.

I tak odpowiedział mi na wszystkie niepostawione pytania.

Prawda
śrubeczki

Koleżanka (Milena Rachid Chehab) jechała po wschodnich rubieżach RP pociągiem. W przedziale siedziały jeszcze dwie osoby, kobieta i mężczyzna. Zajrzał do nich pijak na rauszu, szukał wolnego miejsca. Pani skłamała mu, że w ich przedziale nie ma już wolnych.

Mężczyzna, wyciągając nogi, żeby położyć je na przeciwnym siedzeniu:

– W sumie to prawdę mu pani powiedziała.

Kobieta, śmiertelnie poważnie:

– Prawda umarła, proszę pana. Byłam na jej pogrzebie.

„Wcześniej trochę gawędziliśmy... – Milena napisała mi maila zaraz z przedziału. – ...Ale po takim *dictum* zapadła cisza. Teraz chyba nikt nie ma odwagi nic powiedzieć".

Przekazałem tę kolejową relację koledze. Kamil Bałuk akurat siedział obok mnie w księgarnio-kawiarni.

– Prawda miałaby umrzeć właśnie teraz? Kiedy ja ją odkryłem dla siebie? – Zafrasował się i zakrył dłońmi uszy.

– *Lecz gdy wyrwiesz z rąk szaloną głowę...* – zaproponowałem mu piosenką Danuty Rinn. – No mów!

(Zdradzę tylko, że kiedy jestem w dobrym humorze, śpiewam mało znane utwory Danuty Rinn, choćby *Czy to wszystko ma sens* albo *Niestety, to nie ty*).

– Zawsze kiedy wydaje mi się, że świat jest zły – zaczął – a ludzie interesowni i bierni, i że nikt już nie robi rzeczy ot tak, po prostu, wszystko musi być z konkretnego powodu i służyć jakimś celom, zawsze gdy wydaje się, że nie ma już ratunku, a przy każdym pomyśle pojawia się złowrogie „ale po co to?", „co z tego będę miał?", zawsze wtedy przypominam sobie, że kiedyś ktoś policzył wszystkie wersy w tej piosence i dodał ją do bazy WWW.AZLYRICS.COM.

Daft Punk Lyrics, *Around The World*, bardzo proszę:

Around the world, around the world
Around the world, around the world
Around the world, around the world
Around the world, around the world
Around the world, around the world
Around the world, around the world
Around the world, around the world
Around the world, around the world

I tak dalej, powtarza się to siedemdziesiąt dwa razy!

Ktoś tego wysłuchał i policzył. Do tego zdokumentował w internecie. Rzecz tak kompletnie nieprzydatną.

– Czyli to jest dla ciebie pocieszenie. Houellebecq pisał, że ostatnie pocieszenie, jakie mamy wszyscy, a ma je nawet nędzarz, to nasze narządy płciowe. Ale rozumiem twoją pociechę.

– Mam jeszcze inną – dodał młody reporter. – Śrubka mi wypadła. Taka z elektrycznej maszynki do golenia. Podtrzymywała konstrukcję. Niby nic, a jednak bez niej wszystko się rozlatuje. Śrubeczka cyk, wpadła do odpływu i popłynęła. Tak się zaczęło. Potem wielotygodniowe szukanie: w Obi nie mają takich małych, w Castoramie takiego rodzaju. Chodzenie po Warszawie, chodzenie po Wrocławiu. Kupowanie w smutku kolejnych jednorazowych maszynek...

– Zaznaczmy: w smutku.

– Tak, w smutku: jeszcze tylko jedno opakowanie, jeszcze jedno i na pewno znajdę tę śrubkę... Gasnąca nadzieja. Wreszcie na Mokotowie w sklepie specjalistycznym ŚRUBY pan kręci głową i mówi: „Dam panu pewien adres na Ursynowie. Jeśli tam nie mają, to już nigdzie". Ursynów, znalazłem uliczkę, znalazłem sklep. Pan zerka na otwór po śrubce: „Ojojoj, taką małą to trudno będzie znaleźć". Po paru minutach: „Ojojoj, no, rozmiar mam taki, ale czy to na długość będzie pasować? Trudna sprawa z takimi śrubkami". Sprawdza na długość, nie pasuje, sprawdza drugą, wkręca, ale znowu coś się rozwala. Stroskany pan myśli, myśli i mówi: „Ojojoj, no to jeszcze taką podkładeczkę dołożymy i zobaczymy". Kręci, kręci, wkręcił. Sprawdzam, maszynka działa. Trzyma się. Ulga. „To ile się należy?" – pytam. „A trzydzieści groszy" – mówi.

– Czyli taka śrubeczka przyniosła ci ulgę i odsunęła smutek.

– Byłem wręcz szczęśliwy – mówi Kamil.

Prawda
momentu

A gdyby tak – pomyślałem – zdobyć osobistą prawdę Iwony Smolki, krytyczki literackiej i pisarki, która odmówiła przyjęcia od ministra kultury Glińskiego medalu Zasłużony Kulturze Gloria Artis i nie chce o tym rozmawiać z dziennikarzami?

– Kiedy zorientowała się pani, że istnieje literatura?

– Mieszkałam w powojennym warszawskim domu, czyli nic w nim nie było, wszystko spalone. Ocalały tylko trzy książki. Jedna z nich – *Łąka* Leśmiana. Miałam pięć lat i jako ulubioną czytałam tę właśnie. Do tej pory, kiedy trafiam na niektóre wiersze Leśmiana, czuję ten sam dreszcz, jakbym wchodziła w coś niepojętego. Oczywiście wtedy nie rozumiałam większości słów, ale wydawały mi się przepiękne. Wie pan, dobrze, jeśli człowieka od początku coś przerasta. Dlatego że wtedy rodzi się wyzwanie. Musi dowiedzieć się, co to znaczy. A nawet jeśli się nie dowie, to może odpowiedzieć sobie, dlaczego te słowa zrobiły na nim wrażenie. Byłam chorowita, więc przeprowadzono mnie z tych strasznych warunków do dziadków, w leśnej osadzie. Mała szkółka, piętnaścioro uczniów, mieszkaliśmy daleko od siebie, więc nie spotykaliśmy się po lekcjach. Ciągle byłam sama, ciągle czytałam. Dlatego prawdziwe życie jest dla mnie i tu, i tu. I w książkach, i w rzeczywistości. Nigdy tych światów nie oddzielam. Jest między nimi przepływ.

– I Leśmian to też prawdziwe życie?

– Tak! Leśmian to jest wyobraźnia, czyli świat wewnątrz. W przeciwieństwie do tego za oknem. Wielu piszących uważa, że świat wyjątkowych słów jest najlepszym światem do zamieszkania.

– Wyjątkowe słowa, które zapamiętała pani na całe życie?

– „Lawina bieg od tego zmienia, / po jakich toczy się kamieniach..." , to z *Traktatu moralnego* Miłosza. „A ty z tej próżni czemu drwisz, kiedy ta próżnia nie drwi z ciebie" – to z wiersza *Dziewczyna* Leśmiana, który zaczyna się od słów: „Dwunastu braci, wierząc w sny, zbadało mur od marzeń strony". I jeszcze choćby *Ogród Prozerpiny* Swinburne'a w tłumaczeniu Horzycy, ale to już cały wiersz by trzeba... Jest piękny.

– Jeśli świat wewnętrzny jest równorzędny do tego za oknem, to czy jeden drugiemu może w jakiś sposób pomóc?

– Może. Choć zdaje się, że świat słów bardziej pomaga temu światu na zewnątrz. Życie za oknem rzadko wpływa na świat słów. Są przykłady, że ci, którzy uważają świat słów za bardzo ważny, w życiu na zewnątrz nie zrobią rzeczy, które by w jakiś sposób obrażały czy upokarzały tamten świat. Jeśli się żyje w tym zewnętrznym świecie, trzeba uważać, żeby to, co jest dla człowieka wartością ze świata wyobraźni i słów, nie zostało właśnie odepchnięte, upokorzone, zniszczone. Jednym się to udaje, innym nie.

– A nie sądzi pani, że świat za oknem nie może już sam ze sobą wytrzymać? I musi mieć świat wyobrażony, bo bez niego by zwariował? Tak jak wielu ludzi musi mieć Boga, bo nie są w stanie ustać na własnych nogach, tak życie musi mieć tę literaturę?

– ...to by było piękne. Obawiam się tylko, że coraz częściej życie za oknem nie potrzebuje żadnej literatury. Pisanie jest czynnością dla garstki. Są nawet momenty, kiedy liczy się tylko świat zewnętrzny. Wyobrażony jest chwilowo niepotrzebny. Bo ten zewnętrzny jest przez jakiś czas zbyt dotkliwy.

– Kiedy tak było?

– Na przykład w 1968 roku. Porażający rok. Miałam przyjaciół, którzy nagle się dowiadywali, że są Żydami. Nie zapomnę, jak Jurek Hamburger, utalentowany skrzypek, trafił do szpitala psychiatrycznego. Bo dowiedział się, że nie jest synem swoich rodziców, ale żydowskim dzieckiem wziętym z sierocińca. Wyjechał potem do Szwecji. To były takie dni, w których czułam, jak bardzo wyraźnie określa się granica wokół mnie: gdzie jestem i za co biorę odpowiedzialność. Nie można wtedy powiedzieć: to mnie nie dotyczy i mogę gdzieś sobie uciec. Nie, po prostu nie. To samo było potem w 1976 roku i w 1980. Są momenty, w których to, co się dzieje, jest ważniejsze od literatury.

– To poproszę o odpowiedź trzyliterkową. Czy teraz też jest taki moment?

– Tak.

Prawda

o niezbędności

Każdy poeta jest hochsztaplerem i każdy poeta jest geniuszem. Decyduje czytelnik. Całe tłumy kanciarzy słowa odprawiłem z mojego życia. Choć nieliczni wracali, stawali pod drzwiami i usiłowali wcisnąć przez szparę nad podłogą kilka słów powiązanych nićmi. Kiedy schyliłem się, bo nie lubię zaśmieconego parkietu, zauważałem, że nici często się rwą. Czasem przy progu leżały same nitki. Nic nie łączyły, więc nim zdążyły skupić się w gałgan, brałem je w palce i zanosiłem do kosza na śmieci. Zresztą nić to bliźniacza siostra nic, różnią się tylko małym znamieniem na czole.

Jeśli wiersz nie działa na system nerwowy czytelnika, jest wierszem jałowym. Prawdopodobnie kocha go tylko sam poeta. A to jakby kochać się we własnym penisie. Warto, pod warunkiem że umie on przynieść uniesienie także innym, nie tylko nam samym. Jeśli mam przeżyć intymną relację z jakimś wierszem, musi być taka, żebym długo, bardzo długo nie chciał czytać żadnego innego. Albo nie czytać już nigdy.

Nadszedł tomik z ładnym zdjęciem połowy twarzy poety. Z okładki patrzy na nas jedno oko. Otworzyłem książeczkę przypadkowo na stronach 12–13. Przeczytałem, spadł liść i od tego zatrzęsło się moje miasto. Zamknąłem. Nie szukałem już niczego na stronie 14 ani 52, ani 88, ani na żadnej innej.

choć nie usłyszałem od ciebie
Słowa
usłyszałem wiele
pojaśniało – pociemniało
za oknami za lasami
los stanął dęba
w biegu
wydarzeń od których
zawrót głowy
i strach
dostałem od ciebie wiersze
które muszę
i chcę
napisać
adres Nieba już znam
lecz boję się
gwiezdnego pyłu
i że to chyba
za daleko
zamknę więc oczy
i wymyślę taką drogę
którą pójdziesz za mną
i którą nie trafi do nas

żaden
zbyt wczesny listopad

Przepisałem sobie ten wiersz, ale nie czytam go już, człowiek nie wszystko może wytrzymać. Choć mówią, że rozpacz jest łatwiejsza od spokoju.

Jakie śmieszne są dramaty poetów, przecież zdają sobie sprawę, że są niepotrzebni. Tak stwierdził Różewicz (Tadeusz, rzecz jasna). Nie wiem, czy Kordiana Michalaka, autora tomiku *Dreszcze* z połową twarzy na okładce – zatrudnionego w Wojewódzkiej Bibliotece Publicznej w Opolu – dręczy jakieś poczucie zbędności. Mnie jednemu na pewno okazał się niezbędny i nigdy mu tego nie zapomnę.

Znam ten stan, mówi mi Magda (Kicińska, wciąż nie mogę wyjść z podziwu dla jej książki *Pani Stefa*). Mam tak – dodaje – z moim ukochanym wierszem, do którego wracam co chwila, jakbym się musiała upewnić, że nadal tak samo do mnie mówi i rozumie mnie jak nikt inny.

A więc wiersz może rozumieć człowieka.

Prawda
redaktorki tej książki

Mieszka w miejscowości Tózar w górach niedaleko Grenady. Przed rokiem sprzedała siedemdziesięciometrowe mieszkanie na Białołęce w Warszawie i w Hiszpanii kupiła dom z patio i tarasem. Wiosną zawiadamia, że wącha pierwsze kwiaty migdałów, a zimą, że wszyscy sąsiedzi we wsi zapraszają ją na Wigilię. Redaguje polskie książki na odległość.

Napisała mi, że w tej mojej sporo prawdek i prawdeczek.

A ją ciekawi Prawda. Dla niej warto żyć.

Poprosiłem o rozwinięcie.

Odkryłam, że celem mojego życia, a dokładnie tego wcielenia, w którym żyję, jest poszukiwanie Boga. Boga i sensu świata, wszechświata, życia. A to są wszystkie wielkie prawdy przez wielkie P i nic poza tym mnie w tym życiu nie ciekawi. Nic innego mnie do tego celu nie przybliża. I dlatego wszystko inne jest mi obojętne – związki, zdrowie, posiadanie dzieci, reprodukowanie w niewiadomym celu (jak sam często mówisz). Będę z kimś – fajnie, cieszę się; nie będę nigdy – dobrze, też się cieszę.

Zadałam sobie ostatnio pytanie: co mnie interesowało zawsze? Od dzieciństwa. No i mam – Bóg. Nie kwestia, czy Ona istnieje, bo nigdy w Nią nie wątpiłam, ja Ją pamiętam po prostu. Ale substancja, sedno. I odpowiedź na dziś: największą książką świata – poza *Rozmowami z Bogiem* Walscha – jest *Solaris* Lema. A świat (widzialny, niewidzialny, wszystko, galaktyki, ciemna materia) jest planetą Solaris z wiecznie ewoluującym Bogiem. Nie ma bowiem w tej rzeczywistości nic poza Bogiem, nic, co nie byłoby Nią, nic też jest Bogiem. Wiecznie ewoluującym Bogiem. To jest sedno świata. Jesteśmy emanacjami Boga, tworami, kształtami. Stworzonymi, żeby się poznawać. Żeby Bóg mógł poznać Siebie. Bo inaczej – w bezczasie, bezmaterii, stanie idealnego dobra czy miłości – Bóg się poznać nie może. Tylko w materii (rozumianej szeroko, nie tylko widocznej). Więc jesteśmy jakby ręką Boga czy Jej włosem. Ty akurat pewnie pieprzykiem. „Robię to z ciekawości samej siebie", mówi Bóg w *Rozmowach z Bogiem*. A ja na dziś uważam, że ze zwykłej nudy. (Możesz zawsze piratować to zdanie, jak Ci się spodoba: Bóg stworzył nas, czyli samego siebie, ze zwykłej nudy). Ileż trylionów lat można żyć w idealnym bezczasie?

I Bóg nie jest dobry, to wymysł ludzi. Nie jest też zły. Jest poza dobrem i złem, Hitler jest tak samo Bogiem jak Chrystus. I jak Ty. „Ja nie mam preferencji, jestem tylko obserwatorem", mówi Bóg w *Rozmowach z Bogiem*. I nie ma sensu szukać Boga w nas, to bzdura – to my jesteśmy w Bogu. Jak w ogromnej rzece. Nie ma żadnego zbawienia ani Wielkiego Sędziego, co nagradza za brak grzechu rozwiązłości i niewchodzenie w związki homoseksualne. Kościół katolicki oddala mnie od Boga i dlatego tak często podkreślam, że nie jestem katoliczką ani nawet chrześcijanką (w Polsce od razu: ateistka!). I Biblia – „To nie jest dobre źródło poznawania

Boga", znów mówi Bóg w *Rozmowach z Bogiem*. Więc Twoja namiętna złość wobec chrześcijan, która się przemazuje w Twoich tekstach, mnie tylko rozśmiesza. I jej nie rozumiem. Bo wzmacniasz to, z czym walczysz, nadajesz temu realność.

A pamiętasz, jak komunikował się Ocean na Solarisie z astronautami? Dawał im to, co mieli głęboko zapisane w sercach. I to ich tak przerażało! Tak samo komunikuje się z nami świat, Bóg, Los czy jak go tam nazwiesz. Wszystko, co nas spotyka, jest naszym dziełem. Wszystko, śmierć także. To usiłowałam Ci kiedyś wytłumaczyć, ale mi nie wyszło.

I żeby było jasne: nie wierzę w żadne wcielenia, że w nagrodę będę aniołem albo spadnę do roli psa, jak wierzą hinduiści. To nie jest drabina bytów, to też ludzki wymysł. Jestem jednocześnie gdzieś tam albo tutaj psem i aniołem, i Justyną z Tózar, i chłopakiem zabitym na Utři, staruszką zagazowaną w tokijskim metrze i niemowlęciem z Nowej Zelandii. I miliardem istnień jednocześnie we wszystkich czasach i wymiarach jednocześnie. Co oczywiście nie jest odczuwalne realnie, bo byśmy zwariowali. I co każde zdarzenie kwantowe zaczyna się nowy wszechświat, nowy wymiar. Jest więc gdzieś Justyna, która mieszka w mojej ukochanej, magicznej Galicii, w której pada przez trzysta dni w roku, inna Justyna, co nie sprzedała mieszkania, jeszcze inna, co umarła pod tym samochodem (pamiętasz, kiedy nieomal mnie przejechał samochód), jeszcze inna, co mieszka na polskiej wsi i ma szóstkę dzieci. Więc nie ma czego żałować, gdzie indziej realizuję inny mój wybór. (Poza tym przede mną jeszcze jakiś trylion lat i trylion wcieleń w trylionie wymiarów, więc histeria z powodu braku związku na przykład lekko nie ma sensu). A gdybym go naprawdę chciała – to będzie. Bo wszystko jest moim wyborem.

Zaś najważniejszą nauką świata jest mechanika kwantowa, nie teologia, filozofia czy inne, to teoria kwantowa mówi mi o Bogu i świecie. Największym fizykiem świata nie jest Newton, w którego Ty tak wierzysz, tylko Einstein (i Feynman potem), który zanegował wszystko: czas, materię, energię... Wszystko. Rozbił na kwanty i od dziewięćdziesięciu lat fizycy nie mogą tego poskładać.

To jest moja prawda Anno Domini 2016.

PS

Może się zmienić.

Prawda
z parku Listonoszy

Moja londyńska przyjaciółka (Antonia Lloyd-Jones) zaprowadziła mnie do parku Listonoszy. Drzewa rosną tu bez ostentacji, jakby każde sobie szło na spacer w inną stronę. Na środku urządzono dwa klomby z kamiennymi kielichami, a z jednego tryska woda. O sąsiednią kamienicę oparto nagrobne płyty, do 1880 roku był tu cmentarz. Miły azyl pod bokiem wielkiego cielska London General Post Office.

W godzinach lanczu robotnicy w kombinezonach i urzędnicy w garniturach zaludniają drewniane ławeczki i trzymają na kolanach pojemniki z jedzeniem. Za metalowymi prętami płotu ciągnie się ulica Little Britain, na której Dickens, snując wielkie nadzieje, umieścił biura Mr. Jaggersa.

Rozejrzałem się więc trochę po literaturze, bo trudno uznać ten park za rzeczywisty, i usiadłem. Poddałem się natręctwu – otworzyłem pocztę w iPhonie: czytelniczka moich tekstów o prawdach, pani Anna Chynek, napisała, że ją prawda sama znajdzie, kiedy przyjdzie czas.

W parku Listonoszy pod daszkiem na ścianie wiszą stare ceramiczne tablice. Wypalono na nich ozdobne teksty, nazwiska i daty. Cała drewniana loggia oklejona jest tablicami pełnymi niebieskich napisów. Jedna z nich, dla niejakiej Alice Aires, zagrała nawet w filmie *Bliżej* (*Closer*, reżyseria Mike Nichols). Jego bohaterowie uczą się, co jest w życiu najważniejsze.

Teksty upamiętniają ludzi, którzy umarli, bo ratowali życie innym. Gdyby nie one, zostaliby zapomniani:

„Frederick Alfred Croft, kontroler, lat 31. Na stacji Woolwich Arsenal uratował przed samobójstwem szaloną kobietę, lecz sam zginął, przejechany przez pociąg, 11 stycznia 1878".

„David Selves, lat 12, z Woolwich. Ratował swego tonącego towarzysza zabaw i utonął, zaciśnięty w jego ramionach, 12 września 1886".

„Mary Rogers, stewardesa, poświęciła się, oddając swój pas ratunkowy i dobrowolnie idąc na dno wraz z tonącym okrętem, 30 marca 1899".

„William Drake, stracił życie, próbując zapobiec poważnemu wypadkowi damy, której konie były nie do opanowania, ponieważ pękł dyszel jej powozu, 2 kwietnia 1869".

„Elizabeth Coghlam, lat 26. Umarła, ratując swoją rodzinę i dom, wynosząc na podwórko gorejącą naftę, 1 stycznia 1902".

I sto dwadzieścia takich tablic.

Kiedyś pewna filozofka uświadomiła mi, że gdy gonimy odjeżdżający autobus, nie liczy się nic poza tym zdarzeniem, przesłaniającym wszelkie inne, najbardziej ważkie cele. Wtedy „jesteśmy stopieni z dążeniem" – napisała*.

---

* Jolanta Brach-Czaina, *Szczeliny istnienia*, wyd. Państwowy Instytut Wydawniczy, Warszawa 1992, s. 89.

A co wówczas dzieje się z naszą prawdą, którą całe lata hodujemy w celu bardziej udanego życia? Myślę, że chyba w biegu do autobusu wyparowuje. Znika przeszłość, znika przyszłość, a mózg ekspresowo zajmuje się obróbką dwóch problemów: 1) zdążyć, 2) oddech mnie boli. Prawda sama się wtedy unieważnia. W kilka sekund. Na pięćdziesięciu czy stu metrach od przystanku.

Jestem przekonany, że ludzie z tablic w parku Listonoszy mieli swoje prawdy. Tak jak moi czytelnicy: na przykład pani Aleksandra Koprucka, która uważa, że przeszłości nie należy poświęcać zbyt wiele energii, czy jak pan Czesław Szczepaniak, który pisze, że życie jest zbyt krótkie, aby rozpamiętywać przykrości. Kiedy jednak ktoś wynosi z domu płonącą naftę, w tym momencie nie liczy się już żadna prawda. Bo stapiamy się z dążeniem. Siedząc więc na ławeczce w parku Listonoszy, doszedłem do przydatnego wniosku: że każda, nawet najbardziej trwała prawda może być natychmiast anulowana. Mimo naszego przywiązania do niej ulotni się nam z mózgu, a życie skończymy z jakąś nową, która narodzi się w ułamku sekundy. Choćbyśmy byli nie wiem jak wierni tamtej.

Wystarczy, że zapali się nafta.

Może być też tak, że nie mamy żadnej prawdy, tylko – jak pani Anna Chynek – czekamy. I nam prawda może narodzić się w ułamku sekundy.

Wystarczy, że zapali się nafta.

Prawda
pisarza czeskiego

W domu pani Stachovej w Pradze wypadają mi wciąż ze starych książek papierowe niespodzianki. Włożone tam kilkadziesiąt lat temu przez nią lub jej mamę. Niedawno wypadła mała pożółkła kartka pocztówkowego formatu. Wydrukowano na niej portretowe zdjęcie brodatego sympatycznego pana z widoczną łysiną, w drucianych okularkach na nosie. Trochę przypominał Lenina, ale miał pod szyją zawiązaną efektowną muszkę. Jego dom sąsiadował z willą pani Heleny na Orzechovce. Kiedy zmarł w grudniu 1936 roku, rodzina rozdała tym, którzy złożyli kondolencje, właśnie takie pamiątkowe kartki z jego portretami.

Przed wojną był pisarzem i publicystą. Uczestnikiem publicznych debat. Dziś jego nazwisko większości Czechów nie mówi nic. Poza panią Stachovą, ale ona wie wszystko.

Po drugiej stronie zdjęcia na pamiątkowej kartce wydrukowano tekst zmarłego. Jan Herben, bo tak się nazywał, pisał o tym, że nie jest pewien, co po nim zostanie.

Co po mnie zostanie? Palące pytanie tych, którzy już wiedzą, że nie są nieśmiertelni. To ono milionom ludzi wyznacza życiową filozofię i chyba z jego powodu wpadają w szaleństwo tyrani świata. Czeski pisarz przewidywał – jak widać, z sukcesem – że po nim może nie ostać się ani jedno słowo.

„Kwitną łąki – napisał – motyle, robaczki, pszczoły i osy roznoszą na skrzydłach zapachy. Las szumi młodymi jodłami i śpiewają w nim ptaki. Gdy się urodziłem, wszystko to istniało. Wszystko to będzie istniało, kiedy ja na to nie będę mógł już patrzeć. Takie jest nienaruszalne prawo przyrody, mnie też ono dotyczy. Poddajmy się temu prawu, spokojnie i z ufnością. Mnie już nie będzie – nie będę słyszał szumu lasu i jego śpiewaków, nie będę widział drgających motyli, nie będę czuł zapachów łąki wokół stawu – i nic się nie zmieni. Jak nic się nie zmieniło, kiedy ubyło jednej mrówki, którą nieświadomie nadepnąłem na drodze"*.

Miło mi, że mogłem właśnie ożywić jego słowa sprzed osiemdziesięciu lat. Żeby teraz powiedzieć: Drodzy Pisarze i Autorzy, to, co naprawdę po nas zostanie, to piękny letni dzień.

---

* Okolicznościowa kartka, wydana w Czechosłowacji, bez tytułu, zaczynająca się od słów „O letní dne, uč mě...", datowana „O Vánocích 1936".

Koniec projektu

Kłącza **9**
Gdzie Indziej **14**
Niezgoda na nieobecność **17**
Dawkowanie światła **20**
Dzielę ludzkość **23**
Dwie minuty **26**
Tonę... **29**
Wiem, jaka jest prawda **32**

Stanisław Stanuch, *Portret z pamięci* **41**

Prawda

Tadeusza Wiśniewskiego **187**
bez złudzeń **189**
ślimaka z Krymu **193**
ostatniego słowa **196**
profesora **199**
tarasu **201**
kogoś, kto żyje **204**
dla Kapuścińskiego **207**
z piętra logicznego **211**
zastępcza **214**
stówy **217**
z końca świata **220**
o niemożliwości całkowitej zmiany **223**
Nadkobiety **226**
Hollywood **229**
zza kasy **232**
z krzaku jeżyny **236**
z Ogrodu Krasińskich **239**
krzesła **242**
dla katechety **245**
która wypłynęła z tłuszczu **248**

po dwudziestu trzech słowach **251**
samotnego bohatera miasta **254**
przy sałatce **256**
z pikniku na Golgocie **259**
Jezusa **262**
z Piątej Alei **265**
Zapatrzonych **268**
czerwonego światła **271**
wioski **274**
o kupie z róży **277**
Isaaca Bashevisa Singera **280**
artystyczna **283**
o Polsce **286**
powolności **289**
do spalenia **292**
samoluba **296**
syna sprzedawcy obwoźnego **301**
z cennika **304**
pisarzy świata **308**
z baru **310**
Coup de grâce **313**
Akropolu **317**
zakazów **320**
Rosjan **324**
wyobraźni **327**
wysnuta z ryżu **330**
z knajpy Monmalay **333**
śrubeczki **336**
momentu **339**
o niezbędności **342**
redaktorki tej książki **345**
z parku Listonoszy **349**
pisarza czeskiego **352**

Prawda

Mariusz Szczygieł *Projekt: prawda*, wydanie pierwsze, Warszawa 2016
Stanisław Stanuch *Portret z pamięci*, na podstawie wydania drugiego z 1976

REDAKCJA
Justyna Wodzisławska

KOREKTA I OPRACOWANIE JĘZYKOWE
Danuta Sabała

ADAPTACJA PROJEKTU OKŁADKI, SKŁAD I ŁAMANIE, DTP
Dominika Jagiełło /OneOnes Creative Studio/
www.behance.net/OneOnes

OBRAZ NA OKŁADCE
Filip Černý

REPRODUKCJA OBRAZU
Maciej Cioch

FOTOGRAFIA AUTORA NA SKRZYDEŁKU
Filip Springer

DRUK I OPRAWA
Drukarnia Garmond
www.garmond.pl

ISBN 978-83-943118-3-4

REDAKTOR NACZELNA WYDAWNICTWA
Julianna Jonek

Wydawnictwo Dowody na Istnienie
Imprint Fundacji Instytut Reportażu
Gałczyńskiego 7, 00-362 Warszawa
www.instytutR.pl, dowody@instytutR.pl